Pilot
派力营销图书

客户忠诚度在任何企业中都是要为之努力的正确的事情!

客户忠诚度管理会是你增加市场份额,大幅提升业绩、利润率和声誉的重要策略。

聪明的企业都会把客户忠诚度的建立看作是战略需要!

［英］克里斯·达菲（Chris Daffy） 著

客户忠诚度管理
Creating Customer Loyalty

王玉婷 译

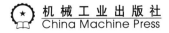

图书在版编目（CIP）数据

客户忠诚度管理 /（英）克里斯·达菲（Chris Daffy）著；王玉婷译. -- 北京：机械工业出版社，2022.5

书名原文：Creating Customer Loyalty: Build lasting loyalty using customer experience management

ISBN 978-7-111-70799-8

Ⅰ. ①客… Ⅱ. ①克… ②王… Ⅲ. ①企业管理 – 销售服务 Ⅳ. ① F274

中国版本图书馆 CIP 数据核字（2022）第 084000 号

北京市版权局著作权合同登记　图字：01-2022-1451 号。

Chris Daffy. Creating Customer Loyalty: Build lasting loyalty using customer experience management.

Copyright © 2019 by Chris Daffy.

This translation of Creating Customer Loyalty is published by arrangement with Kogan Page. Simplified Chinese Translation Copyright © 2022 by China Machine Press. This edition is authorized for sale in the Chinese mainland (excluding Hong Kong SAR, Macao SAR and Taiwan).

No part of this book may be reproduced or transmitted in any form or by any means, electronic or mechanical, including photocopying, recording or any information storage and retrieval system, without permission, in writing, from the publisher.

All rights reserved.

本书中文简体字版由 Kogan Page 通过北京派力营销管理咨询有限公司授权机械工业出版社在中国大陆地区（不包括香港、澳门特别行政区及台湾地区）独家出版发行。未经出版者书面许可，不得以任何方式抄袭、复制或节录本书中的任何部分。

客户忠诚度管理

出版发行：机械工业出版社（北京市西城区百万庄大街 22 号　邮政编码：100037）

责任编辑：贾　佳　　　　　　　　　　　　责任校对：殷　虹

印　　刷：北京铭成印刷有限公司　　　　　版　　次：2022 年 7 月第 1 版第 1 次印刷

开　　本：170mm×240mm　1/16　　　　　印　　张：20

书　　号：ISBN 978-7-111-70799-8　　　　定　　价：79.00 元

客服电话：（010）88361066　88379833　68326294　　投稿热线：（010）88379007

华章网站：www.hzbook.com　　　　　　　　　　　　读者信箱：hzjg@hzbook.com

版权所有·侵权必究

封底无防伪标均为盗版

赞 誉
PRAISE

"克里斯·达菲的'大师拓展项目'是我所参与过的最优秀和最受启发的培训项目之一。他拥有一种不可思议的本领,能够把复杂难懂的素材变得简单易懂,他的作品对我个人而言意义非凡,对我的团队发展也起到了不可思议的作用,我的企业也从中受益匪浅。这本书就是他的大师拓展新项目里的教学内容的精彩写照。它让你注意到了一些很重要的事,以及一些你作为客户做决策时,往往从未有意识地考虑过的事。"

玛格达·德克斯特
圣戈班英国和爱尔兰建筑分销部门客户体验主管

"这简直就是一本客户体验的《圣经》!一切你需要掌握的和这一主题相关的知识,在这本书中应有尽有。我相信,对所有专门从事客户体验的从业人员来说,这本书的价值都是无法估量的。"

马吕斯·珀西纳鲁
施耐德电气罗马尼亚分公司总裁

"这是一本非凡的著作,是任何渴望研究客户忠诚这一主题的学者或从业者的必备参考书。对于任何读者来说,这本书中的概念、理论和实践的分配都平衡得恰到好处。"

马克·格里高利
释放&参与业务转型咨询公司创始人和董事总经理

"我昨天阅读了你的书,坦率地讲,这本书让我欲罢不能!我觉得,这本书作为一本商业图书,篇幅刚刚好,同时又完美融入了许多故事和贯穿一生的研究,这些研究包含了来自各行各业的精彩案例,像丽思·卡尔顿酒店、西南航空公司和玛莎百货。我什么时候能为我的团队也买到这本书学习一下呢?"

彼得·范·佩伯格古琦
威廉格兰特父子酒业有限公司游客中心总经理

"这本书简单易懂,逻辑性强,引人入胜,让人自然而然地想要一章接一章地读下去。我喜欢这种提前就能了解每一章内容的形式,也便于读后复习。我已经为我的团队做了一些笔记,我们打算把这些知识付诸实践。"

朱莉·道尔顿
格列佛主题公园总经理

"这本书很快就能够引人入胜,书中列举了大量克里斯自己以及与他合作的公司的故事和例子。本书行文流畅,作者努力把他所讨论的各类主题都串联起来。这些串联清楚明确,让读者轻而易举地就能掌握全面启动运营忠诚度管理项目是一项全公司的改革工程,并涉及很多方面。这本书让我重新审视了我的某些想法,尤其是围绕企业文化和那么多客户忠诚度管理项目失败的原因。能够知道大多数人都会这样做并愿意找出原因,这真是太好了。我很享受这本书的阅读过程,我认为这本书中串联起来的思想既成熟又清晰,这无论对于首次阅读本书作者作品的读者来说,还是那些像我一样以前就拜读过他作品的人来说,都再理想不过了。"

斯图尔特·肖特兰
空客英国市场情报部客户战略主管

前 言
PREFACE

从我最开始关注客户服务这一主题至今已经有20年了。我曾在曼彻斯特商学院工作过几年，感谢那里的几位前同事，是他们初燃了我的兴趣。恰巧我在那里工作时，负责帮助来访的商务人士和工商管理硕士研究生们了解市场营销的实用策略，所以，我前10余年职业生涯的焦点都在这一主题上。人们不断问我，当他们所提供的产品或服务渐渐被视为一种商品，而顾客却不知道形形色色的商家所提供的产品或服务有什么差别时，又或者差距甚微时，他们应该怎么办。每当这时，顾客往往会参照价格进行购买，紧接着，市场和市场中差不多水平的商家就不得不面对利润日渐减少的困境。我在商学院学到，商品化最好的解药就是定制化，就这样，我开始对如何利用客户体验打造差异化企业、建立竞争优势、建立客户忠诚度、创造不断增长的市场份额和提高利润产生了兴趣。

"唯一不变的就是改变"是你常常能听人们提到的一句和商业有关的话。当然，这句话也和这个主题相得益彰。在20多年对这一主题的关注过程中，我就看到了很多改变。

我主持了欧洲客户管理会议好几年。这个会议每年都在伦敦举办，吸引了来自全欧洲乃至欧洲以外的一千多名与会者，他们都对探索提高经营业绩的客户服务战略十分感兴趣。在会议大厅的入口，总会摆一张巨大的展示板，上面写着所有与会者的姓名、工作单位和他们的头衔。看着这些人的头衔随着时间的推移所发生的变化，是一件很有趣的事。

这个会议最早举办于21世纪初期，那时，大多数与会者都会在他们的头衔中使用"服务"或"客户服务"这样的字眼。后来，客户关系管理（CRM）软件成为了最新的潮流，所以，"客户关系"就开始出现在了他们的头衔中。打那以后，一切还在不断发展，现在的流行词是"客户体验"，所以今天，我们就见到了很多"客户体验经理"和"客户体验主管"。

不过，我还注意到一件事，就是尽管与会人员的头衔都随着潮流的改变发生了变化，可他们对这一快速变化的主题的认识或深入理解似乎在反映最新思想上并没有改变很多。因此，当获悉最近有许多和客户体验有关的项目并没有达到他们预期的成效时，我并不感到意外。同样的事情发生在许多年前正时兴的客户管理项目上。我怀疑其中的一个原因就是，很多负责执行的人并没有完全理解这一主题，或者并不知道如何熟练地运用这一主题。

就像你将在这本书中读到的一样，我十分痴迷客户体验管理，可我也坚信，尽管这项管理必不可少，可单凭这一项管理并不足以建立可持续的客户忠诚度。我相信，我们真正要做的是客户忠诚度管理，这就是为什么这本书的名字叫作《客户忠诚度管理》。如果阅读这本书的人足够多，并且他们都能够同意我的观点的话，那么未来，我们可能就会看到"客户忠诚度"这样的字眼儿出现在与会者头衔中了。

差不多 10 年前，我决定开发一些方法来帮助那些我作为顾问与之合作的企业中的人们按照我的方式理解"客户忠诚度"这一主题，并在其后运用这种理解为他们的企业开发出能够建立可持续的、紧密的客户忠诚度的方法。我的目标就是把我对这一主题和知识的热爱，还有我所拥有的知识、理解、技巧和执行的信心传递给他们，这样的话，他们以后就不太会需要或者根本不需要我和像我这样的人了。就是因为这样，我才开始开发今天我所谓的"客户忠诚度管理大师拓展项目"。现在，这个项目已经拥有了来自各类型企业中的数百位参与者，这些参与者们也已经完全能够将他们所学习到的东西应用在他们的企业中，而他们无一例外地都成功创造了令人印象深刻、价值不凡的成果。这在很多情况下都具有改革意义。正因为我知道这个项目创造的成果，所以我想是时候写本书将我通过研究、开发和履行该项目所学到的东西记录在纸面上，只有这样，其他人才能够从中受益，希望他们也能够运用这些知识创造价值。

阅读过我的上一本书《一朝是顾客，永远是顾客》的人会发现，那本书中的某些观点也被带到了这本书中。不过，你也会发现，我已经对原观点进行了升级，还增加了很多新内容，旨在使这些观点实施起来更加容易，更加快捷，也更加有效。

我已经说过人工智能在客户服务中的应用越来越多这个问题了。这个问题不是即将来临——而是已经到来了！然而，尽管他们是人造的，可现在却被应用在了很多方面，就像你们在第十章中会学习到的那样，至少我认为，它们还并不十分智能。

这本书设计得非常实用，引用了所有能支撑我观点和建议的理论和研究。如果你愿意的话，也可以在日后自行检验我的建议。你也会发现很多故事和个案研究，它们都展示了不同企业是如何利用这些观点的。在每一章的结尾都有一个行动清单，供你把这些观点以成功概率最大的方式付诸实践。我劝你尽量多做这类实践并加以练习。我也建议你要保证尽量多记住书中的内容。不过，说起来容易做起来难，因为我们总会忘记我们读过的大部分内容，所以，你怎么才能做到呢？

在第七章中，我会解释我们的两种记忆类型：短期记忆和长期记忆。所有新东西开始时都是短期记忆，但就像这个名字暗示的一样，它们只能在记忆中停留一小会儿。为了能够记住它们，我们需要后来去回忆和使用它们，我们需要让它们移步到长期记忆中。TED 演讲中有一个很有意思的演讲就是关于这一话题的，演讲人是教育心理学家彼得·杜利特尔（Peter Doolittle），题目是"'工作记忆'如何让世界变得有意义"。在演讲中，他提出建议，把学习内容固定在长期记忆中的方法就是要对

新的素材进行"加工",而他推荐的加工过程就是:

重复你听到的:
—向他人讲述。
—写下来。
—回想。
把你听到的和你已知的联系起来:
—这适合哪里/何处?
—我们要如何运用它?
比起文字,我们更擅长记忆图形:
—试着在脑海中成像。
—把有用的观点变成插画。
—利用思维导图。
组织和构建它:
—绘制/利用图表。
—制作表格/清单。
寻求共鸣:
—挑战(我不同意、这不管用,等等)。
—提问(谁?什么?在哪儿?什么时间?为什么?怎么办?)。

所以我建议大家找到"处理"你希望记住的事物的方法。

我在雅典有一个合伙人办公室。我发现那里是一个很棒的观光地,每每我在那儿时,都能够学习到新的、有价值的东西。有一次去那儿,我注意到我工作的培训学校墙上有一句苏格拉底的格言:"我不可能教会任何人任何东西,我只能让他们思考。"

当然,这句话也引发了我的思考。而我想得越多就越意识到:这句话十分适用于我所从事的工作和我希望这本书能够达到的效果。如果这本书能够让你思考,并因此使你开发出了能够让你的客户对你的企业更加忠诚的新客服方案的话,那我会感到很高兴,因为我们都从中获益了。

所以,我希望你能享受这本书的阅读过程;我希望它能够引发你的思考;我希望你能找到记住对你最有用处那部分内容的方法;我希望你能运用这些知识让你的企业发生改变——建立客户忠诚度、创造价值、提高你公司的业绩。

推荐你观看

△ On TED Talks

Doolittle, P (2013) [accessed 12 November 2018] How Your 'Working Memory' Makes Sense of the World [Online] www.ted.com/talks/peter_doolittle_how_your_working_memory_makes_sense_of_the_world

目 录

PREFACE

赞誉
前言

第一章　客户忠诚度管理的概念概述

一切都关乎忠诚度 · 003
客户已经变了 · 004
有缺陷的客服"黄金法则" · 008
客户忠诚度账户的作用 · 011
影响及建立客户忠诚度的战略措施 · 016
持续改进的系统战略（借鉴系统思维） · 017
成功可能带来什么样的结果 · 019
提供卓越服务不需要高额成本 · 023
忠诚客户的行为 · 030
行动清单 · 031

第二章　关注建立和提高客户忠诚度的相关事宜 & 避开或远离一切不利于客户忠诚度的事宜

专注于重要的事情 · 035
领导的承诺与风格 · 035
企业架构和焦点 · 038
聘用对的客服人员和避免聘用错的人员 · 043
帮助适合的人员尽可能成为最优秀的从业者 · · · · · · · · · · · · · · · · · · · 045

企业文化的影响：它是如何影响员工参与度的 ·············· 048
结论 ··· 056
行动清单 ··· 056

第三章　成功的客户忠诚度管理的必备要素

大脑运作方式 061
鼓励一种平衡的大脑运作方式 ································ 062
识别并分析影响客户忠诚度的普通、感官和细微线索 ······ 064
客户体验之旅示意图 ·· 071
最后一步：行动规划 ·· 087
结论 ··· 088
行动清单 ··· 089

第四章　识别、理解并管理客户预期

预期的时机 093
客户预期管理：为什么预期真的很重要 ····················· 093
预期的程度和类型 ··· 099
积极主动的预期管理 ·· 109
防止问题预期：已被证实的忠诚度杀手 ····················· 111
结论 ··· 113
行动清单 ··· 114

第五章　客户体验管理的关键技巧：创造积极体验

体验带来的机遇 119
最影响忠诚度的体验 ·· 120
第一／顶级／最终的体验分析 ································ 125
前期／中期／后期体验分析 ··································· 127
创造棒极了的体验 ··· 129

棒极了的案例···133
　　　棒极了的体验带来的成果·····································139
　　　结论··140
　　　行动清单··141

第六章　**客户体验管理的关键技巧：消除消极体验**

　　化消极为积极··145
　　　消除糟透了的体验··145
　　　我们为什么希望客户投诉·····································148
　　　应对不高兴、抱怨连连的客户·······························149
　　　用专业的方法应对专业的投诉者·····························153
　　　糟透了的体验的后果···158
　　　补救和精彩补救的技巧·······································158
　　　补救案例··163
　　　补救体验的结果··167
　　　结论··168
　　　行动清单···169

第七章　**创造并管理影响客户忠诚度的记忆**

　　创造记忆··173
　　　记忆是如何运作的···174
　　　记忆的类型···175
　　　记忆的操作和管理：创造能够建立忠诚度的记忆··········176
　　　利用客户记忆规划图···181
　　　把积极的记忆转化成忠诚的习惯·····························184
　　　建立、打破或改变习惯······································188
　　　利用客户习惯形成规划图····································194
　　　结论··197
　　　行动清单···197

第八章　经过验证和实践的客户忠诚度战略
　　　　实施工具和技巧

改革就是挑战 ·········· 203
　改革的时机 ·········· 203
　成功的信仰 ·········· 207
　由内而外的改革方式 ·········· 210
　组织一致性的力量 ·········· 213
　选择宇宙大爆炸式或野火燎原式 ·········· 220
　经过验证的 8 步实施计划法 ·········· 222
　关于改革的进一步思考 ·········· 224
　结论 ·········· 228
　行动清单 ·········· 228

第九章　衡量和监控对客户忠诚度重要的事情：
　　　　体验与满意度

衡量重要的事情 ·········· 233
　衡量预期、体验、记忆和忠诚度（非满意度） ·········· 234
　搜集反馈的方法 ·········· 239
　持续跟进正在发生的改善 ·········· 249
　衡量的频率 ·········· 255
　奖励重要的行为 ·········· 256
　结论 ·········· 258
　行动清单 ·········· 258

第十章　将伟大的忠诚度战略思想转化为有价值的行动

不付诸行动的创意是毫无价值的 ·········· 263
　在流程与激情之间获得恰到好处的平衡 ·········· 264
　刺猬法则 ·········· 267

XIII

不断增加的人工智能的使用 ··· 268
踏着制胜节奏贯彻执行 ··· 273
久经考验的企业方针 ··· 281
结论 ··· 285
行动清单 ··· 285

结语 ··· 289

下一步计划 ··· 293

深入研究推荐 ··· 295

支撑实践的技巧 ··· 295
推荐书目 ··· 297
推荐网站 ··· 301

第一章

客户忠诚度管理的概念概述

本章包括以下内容：

- **一切都关乎忠诚度。**如果你的目标是想要做正确的事情，那你可能就会选择正确的方式。我坚信，客户忠诚度在任何企业中都是要为之努力的正确的事情。

- **客户已经变了。**在企业中，永远不变的就是改变，而且现在，一切都比以往变化得更加迅速。所有这些改变对客户和让他们忠诚的诱因都会产生巨大的影响。

- **有缺陷的客服"黄金法则"。**有些旧的客服工具和技巧已经不起作用了。尤其是在过去曾一度被视为客服黄金法则的那些。

- **客户忠诚度账户的作用。**客户忠诚度的执行方式就像在银行账户中存钱一样。越存越多，越取越少。关键是要确保收支正平衡。

- **影响及建立客户忠诚度的战略措施。**现在，聪明的企业都会把客户忠诚度的建立看作战略需要。也许你也应该这样做吧？

- **持续改进的系统战略。**不断进步是可持续成功的关键。系统战略将会使这一切成为可能。

- **成功可能带来什么样的结果？**通过切实有效地执行，成功带来的回报完全配得上投入。

- **提供卓越服务不需要高额成本。**请不要陷入卓越客服需要更高额的成本这样的思维陷阱。干得漂亮，成本可能更低。

- **忠诚客户的行为。**做得恰到好处会触发非常珍贵的顾客行为。

一切都关乎忠诚度

我很幸运地见过史蒂芬·柯维（Stephen Covey）博士好几次。他是《高效能人士的七个习惯》(*The 7 Habits of Highly Effective People*)这本书的作者，也是我所见过的最有原则和最聪明的人之一。我从他那里学到了很多关于如何才能过上幸福生活和建立伟大事业的知识。他所说的七个习惯之一就是：永远把想到的结局作为出发点。这个建议让我在生活上和事业上受用不尽。永远将工作的目的作为出发点。在工作中（可能在生活中也是），我们应该始终把和客户建立有意义又持久的关系作为行为准则，如果能让客户建立一生的忠诚就更理想了。我的学习经验告诉我，如果我们工作中一切行为的焦点都在此的话，那我们将走上一条不断迎接成功的正确道路。

在过去20年中，当我思考我工作的核心目的时，即发现、提炼并教授人们能吸引和维护带来收益的客户的最好办法，我得出一个结论，那就是一切都关乎忠诚度。

早在1997年，三位哈佛商学院的企业服务专家——詹姆斯·赫斯克特（James L Heskett）、小·厄尔·萨塞（W Earl Sasser）和莱恩·史科莱斯格（Leonard A Schlesinger），写了一本关于他们的研究和经验的书，内容就是企业如何利用提供服务创造有价值的经营业绩。他们给这本书起名叫《服务利润链》(*The Service Profit Chain*)。这本书立刻就成为了畅销书，其中的内容成了《哈佛商业评论》(*Harvard Business Review*)期刊中很多文章围绕的主题。他们建议，服务利润链的终点，也是我们想到的目标或终点，就是收入增长和利润率。我猜这显然是绝大多数企业的目标。然而，他们的研究和这本书都明确指出，连接这个链条通向这个目标的就是客户忠诚度。所以，这再次表明一切都关乎忠诚度。

就连世界上这方面最受人尊敬的思想家之一的弗雷德·赖克哈尔德（Fred Reichheld）都在他的著作《忠诚的价值》（*The Loyalty Effect*）中得出了类似的结论，他解释了他在贝恩公司工作的那些年是如何显示了三个关键要素被结合起来创造了长期的事业成功的。这三个要素就是忠诚的顾客、忠诚的员工和忠诚的业主或投资者。因此，他也提出，一切都关乎忠诚度。

我在希腊的合作伙伴尚品集团（Optimal Group）甚至将他们专门从事客服的这部分业务命名为"一切关乎忠诚度"。我真希望这是我想出来的！所以在这一章，我会概述为什么客户体验管理已经成为了当今企业的热门话题。同时，我也会解释为什么要向客户忠诚度管理的方向发展，也就是这样做的益处，以及如何能够实现可持续的客户忠诚。

客户已经变了

一切都是变化的，尤其是客户。今天的客户与以往不同。就算是多年来一直忠于我们的现有客户，也不光是年龄增长了，他们对商家的看法和接触方式也可能变得不一样。

在过去的几年间，客户的预期和行为已经在下列几方面发生了显著改变。我相信你们的自身经历也让你们意识到了同样的事实。

今天的客户：

- 更没耐心——他们要即刻行动；
- 信息渠道更广——他们上网调查；
- 要求更高——他们想要的更丰富，也可能更精简；

- 更善于投诉——如果他们不喜欢什么，他们就会告诉你和那些他们能通知到的所有人；
- 更注重体验——他们想要享受与你的邂逅；
- 更轻而易举（有能力）就能告诉别人他们认为糟糕的服务——现在他们只通过网络就能影响到无数人。

如果你仔细考虑一下这些，这说的可能不仅是你的客户，也包括以客户身份出现时的你自己。这就给我们提出了一个问题，那就是我们应该采用何种客服技巧和行动才能有效地服务这些新型客户呢。这就提醒了我，如果客户的预期和行为已经发生了改变，那我们为建立客户忠诚度所做的事情就必须随之而改变。

在结束之前，我还要说一下这可怕的变化节奏。图1-1中列举了我想说的重点。

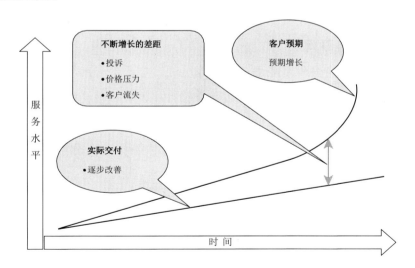

图1-1　不断增长的服务预期与服务交付之间的差距

纵向看，是企业提供服务的水平或客户预期服务的水平。横向看，是时间。我想到了把20年作为一个时间区间，差不多是从左侧的2000

年早期到右侧的 2020 年。

靠下面的线代表了大多数企业的做法，即保证他们随着时间的推移缓慢稳健地提高他们所提供服务的水平。靠上面那条线暗示了客户们一直以来的预期。就像你看到的，这个速度比大多数商家所提供服务的速度提高得更快，而且现在，这个指数在成倍地增长。如果像大多数我能想到的企业一样，你跟不上这种客户预期的增长速度的话，那你将处于箭头间区域代表的位置。这个差距就是你的客户对你的预期和你所提供的服务之间的差距，处在这个区域中，越来越多的投诉、价格压力和客户流失可能会产生。

经常有人问我为什么会发生这样的情况。原因有很多，而在某些市场中，多种不同原因并存也是极为常见的。不过，在这场完美的变革风暴的产生过程中，还是有几个因素共同发挥着作用的。以下就是其中几个主要因素。

因素一：互联网。

互联网使用的快速上涨正在毁掉或已经毁掉了很多市场。典型的几个就是电影租赁（大片）和绝大多数散客旅行社等。这还会给更多的市场带来冲击。比如说，我的外孙们现在已经不看传统电视节目了。他们更喜欢在互联网上选择他们喜欢看的内容，而且随时都有海量资源可供选择。

因素二：移动电话。

移动电话现在已经不仅仅是电话了。它还是电脑、计算器、手表、照相机、影集、卫星导航、健康监测器、便携式音乐播放系统、影音播放器、信息通信系统，甚至任何你想让它成为的东西。这就让很多市场（例如相机销售、手表销售等）缩小或受到了致命的打击。

因素三：新加入现有市场中的同行。

当一家新公司进入一个现有市场时，它们通常会采用新的方法，它们相信这将为它们赢得很大的市场份额。它们还能够以一种不同的成本结构进入市场，而由于现有企业的传统系统和流程，它们将发现很难与之竞争。一些比较显著的案例就是廉价航空和像亚马逊这样不断壮大的新网络销售商。

因素四：消费社会。

作为消费者，曾经存在一段时间，在那时我们的选择是很有限的，我们往往被动接受被给予的东西。不过，这一切都变了。消费保护主义的发展已经把我们变成了消费者治安维持会成员，我们对产品、服务和商家都有很高的期待。我们准备着为了获得我们认为是正当的东西而战斗，如果没得到的话，我们就会尽一切可能让尽量多的人知道。

因素五：不断下降的出行成本。

出门越多、经历越多的人，他们的体验和预期就会增长得越快。还记得我第一次访问美国回来后，我就想"为什么那里的服务没有英国这么好呢？"这也是让我下定决心从事这项工作的原因之一。

因素六：逐渐产生的商品化。

还有一个原因我称其为逐渐产生的商品化。这里我指的是，很多曾是某家企业特有或独一无二的产品或服务，现在到处都是、司空见惯，许多与之竞争的商家都能提供。每当发生这样的事情，消费者们总觉得形形色色的商家们所提供的东西都差不多，甚至没什么差别，所以，在这种情况下，他们不可避免地会受价格的驱使而购买。那么，此时面临的挑战就是要以消费者能够注意到和重视的方式让你所提供的产品或服务区别于其他竞争者。达到这个目的的方法有很多，不过，我认同的一种方式就是用你独一无二的附加值体验来包装你的产品或服务。

然而，对于很多企业来说，尤其是制造企业和分销商，他们在迎接这样的挑战前必须先转变他们的核心思维方式。很重要的第一步就是不要再认为企业处于一个企业对企业的市场中，即并不是一个企业将产品或服务交付给另一个企业。这样太没人情味儿了，而且客户很有可能就只把企业当作是提供商品的商家，双方的关系甚至会越来越疏远。接下来，这种思维方式和行为必须要改变，企业应该把市场看作是一个个人对个人或人对人的市场，在这个市场中，一个公司的人为另一个公司的人提供产品或服务。这样的思维方式能够使企业的运营方式和它在客户眼中的印象发生戏剧化的改变，这也将是贯穿本书始末的一个共同主题。

这些因素都会影响到整个市场。你每天都会看到许多零售商不断缩减他们的业务规模甚至倒闭，又或者有越来越多的在线对比网站使他们自己处于你和最终选择的供应商之间。

这在企业对企业的市场中很普遍，我过去几年花了很多时间研究这些因素对市场的影响。许多企业对企业的供应商声称，他们也在经历客户流失并面临着巨大的价格和利润压力。

有缺陷的客服"黄金法则"

有不少大家普遍接受的服务法则，其中有很多已经变得十分普及。还有些被称为客服的"黄金法则"。然而，客户对供应商和服务态度的持续改变导致这些法则中有许多都效力受损了，它们变得不再有价值，在有些情况下，甚至成为完全错误的方法。

以下就是其中排在前五位的几个有缺陷的法则。

法则一：客户永远是对的。

不，他们并不总是对的——而且，他们常常犯错。所以告诉客服人员客户永远是对的，只能让他们更不知所措，同时，也会让他们感到你脱离现实、不切实际。这甚至会激怒他们，因为你正在向他们暗示客户比他们可重要得多。你最好承认客户并不总是对的，然后再和你的同事们一起并肩决定最好的服务方案，哪怕此时是同事们犯了错误。

法则二：换位思考，用自己喜欢被服务的方式对待客户。

你为什么要这么做？这个法则预设所有的客户都像你一样，所以，他们的喜好也和你一模一样。不过，这显然不可能，所以，此处还需要一剂现实的良药。事实上，所有的客户都不一样，所以，他们想要的东西也不可能一样。

因此，正确的方法是用被客户们喜欢的方式去对待他们。然而，他们的需求可能各不相同，所以，挑战就在于想方设法投其所好——并仍旧盈利。

法则三：永远要一次就把事情做好。

这是一个值得追求的目标，不过这个目标假设了尽善尽美是可能的，而在提供服务的过程中，这种可能性微乎其微。还有，想要成为和保持服务佼佼者的地位就需要不断改进。这就意味着你要不断尝试新事物，从中发现最好的方法，然后再把它们变成新的标准。开发新事物需要反复尝试，而在反复尝试的最开始，失败往往比成功的概率大。一次就把事情做对，这几乎是不可能实现的，所以，任何新改进的服务交付体系都不太可能一下子被创造出来。

接受凡事都会出错就好得多了，尤其是当你尝试新事物和随后开发新技术时。这样做可以在事情出错时确保同事们不会有挫败感，客户忠诚度不会受损。

法则四：专注于改掉错误和弱点。

人们普遍认为进步的最好方式就是专注于做错或没做好的事情，然后改正它们。这显然既符合逻辑又有效果，可是，这并不是提供卓越服务的最好办法。如果错误让客户恼火并损害了他们的忠诚度的话，那这些错误显然需要被修正。可是，改正错误并不会使你变得优秀，只能让你从糟糕变成还凑合。而这往往需要付出很多努力才能获得微乎其微的成效。

更好的办法是专注于正确或有效的事情，然后以这些事情为基础。通常这样做的结果是在付出同样努力的情况下收获更大的成果，尤其是在建立客户忠诚度方面，因为这能让你在提供服务的关键领域从好变成优秀。

法则五：服务成功的关键在于好的培训。

确保客服人员受到最好的训练这无可厚非，不过，这并不是成功的关键。因为真正使你发生改变的并不是培训，而是受训者与生俱来的技能和个性。通常情况下，当你意识到你所聘用的人并没有达到你预期他们能实现的目标，并因此认为他们需要培训时，这时他们通常已经从业很久了，对于重新培训，他们会太过于故步自封而不能做出有价值、可持续的改变。

最要紧的是你要确保只培训那些对的人，这就意味着招聘和选择对的员工才是重中之重，这对于成功来说比日后的任何员工培训都重要得多。

我建议大家考虑一下，你有没有因为相信或提倡过某些这样有缺陷的黄金法则而感到内疚。如果有的话，在后面几章中你会得到一些如何去做的建议，我相信你还能发现一些有助于成功的更好的原则和实践。

客户忠诚度账户的作用

客户的忠诚度就好比是一个账户,尤其像是银行账户,只不过这里面储存的是商誉(感情或关系资产)而不是现金(金融资产)。不管什么时候,这个忠诚度账户都可能有余额、借方或贷方。如果这个账户处于贷方,那么一个特殊的境遇可能触发一种反应。如果这个账户处于借方,那么,同样的境遇可能就会触发完全不同的反应。

因为我在提到这个账户时使用了银行业的术语,所以,接下来我会继续使用类似的术语和参考,就好比这真是一个银行账户一样。

开户

就像我们会在任何一家银行兑现支票或购买外币一样,我们不需要在这家银行开户,我们可以和任何一个商家合作却从来都不需要在他那里开忠诚度账户。我们是否要开这样的账户会取决于很多因素,不过我认为最关键的一个因素是由这个问题决定的:我(我们)希望这只是一场交易还是要建立一种关系呢?如果这只是一场交易或一锤子买卖的话,那感受或感情(不同于礼貌、好意和互助)就不显得那么重要了;可如果一方或双方都希望建立一种关系的话,那感受和感情就发挥了作用,而且必须被顾及。

因此,当一方或双方都决定要建立一种超越一场(或偶然)交易的关系时,我认为就应该开设忠诚度账户。影响这个决定的感受和感情是由贯穿在这场关系中的诸多次体验引起的、是会让这个账户产生存款和取款行为的。

存款和取款

通过能影响客户感受和感情的体验，这个账户会发生存款和取款。体验的感受程度显然可以被描述为如下几个级别：

- **加一分**：也就是人们为顾客做了一些超出他们预期的小事。他们一般不会是像笔、日记本、饮料或鲜花这样常见的小礼品，而是一些表示关心、体贴和有先见之明的发人深省的行为或举动。这些行为或举动每次都能为忠诚度账户赢得一小笔存款。

- **哇哦**：这些事情也是差不多和"加一分"在类似范畴的，只不过它们能让客户产生棒得多的情感体验。可以说，它们是一些非同寻常的服务行为或客户关怀。这些完全能够为忠诚度账户带来更多的存款。

- **哎呦**：这些就是激怒客户、让客户失望或给客户添麻烦的出错的小事。它们可能还不至于让客户抛弃你，可它们也会让忠诚度产生一小笔取款。

- **天啊**：这主要是一些让客户很困扰的失误，这些失误可能会让他们寻找新的替代商家。你可以称这些失误为无法忍受的失误或体验。它们足以让忠诚度账户产生一大笔取款。

- **恢复**：这指的是在纠正失误后增加一些积极或非常积极的体验来把"哎呦"或"天啊"这种局面转化为"加一分"或"哇哦"的局面。恢复表明你有能力把忠诚度账户的取款转化为忠诚度账户的存款。

（注释：关于"加一分""哇哦""哎呦""天啊"和"恢复"对忠诚度所产生的影响将会在第五章中做更加详细的解释。）

账户余额是如何影响客户的决定和行为的

账户的状况在任何时候都会影响到客户在任何既定情景下的反应。比如说，当忠诚度账户中性平衡时，尤其是当它在借方时，哪怕是一个微不足道的消极体验都足以导致客户的叛变。可如果客户的账户可能由于之前的体验而处于贷方时，那客户就会比较可能原谅商家，继续做你的客户。

同理，一个积极行为对于一个有贷方余额的客户而言可能极易接受；可如果是一个由于之前的消极体验而使账户处于借方状态的客户的话，那同样的一个行动也只不过就能得到一个勉强接受的回应罢了。

案例研究

目前似乎已经与大多数英国人都建立起了贷方余额的企业案例有：

- 英国约翰·路易斯连锁百货商店（John Lewis）多年来在行业中似乎一直都处于优秀客服的前列，它已经与大多数熟客都建立起了余额为正的忠诚度账户。
- 英国戴森技术有限公司（Dyson）拥有非常好的产品和杰出的服务，尤其是出现故障时。它的产品通常比同类竞争对手的产品更贵，可它的质量好，我觉得在大多数英国人眼中它的客服方式也为企业营造出一种广为接受的良好商誉。
- 德国奥乐齐连锁超市（ALDI）对英国来说是相对较新的企业，不过，它却非同凡响。它刚进入英国时，很多人把它看作不受欢迎的闯入者。可是，结合它的优质产品、物超所值和乐于助人的友善服务，它很快就在英国和很多消费者建立了贷方余额。

把过去的贷方余额变成借方余额的企业：

- 玛莎百货（Marks and Spencer）：它们过去占据着强有力的地位，受到许多消费者、商家和投资人之类的尊敬和喜爱（所以他们是有贷方余额的）。我还记得我妻子曾经说过，她身上穿的衣服都是从玛莎百货买的。不过这已经是很多年前了，至少玛莎百货现在在我的家人中已经失宠了。多年前，我把我持有的玛莎百货的股票卖掉了，尽管我妻子现在已经很少从它们那里买衣服了，虽然曾经买过。人们似乎都是这样，它们正在艰难地努力重获之前让人嫉妒的市场地位。

- 英国银行业：曾有一度，英国的银行既值得英国人信赖又受到尊重。不过近些年来，从英国银行对英国人的态度来看，它们已经失去了大部分英国客户。现在，它们在英国是许多人不喜欢也不信赖的企业。

把过去借方余额变成贷方余额的企业：

- 斯柯达（Skoda）：曾有一度斯柯达汽车被人们当作是个笑话，在英国，几乎不会有人因为这个企业的信誉而去购买一辆斯柯达的汽车。不过，新技术的革新、可靠度的提升和卓越的服务让它们重拾战场，现在，它们位列人们尊重的汽车品牌行列，它们的产品也都是人们购车清单中的首选。

- 瑞安航空公司（Ryanair）：尽管它们一直都对顾客秉承"要么接受要么走人"的态度，可它们向来都是成功的企业。在过去，由于它们廉价，所以多数人都只乘坐它们的航班，可能是因为它们负担不起更好的服务，又或者它们是唯一一家想飞哪儿就能飞哪儿的航空公司，所以它们的航班从来都是客满的。可是，媒体对它们糟糕服务的报道，飞行员跳槽、罢工，加之其他廉价航空公司的竞争，迫使它们改变了它们高高在上的态度。也正因为这样，它们提高了服务质量，并改善了对待商家、员工和客户的态度。

我想它们还有很长的路要走，尽管它们还没重拾过去人们对它们的"喜爱"，不过，人们已经不像过去那么不喜欢它们了。也许在未来的某段时间里，它们会用余额为正的忠诚账户把他们的形象完全转变成受人喜爱的样子。

跳跃者

- 维珍铁路（Virgin Rail）是一个我所谓的跳跃者的例子。当它们接管英国铁路的西海岸线时，作为常坐火车的人，我真的很开心。维珍的声誉让我联想到一切都会得到快速的改善，我在火车上也能够享受到维珍式的服务了。最开始确实所有一切都发生了改变，从员工的制服到列车的颜色，可实际上，火车上的服务在有些方面却变得更糟糕了。所以，我的美好期待立刻就消失殆尽了，我变成了一个投诉常客。这就使我的忠诚度账户进入了余额为负数的状态。

  尽管如此，随着时间的推移，它们的服务到目前为止还是在稳步提升的，我认为他们的服务是好的，在我这儿，它们又重回了忠诚度账户余额为正的状态，并有可能赢得更多其他西海岸线的用户。

- 汽车经销商服务在同业者之间的差距巨大。出现这样的局面是因为它们当中大多数都是私营的，所以你在本地得到的服务取决于本地汽车商的服务方式。制造商非常努力地想要让它们的服务在全国各地都始终如一，不过，它们也清楚，不管它们有多努力，客户享受到的服务还是会有差异的。

  我是通过个人经验了解到这一点的。我曾经有一辆德国制造商的车。我们镇有一个地方销售商，他们的服务简直糟透了，所以我就选择了驱车十八英里到曼彻斯特，因为那里的汽车商的服务很棒。

我发现把忠诚度比作银行账户有助于企业上下的员工更好地理解他们的行为可能会对客户忠诚度造成的长期影响。同时，也能够帮助他们理解为什么客户在相同情况下的反应会截然不同。

因此，这一主题就值得我和同事们商量、探讨，也值得企业上下的工作人员学习。这有助于引发人们的讨论，主题就是关于小动作、行为或语言是如何让客户忠诚账户中产生存款或取款的；这也有助于人们开始意识到他们都会对企业的现在和未来的成功所产生的影响。

影响及建立客户忠诚度的战略措施

很多企业和个人都对客户体验管理这一主题越来越感兴趣，也越来越关注。在过去几年中，我也是他们当中的一员。可后来，我偶然发现了一些研究，这些研究引发了我的思考。它让我了解到：可能我一直以来都没有关注我该关注的方面。

我已经说过，我相信，客服界从业者们的主要目标都是要建立客户忠诚度。然而，我的研究和经验表明，单凭客户体验管理是达不到这个目的的。所以，尽管我还是对客户体验管理很感兴趣，可我认为它已经沦落到"必要却不充分"的地步了。我们需要的更多。事实上，要多得多！

忠诚是客户表现出的一种行为，这种行为取决于他们在未来某个时刻所做的决定。诺贝尔奖获得者——心理学家丹尼尔·卡尼曼（Daniel Kahneman）告诉我们，我们所做的大多数抉择都是基于我们对未来体验的预期，或我们对过去体验的记忆。所以，为了影响未来的行为，我们需要做的就远不仅仅是管理当前的体验。我们首先要确保这些体验中的某些元素至少要能让人有印象，最好是让人难以忘怀，这样，你就在客户心目中留下了深刻的印象，这样的印象会让他们在将来某个时刻做出我们期望的决定。这是一种苛求，客户体验管理的一般技巧是达不到这种效果的。可记忆管理和体验管理则不同，所以，为了能够更好地进行客户记忆管理，有一系列新技巧和执行工具我们必须学起来。

可即便是这样做也不够，因为我们还必须要考虑到客户的预期，以及大量会对他们未来的忠诚度产生影响的因素。你要考虑到这些才行。

如果你的预期和你所得到的一样，那么，很有可能你的忠诚度所受的影响就微乎其微乃至不受影响。可要是它们不一样呢？如果你得到的总是比你预期的多又会如何？那么我们有理由推测，这样的体验会让你更加忠诚。（研究显示正是如此。）相反，如果你得到的比你预期的要少，那你很有可能就不那么忠诚了。所以，预期对未来的忠诚度会产生强烈影响，而这也必然导致人们对某些其他方面的需求，即客户预期管理的需求。

这就意味着，如果客户的长期忠诚度是我们要实现的目标的话，那我们就必须了解和精通三种各有特色却又各不相同（尽管它们之间也有些联系）的技巧。它们就是：

- 客户预期管理
- 客户体验管理
- 客户记忆管理

我把它们统称为"客户忠诚度管理"，我想这才是我们真正应该关注的吧。后面几章会解释如何管理这三个有关客户忠诚度的关键技巧。

持续改进的系统战略（借鉴系统思维）

世界上的大多数制造企业都了解或已经采用了某种名为"系统思维"的管理方式，也就是众所周知的"精益制造生产工艺"。这是一种组织生产流程的方法，为的就是确保在极小或没有浪费的情况下，保证流程尽可能顺利和高效。这种方法是建立在对系统中相互关联的各个方面都了如指掌的情况下的，所以如果系统中的一环发生了改变，那就不可避免地也一定会对其他环节造成影响。

这种方式也被运用到了体育中。有一句体育教练们常说的话："聚沙成塔"。意思就是把每一个微不足道的部分都累积起来，每个部分都会对一个人或一支队伍的表现起到微弱的促进作用。你从每一个部分中单独获得的改进似乎不多，可当所有这些进步累积起来时，总体进步将是十分可观的。这尤其适用于"世界第一"和以不到一秒钟的微弱差距"落选的"世界第二之间的差距。

这在提供服务方面也是一项极具价值的技巧。任何环节发生的任何变化都会影响整个系统，使它要么变得更好、要么变得更糟。许多小事会迅速叠加并使客户对你所提供服务的看法发生巨大改变。因此，这种方式可以用来不断改善客户体验和忠诚度，而这种改变是竞争者们很难理解和仿照的，可却是客户们能够注意到并且重视的，这些小改变能够在他们的忠诚度方面获得巨大的、极富价值的回报。

这种方式非常直截了当。你可以通过客户体验之旅示意图绘制出客户所经历的所有体验，就从这里出发，然后再分析每一个体验来发现哪些体验最有可能实现有价值的进步。然后，你再决定怎样把这些进步发挥到极致，怎样合理规划行动和调整系统来实现这种进步。接下来，你要引进能够保证所有的进步都被牢牢地保持住的方法，让一切不可能再退回到改进前的状态。这时，你就可以再重复进行整个过程了，保证自己一直在不断创造进步。

这听上去可能非常困难或复杂。但其实并不是这样，我们在第三章中会解释执行这项活动的最好方法的全部细节。但毋庸置疑，这是一种创造具有竞争力的优势和建立持久客户忠诚度的有力途径。

成功可能带来什么样的结果

常常有人问我:"你是如何让客户服务在重要的经营业绩中发生有价值的改变的?"这是一个很好的问题,可能有很多方法来回答这个问题。不过今天,我一般都会说:"在你希望吸引和保留的客户们所最重视的方面做到最好。"

首先,我必须得承认这个想法并不是我原创的。这一想法是基于美国客户体验专家卢·卡蓬(Lou Carbone)在一个几年前我和他共同经营的工作室中所说的话。不过,我很喜欢这一思想的简洁明了,所以,我很热衷于传播这种思想。

尽管如此,就像工作中许多要紧的事情一样,理解起来很容易,可是做起来却实属不易。而且,新出现的问题比被解决掉的多。所以在这里,我们主要看看如下三个主要的后续问题,以及它们的一些答案。

问题一:你希望吸引和留住什么样的客户?

显然,这个问题的答案往往很简单,就是"所有"客户,在有些企业中,这可能是唯一可行的答案。不过,也有另外一种想法。把少部分优质客户作为目标怎么样?我给许多企业都提过这个建议,它常常会引发一些有价值的讨论。有时候,一个新的、更有效的战略就在讨论中应运而生了。

以少数更优质的客户为目标意味着什么呢?对于我来说,这意味着选择让企业关注那些它的同行们也希望为其提供服务的客户,他们不会向企业提出不合理要求,他们是能为企业提供持续收入和发展的最具潜力的客户,他们能为企业带来最佳的财务收益,这还意味着鼓励那些做不到这些的客户去寻找其他商家。

这种想法也得到了一些十分受人尊敬的专业学者们的研究和经验的支持。比如说，哈佛商学院的迈克尔·波特（Michael Porter）就提议，这种对特殊客户群（或产品）的密切关注是建立可持续竞争优势的最好方法之一。斯坦福大学的吉姆·柯林斯[一]（Jim Collins）在他的书《从优秀到卓越》（Good to Great）中介绍了他所谓的"刺猬法则"。这在第十章中有详细介绍。就是要在你最重要的目标客户真正最重视的事情上表现得最优秀。

和我共事的企业这样做后所体验的结果都各不相同，不过最显著的往往包含如下几方面：

- ◆ 耗费的资源变少了，同时创造的收益却更多了；
- ◆ 通过只服务卓越客户的愉快体验鼓舞了员工的士气；
- ◆ 越专注，压力就越小，成效系统和流程就越有效。

所以，我绞尽脑汁思考你真正想要的是什么样的客户。也许你应该以少数优质客户为目标，这可能就是你的最好选择了。

问题二：对他们来说最重要的是什么？

已经选择了你希望关注的客户，然后，你需要知道什么才能让他们对你无比忠诚。实现这个目标的第一步就是，你要清楚地知道他们认为重要的事情是什么。这看上去似乎是在说些明摆着的事儿，不过，我一直都很吃惊（和失望），因为大多数企业都几乎完全不了解它们的客户千变万化的需求。

很多企业认为，只有通过服务客户，他们才能了解客户最重视什么。

[一] 吉姆·柯林斯（1955— ），英文名：Jim Collins，男，毕业于斯坦福大学。著名的管理专家及畅销书作家，影响中国管理十五人之一。曾获斯坦福大学商学院杰出教学奖，先后任职于麦肯锡公司和惠普公司。与杰里·I. 波勒斯合著了《基业长青》。——译者注

不过，我的经验与这一观点相矛盾。通过服务客户，你能获得对下面的事情的不断完善的观点，也就是你认为什么对他们最重要，我们也可以将其称之为"由内而外"的视角。可是，你要知道，你并不知晓但是需要去了解，他们认为什么事情对他们重要，也就是"由外而内"的视角。你可能会认为这两个视角是一样的，可它们完全不同，所以，你应该想办法了解客户的视角，坚持收集客户的反馈。

你不会希望用太多的反馈请求轰炸客户来激怒他们吧，所以，找到他们能够接受的方法和频率是十分重要的。还有，你要考虑到不同类型的反馈会提供不同的视角，所以，你可能需要使用不止一种方式才能掌握全面的信息。

另一个关键就是要记住客户和他们的需求是在不断变化的。每一年或半年去核实一下他们的看法也许会有用，不过这也不能让你得到你需要掌握的所有信息。为了能够得到有价值、可行的结果，你必须想办法不断得到客户的连续反馈并加以分析。我的经验表明，最好的反馈就是事件驱动型反馈和实时反馈。（如何建立并利用这种反馈将会在第九章中介绍。）

收集到这些反馈后，还需要对它们进行分析，突出那些客户最重视的部分，以及把这些发现应用到何处才能创造让他们忠于你的竞争优势。

问题三：你怎样能在这方面做到极致呢？

获悉了客户最重视方面的信息后，下一步就是要成为最擅长提供这种服务的人，才能赢得他们的忠诚。不过，只是占据微弱优势不行，你必须得切实地、明显地、大幅度地占据着领先地位才行。这需要专注和敬业，天上从来都不会掉馅饼。

你的专注必须要十分准确地定位在关键问题上，这些问题就是你获悉的你的目标客户最重视的方面。你一定不能让自己偏离目标，无论发生什么让你分心的事。敬业精神来自你要成为杰出领导者的决心，无论在这个过程中要面对怎样的阻碍或遇到什么样的灾祸。这也是一件说起来容易做起来难的事。

采用这种方式既有优点也有缺点：

◆ 优点是：
—竞争对手往往搞不清楚你在做什么，等他们发现时一切就已经太晚了，已经来不及做出有效回应了。
—他们也会发现想要效仿非常困难，甚至要付出更多，因为对他们来说，通常很难制订出一个强有力的让企业认同的追赶方案。
—遥遥领先于对手比稍微领先于对手更容易保持。
—如果能够保持下去的话，创造持续领导的必要努力通常都足以维持或增强领先优势。
—如果你能迅速果断地战胜你的对手，那他们就得付出更多努力才能赶上或者战胜你。
—如果你的领先优势明显，你的前进脚步迅速，那这就会发挥作用让随后试图通过更努力的方式"赶上你"的竞争对手泄气。

◆ 缺点是：
—要创造有价值、明显的领先可能需要付出巨大的努力和资源。
—为了能达到效果，往往需要迅速果断地执行。如果你执行起来花了太长时间，或者缺乏取得成功的决心，那客户可能就注意不到这些缓慢的改变了，竞争对手也会更容易迎头赶上，所以要达到预期的效果就不太可能了。
—需要做的事情可能和目前正在做的事或已经做过的事不同。

因此，人们必须学习新的工作方法。不过，由于已经习惯了现有事物的存在方式并且安于现状，所以，要改变这些经过反复检验的工作习惯可不那么容易。

——客户体验到的整个服务往往与企业文化关系更大而无外乎其他，所以，我经历过的大多数项目都会在某一阶段找出有待解决的文化问题。如果和提供服务有关的事情不像你所希望的那样，那么部分问题可能就存在于现有企业文化中的某个环节，而这个问题随后都必须加以注意。

因此，所有这些优点和缺点在决定是否执行和如何执行前都需要被权衡，如果你已经下定决心了的话。

我想我已经说得很清楚了——这并不容易。可如果这件事不难的话，那不是所有人都能做到了嘛，那它也就不会这么有价值了。所以，为什么不让自己的企业成为行业中唯一一个能够拥有这种能力的企业呢？

提供卓越服务不需要高额成本

你能不能在提高服务的同时降低服务成本呢？服务中的成本与投入问题是人们经常要求我讲的问题，无论是在什么样规模和类型的企业中。有一个人们普遍秉持的信仰就是，提高服务必然需要增加成本。其他观点则认为，你提供的服务越多、越好，你的利润就会越低。然而，现实情况并不是这样的。在我所从事的几乎所有项目中，如果我们行事正确并把我们的注意力和努力投入到正确的方面的话，那在服务改善的过程中，成本并不会增加。实际上，在很多情况下，成本反而降低了。

人们觉得这难以置信。可我觉得，认为把事情做得更好就得付出更大的努力或更多的金钱，这样的想法是十分自然的。但是，有许多其他方法也能够达到同样的效果，可以通过更巧妙地工作或把同样数目的钱投入到能够带来更大成效或更高效益的方面，以及能够降低在无效事物上的花费方面。所以，我知道，提高服务质量和减少服务成本是可能并存的！如何启动这样的项目，以下是几个主要的注意事项和一些建议：

做对事情所花费的成本往往比做错事情的低

很多年前，美国的一个质量专家菲利普·克罗斯比（Philip Crosby）写了一本名叫《质量是免费的》（Quality is Free）的书。他的观点是，几乎在大多数企业中和他所经历的大多数情况下，当采用高品质时，那些与次品挂钩的成本就会降低甚至消失。这些成本的削减或转移比任何提高品质所增加的花费都要巨大——所以，提高品质实际上从成效上来说是免费的。

从我的经验来看，服务也别无二致。（可能还应该出一本类似的书叫《服务是免费的》（Service is Free）。）其实，在我所参与的所有项目中，糟糕的服务带来的花销往往会在更优质的服务转化过渡中减少或消失。和质量一样，这些节省的成本往往比提高服务所投入的任何花销都要多得多。

有一个问题就是，糟糕服务（或质量）的成本往往不会在企业账目中表现出来，或者被算入其中。所以，这些成本往往会被隐藏起来或者被管理部门忽略。这儿有几个关于这些糟糕服务的隐性成本的例子：

- 因为第一次没做好，所以需要多次完成同样工作的成本；
- 因为第一次打电话问题没有得到解决，所以必须多次致电客户的来电处理成本；
- 为了不断代替因糟糕服务离开的客户而持续吸引新客户的成本；
- 为了能够留住因糟糕服务而有可能流失的客户所给予的支付补偿或折扣补偿的成本；

- 因处理糟糕服务导致的问题所浪费的监督和管理的时间成本；
- 公司员工普遍出现士气低落（或态度冷漠）而导致的生产率下降的成本，而士气低的原因就在于员工深知其同事所提供给他们的服务以及被期待提供给客户的服务都会很糟糕。

这只是我见过和揭露的隐性成本的几个例子。还有很多例子，其中就包括那些特属于你自己的企业或行业的例子。可一旦你把所有这些成本都叠加起来，你的预算往往在弥补任何采用高品质服务方针和项目的成本方面绰绰有余。

聘用对的客服人员，成本不一定更高

还有一种观点认为，聘用那些善于提供高质量服务的员工比那些庸庸碌碌的员工成本更高。然而，这大错特错。在很多情况下，这并不会增加你的成本，综合所有因素考虑，这实际上花费得要低得多。这看上去似乎不合逻辑，可其中是有原因的：

- 聘用那些天生就会笑的员工并不会比聘用那些不会笑的员工成本高——只要你在招人的时候多加注意就行了。
- 优秀的员工往往会留在那些同样吸引和能留住优秀人才的企业中——广告、招聘、入职培训和培训成本也会因此而降低。
- 管理的时间投入被过多地浪费在了处理不适合的员工、他们的问题和他们糟糕的工作表现所导致的问题上。如果你用对的员工来代替这些人的话，那这些被浪费掉的时间就可以被随意花在最值得的人身上了——也就是那些称职的员工和表现最优秀的员工身上。
- 在那些不能吸引和留住最优秀人才的企业中，招聘和入职培训的成本往往非常高。当吸引和能留住优秀人才时，这些成本（和许多管理时间）都会减少。

- 最优秀的人才也更多产、更有创造力、更灵活，也更有责任感——所以，他们所需的管理时间就更少，还更善于和客户建立持久、积极、有价值的关系。

这只是其中几个原因，还有其他原因，不过，当这些原因都聚集在一起时，它们就累计浪费了一大笔成本或节省了一大笔成本，以我的经验，这就意味着，当把所有因素都考虑进来时，聘用最优秀人才的成本往往更低。

改善服务并不需要增加成本

有另外一个错觉就是改善服务的唯一方式就是砸钱，不过这也是错误的。在任何企业中，服务的巨大进步往往都不会伴随着任何更高的成本投入。这其实并不是因为你在客户身上花了多少钱，而更多的是因为你有多关心你的客户。或者换句话说，优秀服务不仅在于你做了什么，也在于你怎么做。这里举几个例子来解释我想表达的意思：

- 如果你来到一家零售店，但却被店里应该服务你的人忽略了，可能是因为比起和你这位顾客聊天，他们对和同事聊天更感兴趣，那么，这家店选的好地段、用最好的设备装修、储存价值不菲的最新产品、订制让人眼花缭乱的橱窗和店内陈设所花费的全部成本，就会因为这些员工糟糕的态度全部付之东流。然而，你可能花同样的钱就能聘用到一个天生就愿意关注顾客、让他们感觉宾至如归、愿意专心倾听他们需求，并为他们提供能令他们满意的甚至可能超越他们预期的最优质的产品或服务的店员。

- 眼神交流和用温暖的笑容迎接顾客不会比对顾客不屑一顾或用冷漠或无礼面对他们的成本高。

- 为了能够让顾客感觉到服务进步了，你没有必要一直给他们额外的东西（折扣、免费产品、买一赠一等）。单凭多为他们服务或者把你已经做的（比如说更了解你的产品或服务、更关心你的顾客、给顾客更多的时间投入、对顾客的需求表现出发自内心的在意、与顾客建立密切联系和关系）做得更好也能达到同样的目的。

所以，如果你做对了的话，为客户提供他们眼中的高质量服务而不仅是那些被认为一般或糟糕的服务并不需要花费更高的成本，这就是我坚信这一点的原因。

可是，还有一个关键问题必须要考虑到。这个问题就是，要关注客服领域的哪个方面或者投入在哪个方面才能在少花或不花成本的情况下达到有价值的效果。有许多方法都能够达到这个效果，但我认为如下的几种是最有效的。

只聘用对的人

如果你的企业中没有称职的员工，那所有事情都会举步维艰，有些事情甚至根本就不可能实现。如果你想要提供高质量的服务，就更是如此。建立优秀的团队可能是任何一个客服经理都面临的最重要的任务。在第二章中，我会解释如何去吸引和选择那些有天赋做客服的人员。这能够帮助你找到这些有天赋的人（所以你就可以聘用他们了），剔除那些不具备这些品质的人（所以你的竞争对手就可以聘用他们了）。

营造良好的环境

如果你把适合的人放到了不合适的环境中，那他们就不能得到最好的发挥，还可能会离职。所以，营造能够使优秀的人才留下、成长并发挥所长的环境是十分重要的。这就意味着一个开放、诚恳和公平的环境，在这个环境中没有独裁、几乎没有官僚作风，每个人都清楚地知道自己的贡献会被认可和珍惜。

简易的制度

人们必须使用的流程或制度越复杂，他们对客户的关注就越少，提供的卓越服务也就越少。因此，建立操作简单明了的制度尤为重要。我相信大多数人都听过"简洁为美"这句口号，可擅长这样做的企业并不是很多。

一个重要的因素就是，在服务业，客服人员使用的流程和制度应该旨在能够让他们的工作更快捷，这样他们就能够把注意力放在客户身上，而在此过程中，这个运行制度也不会让他们的工作受阻。不过，在很多企业中，情况并非如此。我发现，客服人员所使用的大多数制度和流程都旨在服务于企业中的其他员工，它们实际上妨碍了客服人员的工作。

所以，如果你希望客户能够认同你所提供的服务是卓越的，那么，这部分就是一个必须解决的问题。这已经不是一个成本投入的问题了，而是一个用同等成本投入换来更好效果的问题。尽管如此，我还了解到，这种简单、易上手的制度往往成本更低。

真正走近你的客户

保证真正了解你的客户、他们的思维方式和需求。我喜欢一句话，在企业中一定要听到和了解到"客户的声音"，只有这样，你才能够"比你的竞争对手更了解"你的客户。

英国乐购（曾经是英国最大、世界排名第五的零售企业）的前CEO特里·莱希（Terry Leahy）说，他们在20世纪90年代打算实行全公司改革时得到的经验之一就是："当我们停止追赶我们的竞争对手转而开始追赶我们的客户时，我们让我们的竞争对手受到了沉重的打击。"所以，英国乐购这个战略的一个核心元素是"比竞争对手更了解他们的客户"，那这结果就丝毫不令人感到意外了。

为了实现这几乎没有成本的一切，你能做的是：

- ◆ 花时间聊天，最重要的是，当客户来访或从你这里购买东西时，要花时间聆听。尽量处于一个能够接触大量客户的环境中，这样你就能够观察和获悉他们如何购买到你的产品、如何使用，以及对你的产品和服务的反应如何了。
- 致电客户并询问他们，和你的竞争对手比起来，他们对你所提供服务的看法如何。
- 为客户提供快速、简易的方式让他们表达对你的产品或服务的想法（例如，他们购物时可填的卡片、他们可拨打的电话号码或他们可访问的能表达感受的网站等）。
- 偶尔安排常客和自己见面来保证他们反馈的想法都是最新的。
- 亲自跟进某些客户的投诉，了解投诉原因和解决办法是否有效。

授权员工以他们的客户为中心行事

你的员工必须知道，你期待并允许他们做一切他们认为有助于创造良好客户体验的正确的事情。如果有必要的话，你可以给他们提供一个指南，这样，他们就能知道人们期待他们能有的表现了。他们也必须要知道，你知道他们偶尔也会犯错，不过，你并不会由于他们的错误让他们感到尴尬或惩罚他们。你能理解，这些错误是他们最好的学习途径之一（我们都是在磕磕绊绊中学会走路的），只要他们敢于承认错误、从中吸取教训、纠正错误，并且不再犯同样的错误，就没问题！

传达、认可并奖励正确的行为

最后，作为领导，你必须确保你的员工知道你希望他们表现出的行为。你可以通过传达（反复告诉他们你的预期）、认可（发现那些行事正确的员工并感谢他们）和奖励（建立与正确行为相适应的奖励机制）来达到这个目的。最重要的是，你还可以通过树立榜样和用以身作则的方式要求别人照做来达到这个目的。

这些建议并不需要你多花费额外的成本，就和你没做时一样；它们只需要你用与大多数其他企业不同的角度去思考或行动。而且，通过这样做，你就会成为一块能够吸引最优秀人才的磁石；你会得到客户的重视，让他们看到你和竞争对手的不同；你会吸引和留住那些最优秀的员工和最优质的客户；这样，你就能够更快速地发展，创造更高的销量、更高的销售额和更高的利润。所以，以更低的服务成本来获得高质量的服务是有可能实现的——这只需要想象力、决心和热情！

忠诚客户的行为

不过，这一切真的值得吗？我的经验告诉我，当然值得，而且我学会了解决这个问题的一个好方法，就是要用心思考忠诚的客户所表现出的典型行为。我观察到的和我的客户们表现出的最有价值的行为就是：

- 他们很乐意把你推荐给其他潜在客户。
- 他们时刻准备着为他们本可以在别处花更低的价钱就能得到的同等事物付出更高的价格。
- 当出现问题时他们会原谅你并继续从你这儿购买。
- 当别人攻击或批评你的企业时，他们会维护你。
- 他们会乐意为你提供诚实的反馈来帮助你进步。
- 他们会主动想办法在你这里多消费。
- 他们当你的客户时间越久，你服务他们的成本就越低。
- 他们会帮助你完成销售业绩并让你获得更高的利润。

显然，并不是所有的忠诚客户都会做同样的事情。可是，我保证你会同意，他们当中只有一些值得经营和投资。所以，以我的经验，忠诚度确实会带来某些价值不菲的回报，因此，把它作为一项关键的战略目标具有良好的商业意义。

行动清单

1. 列出过去几年你的客户的习惯和行为方面的主要改变。

2. 考虑一下你是不是一直相信或提倡某些有缺陷的黄金法则并是否因此而需要作出改变。

3. 调查一下你最重要客户们的忠诚度账户的状态,看是否有必要采取行动和他们一起存入一笔价值不菲的忠诚度储备金。

4. 开始从事一些能够提高客户忠诚度却几乎不需要任何成本的事情。

自我评估清单

表1-1是一张速建图表,你可以用它来评估你的企业管理技术水平目前正处于三个主要客户忠诚度管理区域中的哪个区域。在每个条目前写上日期,并在其后追踪你在每个要素中向世界顶级水平迈进的脚步,这可能会对你很有帮助。

表1-1 在客户忠诚度管理三个核心元素中你的技巧水平如何?

	弃权	刚起步	达到标准	很优秀	世界顶级
客户预期管理					
客户体验管理					
客户记忆管理					
总　计					

推荐书目

Collins, J and Hansen, M T(2011)*Great by Choice*,HarperCollins,New York

Heskett, J L, Sasser, W E and Schlesinger, L A（1997）*The Service Profit Chain：How leading companies link profit and growth to loyalty, satisfaction and value*，Free Press, New York

Kahneman, D（2011）*Thinking Fast and Slow*，Penguin Books, London

Reichheld, FF（1996）*The Loyalty Effect：The hidden force behind growth, profits, and lasting value*，Harvard Business School Press, Boston, MA

Shaw, C（2007）*The DNA of Customer Experience*，Palgrave Macmillan, Basingstoke

推荐网站

△ On TED Talks

Kahneman，D（2010）[accessed 1 November 2018] The Riddle of Experience vs.Memory [Online] https：//www.ted.com/talks/daniel_kahneman_the_riddle_of_experience_vs_memory

△ On YouTube

Collins, J (nd) [accessed 1 November 2018] Jim Collins's Top 10 Rules For Success [Online] https：//www.youtube.com/watch?v=Cu1WZoikY5M

Reichheld, F F (nd) [accessed 1 November 2018] Loyalty Rules! [Online] https：//www.youtube.com/watch?v=S1rpjxa7mfc

Shaw, C (nd) [accessed 1 November 2018] DNA of Customer Experience – How Emotions Drive Loyalty [Online] https：//www.youtube.com/watch?v=Y7i3IL3Q2qQ

第二章

关注建立和提高客户忠诚度的相关事宜 & 避开或远离一切不利于客户忠诚度的事宜

LOYALTY

本章包括以下内容：

>> 领导的承诺与风格。被称作领导的人并不总是能发挥伟大的领导力。这是两回事儿。在这个部分，我们会探讨几个和伟大领导力有关的元素。

>> 聘用对的客服人员和避免聘用错的人员。没有任何的培训和监管能够把不适合客服工作的人变成适合的人。关键是要先找到对的人。

>> 帮助适合的人员尽可能成为最优秀的从业者。如果不营造一个能让人进步的环境的话，就算把适合做客服的人都聚在一起组成一个团队也没什么意义。

>> 企业文化的影响：它是如何影响员工参与度的。员工的参与度对士气和高产能至关重要。它是如何实现的，它是如何受到企业文化影响的，在这个部分也会进行解释。

专注于重要的事情

在第一章中,我概述了几个把客户忠诚度管理看成成功的关键战略的原因。现在,我们必须转向成功实践这个战略的方式。正如大多数事情一样,有些活动能促进成功,而有些活动则会阻碍它。在这一章中,我们会探讨如何启动并促进那些有利于成功的因素,以及减少或清除那些有碍成功的因素。

领导的承诺与风格

领导不等同于有领导力。领导力意味着别人愿意追随你,这并不是因为他们不得不这样做,而是因为他们选择这样做。所以,领导力是一种馈赠,是那些选择跟随你的人们的馈赠。

领导的个性会影响到整个团队的士气,也因此会影响到他所领导的人员的表现,这是不争的事实。全世界都缺少优秀的管理者和领导者,所以,怎么才能让你自己成为企业中关注创造卓越的客户忠诚度的优秀管理者或领导者呢?我认为有两个关键元素:承诺和风格。

承诺

常常有人问我,当我们试图让服务发生有价值的改变时,是什么导致了成功和失败之间差距呢。我的答案始终如一:领导力。无论是一个个人企业领导还是一组项目领导,他们的引导、鼓励和支持都是成功关键。

我记得看过一个 TED 演讲视频,在这个视频中,演讲者进一步完善了我的想法。她提出，领导力不只是语言那么简单，它还关乎信仰和信念。这让我思如泉涌，我发现她说得简直太对了。在我所合作的所有企业中，那些能够利用卓越服务和客户体验管理来建立可持续的客户忠诚度的企业，他们成功的关键原因就是领导者的信仰和信念。

他们坚信，卓越的客户体验能带来更好的业绩；他们坚信，如果他们聘用对的人、为他们营造良好的工作环境、鼓励他们成为他们能做到的最优秀的员工，并全身心地致力于他们能够为同事和客户提供的最卓越的体验，这对任何企业来说都是成功的不二法则。他们不需要做研究或漫长的成本核算来证明这些。他们只知道，这是正确的，所以，应该满怀自信、精力、热情和紧迫感地坚持下去。

有很多企业只说好听话，却根本没落实在切实的行动上。在这方面，我越是思考就越意识到，成功并不是口头创造的，它需要的不光是说说而已。我们需要的是行动，这些行动要受到领导者的思想感受和行为的驱动。这些思想感受和行为来自领导者对要做的是正确的事情的信仰和信念。

风格

哈佛商学院的约翰·科特（John Kotter）在他的书《领导变革》（Leading Change）中这样写道："管理让一个系统运转起来。它有助于你完成那些你知道该怎么做的事情。领导力能构建新系统，也能改革旧系统。"领导力和管理技巧都对企业的成功至关重要，可它们却不是一回事。为了能够使系统运转，一个好的管理者必须要对所有他或她所负责的人都十分了解才行——甚至是了如指掌！这就意味着，不仅要了解他在工作中遇到的人，要了解他们是否很好地履行了他们的职责，还要全面了解这个人才行；这就意味着，要了解和由衷地关心他们的爱好、兴趣、人际关系、烦恼和志向。如果不能先做好一个伟大的雇员的管理者的话，那其实是不可能成为一个好的管理者的。

领导最好也擅长管理技巧，这样，他们就能够帮助那些直接向他们汇报的人发挥他们的最佳水平。不过，在领导力上，他们掌握的其他技巧也至关重要。我曾听罗伯特·霍根（Robert Hogan）博士讲过几个关于领导力的重要技巧。他是首个诠释性格与企业效能之间联系的心理学家，他和他的妻子乔伊斯（Joyce）后来开发出了性格评估工具，并于1987年创立了"霍根机构"。从那以后，这个组织就发展成了在世界上首屈一指的性格评估机构，他们的产品在全世界56个国家都可以买到，并被翻译成了47种语言，在美国，有超过50%位列《财富》杂志500强的公司都在使用他们的产品。

在回答"人们理想中的领导是什么样的？"这个问题时，他的研究就给出了两组他称其为特质的东西。它们是：

- **主要特质**（按重要性排序）：以下是一个好领导的必备素质：
  —正直：可信赖的人。
  —果断：能够快速做出明智决定的人。
  —胜任：善于经商的人。
  —远见：能够看清并解释未来方向并传达哪些东西是重要的原因的人。

- **次要特质**：如果能有这些特质也很好，可如果领导已经具备了主要特质的话，那就算他们没有这些特质也是可以原谅的：
  —坚持不懈：总能帮大家渡过难关的人。
  —谦虚：不自负或不傲慢的人。

我喜欢这种关于主要领导力特质的概括，因为简单易懂，你可以参照他评估一下自己。同时，我知道这是基于霍根机构可靠的研究和经验的。

我从罗伯特·霍根那里学习到的另一件事就是，你个人的看法其实一文不值。换句话说,你并不真正了解自己。如果你想要了解自己的话,那你就必须得问问其他认识你的人。所以,如果你想要按照这些主要领导力特质来评估自己的话,那你就得去问问你的同事,那些了解你并且愿意对你人品做出反馈的人们。你可能需要在匿名的情况下进行这一切,只有这样他们才能敢于直率地说出真相,否则的话,这么做就没有意义了。这样做显然需要勇气,可如果你真的在乎想要成为一个好领导的话,那你就得咬紧牙关放手干。记住,领导应当以身作则,只有这样才能为那些你领导的人们树立榜样。

企业架构和焦点

对于企业中负责提供客户体验从而建立持久客户忠诚度的运营人员来说,一个企业的构成方式对他们的能力总会产生巨大影响。合理的企业架构能使员工有干劲儿、能力不断提升。而不合理的企业架构则会让人泄气并摧毁企业。

一个很好的起点就是先考虑企业的构成方式,如图2-1所示。

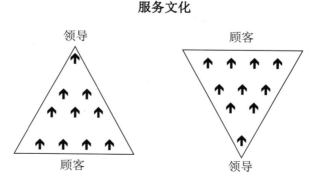

图 2-1 企业构架

在图中的两个三角中,箭头代表的是处于企业不同层级的工作人员。

你要注意的是，在这两个三角中，处于各层级中相同职务的人数也是相同的。然而，据我了解，一个企业架构类似左手边这个三角的企业更偏向于会抑制或让服务文化起不了作用；反而，一个类似于右手边三角的企业构架更有可能让企业的服务文化发挥作用并不断提升。这和领导处于企业构架的最顶端还是最底端都没什么关系。尽管从象征角度有关系，可这并不是关键。关键是这些不同企业构架造成的企业能量的流向和类型。

在左边的三角中，代表每个不同层级中的人的箭头面向他们上级人员的方向。因此，随之而来的就是，让老板高兴成为了企业中每个人的主要目标。这就导致企业中的能量都流向了管理层而远离了客户这种具有毁灭性和破坏性的结果。

在右边的三角中，代表每个人的箭头都指向他们上方与客户直接接触的工作人员方向。在这种情况下，帮助这些工作人员完成他们客服过程中需要做的事情就成为了主要目标。这会让企业中的能量走向朝着客户的方向更行之有效地发展。

还要记住，"信任"是所有关系中至关重要的因素。建立与客户之间的信任关系永远是摆在第一位的，只有这样客户才能与商家之间建立联系。左手边的架构会把企业的能量从关键的领域中吸引过来，所以，有价值的信任就无法得以建立；而右手边的构架会把企业能量都注入一个特定领域（也就是我常说的"信任领域"），所以，更容易得到客户的信任。

《高效能人士的七个习惯》这本书的作者史蒂芬·柯维博士提出"信任在所有关系中都是关键元素"。我越是思考这句话，就越觉得这句简单的话语是对的。比如说：

- ◆ 因为我们知道我们无法信任飞机上的同行乘客，所以，我们在机场安检时就彼此都会被施加不便。

- 如果公司不信任他们的客户和供应商，它们可能也会盈利，只不过会效率很低，因为他们有太多的检查和审批流程。
- 如果国家之间彼此不信任的话，它们就必然会把大量的金钱花费在制造核武器和防御系统上来保护自己。

这些例子表明，随着信任的减少，效率低、浪费、不便等就会增加。因此，我们必须要营造一个员工们能够信任他们的同事的工作环境，建立起一种客户和供应商都能够信任这家企业的声誉。

柯维博士解释道，信任是通过证明可信度获得的，这主要包含两个核心元素：

- 能力——把别人希望我们做的事情做好的能力。
- 性格——用一种能够建立私人联系和牢固情感纽带的方式做事的能力。

这与盛世长城国际广告有限公司（Saatchi & Saatchi）的研究和思想完美契合。他们的前全球CEO凯文·罗伯茨（Kevin Robert）在他的书《至爱品牌：超越品牌 走向未来》（*Lovemarks：The Future Beyond Brands*）中解释了，他们坚信所有世界级的企业的关键目标都是赢得客户：

- 尊重（你在证明卓越能力时就能获得）。
- 喜爱（你在证明优秀品质时获得的情感联系）。

他们提出，许多企业十分努力地建立尊重，并因此建立起了一个令人尊敬的品牌。尽管如此，关注这些至爱因素的企业却少之又少，因此，他们也就没能建立起所谓的至爱品牌，而只能是一个普通的品牌。而能够越来越成功的恰恰就是那些人们心目中的至爱品牌。

能力（尊重紧随其后）是通过持续密切关注大系统、进程、质量和可靠性来实现的，也可以称之为"由内而外"的方式。这种方式旨在为了确保企业中进行的一切都尽可能有效并高效，从而保证客户得到或体验的一切都达到应有的水准。想要做到这一点可以使用的技巧例如：

- 系统思维（也被称为"精益思维"）
- 六西格玛
- 全面质量管理
- 持续改善

性格元素（它能够创造情感纽带）代表着各种各样难度更高的挑战。这是一种"由外而内"的企业文化观念，这种观念很难建立，更难改变。这其实是所有员工每个人性格的总和以及他们的行为对同事、客户和商家产生的影响。

一个人的性格是极难改变的——甚至有人会说根本不可能改变——所以，要改变一个团队的性格是一个非常离谱的要求。这实际上就意味着，如果你聘用的人就不具备你所需要的客服人员的性格，那么想要改变他们的行为使之做出有价值的变化将会是非常困难的。

因此，一个关键的必要条件就是，尽你所能首先确保让适合的人在适合的工作岗位上。如果没有的话，你可能就会发现自己建立了一个烦琐的体系和制度，迫使那些不适合的人做一些公司需要他们做的事，而这些事对于他们来说可能做起来很困难也很别扭，然后，你就得不停地监督和检查他们所做的事情。一个更好的选择就是聘用合适的人做他们认为正确的事情，这样他们就能完成得轻松自然些。下部分将会对一线客服理想人选的性格特征类型提出些建议。可以使用适合的性格分析工具来挑选出这些类型的人。

尽管如此，你还是应该考虑到在客服一线的工作人员，他们的工作就是服务客户,如果客服人员的性格不适合的话,一切都无济于事。一线的客服人员只能向客户传达他们从企业中其他同事那儿获得的信息。所以,如果服务的目标就是建立忠诚度的话,那么处于服务链中的每个人就都必须注意这一点。

斯堪的纳维亚航空公司瑞典分公司的前 CEO 简·卡尔森(Jan Carlzon)就把这一原则运用得很好。在他到任前的两年中,公司刚亏损了 3000 万美元。而他到任后,在一年间,公司就扭亏为盈,而此时,其他的国际航空公司亏损总额达 20 亿美元。几年后,斯堪的纳维亚航空公司意料之中地获得了享有盛誉的国际"年度最佳航空公司"大奖。他是如何迅速实现这种戏剧般的逆转的呢,在他的书《关键时刻》(*Moments of Truth*)中,他做了详细的解释,这本书的书名是他自创的,用来描述成千上万个顾客使用产品或服务的触点。

他所实现时运巨大逆转的一个关键要素就是因他所制造的焦点转移带来的:把焦点从作为实物资产的飞机上转移到带来所有收入来源的顾客上。他所倡导的有助于这种焦点转移的其中一项准则就是:"如果你不服务顾客的话,那你就一定要在服务那些为顾客提供服务的人。"

这是一条很强大的讯息。它清楚地指明了斯堪的纳维亚航空公司是一个提供服务的企业,这个企业所需的所有能动性和努力都必须连成一条高效的服务链,旨在尽可能为顾客提供最好的服务体验。我的很多客户认为这句话在帮助解释以下内容方面很有力量,也就是如何让一个企业围绕着提供有助于建立客户忠诚度的客服体验这个目标紧密地团结起来。

因此,简言之,服务文化就是注重创造流向客户和客服人员的正能量的一种文化。这能够使顾客产生信任感,从而变成忠诚的客户。同时,它也能够让企业成为一个极好的工作场所,在这里,所有工作人员的努力和想法都最有可能被重视并赋予价值。

聘用对的客服人员和避免聘用错的人员

斯坦福大学商学院的吉姆·柯林斯教授，在他的书《从优秀到卓越》中写道："没有伟人的伟大远见卓识是无关痛痒的。"

有几年时间，我常去罗马尼亚。我有一个合伙人办公室在那里，我们与许多当地公司开展合作。有一次我去那里，正当我排队入境检查时，在队伍里排在我前面的几个人中的一个遇到了一次非同寻常的卓越体验。当工作人员把护照递给这个人时，她祝贺了他生日快乐。很显然，工作人员注意到了护照上那一天就是他的生日，所以她抓住机会祝贺了他。

这个乘客很惊讶也很高兴。而其他排队的乘客也像我一样听到了这句话，并且产生了类似的反应。我十分肯定，这样的行为不是罗马尼亚护照检验局基本培训中的一项。我猜工作人员这样做是因为她就是这个类型的人。对她而言，这是自然而然的，这是她性格中固有的一部分。

我们一定都曾有过被这种具备特殊才能的客服人员服务过的体验：某个客服不费吹灰之力就能自然而然地表现出客服才能或天赋。人们普遍接受的一种说法是，这种本领主要得益于这个人的成长背景和性格。这就是为什么人们常说应该"聘人聘态度，培训训技巧"。这是一个很好的概念，尤其是当你为客服岗位聘用合适的人时。我告诉我所合作的企业，他们提供卓越客服体验的能力与他们的选拔过程关系更大而不是取决于他们的培训技巧。如果你聘用的人是对的，那么通过培训让他们按照你期待的方式表现就会很容易。如果你聘用的人就不对，那这项任务就会很困难，甚至不可能完成。

行为心理学家告诉我们，当人成长到工作年龄时，他们的基本性格就固定了，几乎只有重大的生活创伤才能够改变他们的性格。所以，所见即所得，也正因为这样，要保证你看到的是这个真实的人，而不是为了在面试中迎合你而装出来的那个人。还有一句和这方面有关的话我常常听人提到："说起来容易做起来难！"所以，怎么做到这一点呢？

在过去的20年中，我和各种各样世界一流的服务企业合作过，帮助它们开发出能够吸引、组织、聘用和保留那些具有客服天赋的人员的方法。我们在这方面所采用的方式起效良好。同时，这些方式也在企业心理学专家的帮助下不断得到发展，他们帮助我们建立了一套有助于识别潜在明星客服的心理测试系统。这套系统的基本原理和它针对的重点往往被人们称为五大性格特质。这五大特质构成了一个人的性格并决定了这个人在不同情况下的表现如何。我们所寻找的是这样的人：

- 他们是否热情、善良、无私呢？这些人在看到别人有困难时是不可能不提供帮助的。他们是天生的付出者而不是索取者。
- 他们是否拥有积极的人生观呢？这些人总是能够看到别人身上最闪光的部分。他们总是能看到杯子里还有半杯水，他们绝对不是吹毛求疵或爱挑刺的人。反而，他们能够给任何场合遇到的任何人带来快乐和笑声。
- 他们是否能待人友善并与人融洽相处呢？他们在硕大的朋友圈是天生的沟通者。他们用自己的方式理解并与尽量多的同事建立关系。他们希望并常常创造与他人相见的机会。
- 他们是否对别人的感受很敏感并知道如何应对呢？他们这样的人不仅极富同情心，并因此能够对别人产生同理心，同时也能够调整他们的行为做出适当的表现。
- 他们是否努力并渴望实现有价值的成果呢？这些人乐意主动承担对团队有利的额外工作。他们享受因工作表现良好而得到的认可，同时对于发自内心的祝贺和建设性的批评意见都能够做出合适的反应。

这些人都是他们成长历程的产物。他们对生活的态度以及他们的行为方式都源自基因和环境。如果把他们安排在一个能够认可、鼓励和回报他们这种天生行为表现的环境（文化）中，他们就能蓬勃发展；可如果把他们安置在一个不适合的环境中，他们就会感到不舒服、越来越没干劲，甚至可能会离开。所以，在你营造出良好的环境前请先不要聘用他们。

帮助适合的人员尽可能成为最优秀的从业者

我认为任何全心投入学习和发展的人的任务是保证和促进学习。不过，通过"训练"实现这个目标是最好的方式吗？还是"教育"这种方式更好一点呢？我已经花了差不多20年的时间和高层中各个级别的工作人员共事，这些企业来自各行各业和全球各个国家的各个市场部门，我努力帮助他们理解和采纳新观点。这类工作被统称为培训。不过，我从来都不觉得用"训练"这个词来形容我的工作让我感到舒服。反而，用"教育"这个词来描述我的意图和我所学到的知识最有可能实现最好的效果，我觉得它更加贴切。

在我看来，训练这个词是我们用在动物身上的，就像让一只狗跟在你身边，或者让一匹马横着走路；而教育则是用在人身上的，比如说，帮助他们理解事物的运行方式，这样他们就能够更好地利用这项事物；又或者给他们解释为什么采用不同方式能帮他们达到进步的结果。我还是觉得用"教育"这个词来代替"训练"这个词对提供教育的人来说不失为一个更好的方法，对接受教育的人或人们来说也可能会收到更好的效果。

对提供教育的人来说，这能够帮助他们懂得他们工作的目的并不是告诉人们去做什么，而是帮助他们理解为什么你希望他们去做的才是最好的方法，从而让他们选择去这样做。这也能适时地鼓励教育者，让他们努力教育学员们自己从失误中吸取教训，无论何时，当感觉到他们就要犯错时，教育者都不要干预和纠正。错误是有效学习的关键组成部分。

对接受教育的人来说，这能够帮助他们意识到不会有人告诉他们去做什么；他们必须要想办法自己解决这个问题。这就意味着他们必须首先要学会最好的方法，还要了解这样做的原因。然后，他们必须做出抉择，怎样才能最充分地运用他们学到的东西。这还意味着他们必须和新观念还有新技术进行斗争，直到他们能控制这些新东西。不过，这是件好事，因为这就是理解和技巧建立起来的方式。斗争是另一个有效学习的关键要素。

我认为我们需要的是少一些训练多一些教育，如果我的经验有任何参考价值的话，那么收获将会是，更多的人学会自己思考并自己做出明智的决定，如何学以致用，他们会知道怎么做才能换来有价值的成果。

以积极的态度和强项为基础

你必须时刻留意自己和你领导的人们的关注点在哪里。因为这就是我们大脑的运转方式。你大脑的潜意识部分（最强大的部分）试图实现你在大脑意识中思考的一切。这就是为什么乐观者总是能在生活中获得积极的回馈，而悲观者得到的回馈总是消极的。比如说，哈佛商学院的肖恩·阿克尔（Shawn Achor）的研究显示，一般来说，乐观的人就像他所说的，"透过正透镜看世界"，和那些持中立、悲观或消极观点的人比起来，他们：

- 寿命更长。
- 身体更健康。
- 与人建立的关系更长久、更深厚。
- 在工作中进步更快。
- 收入更高。

这都与乐观主义者和悲观主义者们看待事物的不同方式有关系。

比如说，考虑一下那个人们常问的问题，这杯水是已经装满了一半还是还有一半没装满呢。这就取决于你的角度了。悲观者往往会关注"没有"的东西，所以他看到的是这个杯子还空着一半；而乐观者往往关注"拥有"的东西，所以他看到的是这个杯子已经装满一半了。他们显然都是对的，不过，这两种不同角度有可能产生的影响却很有趣。悲观者可能会因为已经失去了一半的水而感到失望；乐观者则会因为还有一半的水可以享用而感到高兴。

还有一个例子就是思考过去。悲观主义者会选择消极地关注那些他们渴望却还没实现的事，或者他们希望能换种方法去做的事，这会让他们感到很失望或者后悔；而乐观主义者选择积极地关注那些他们乐于发生的事，或者他们表现好的事，这通常都会带来满意感或自豪感。

思考未来时，角度问题也会产生同样的差异。悲观者往往选择关注他们"不希望"发生的事，这会让他们担忧、有压力；而乐观主义者选择关注他们"希望"发生的事，这会让他们兴奋和期待满满。

好消息是你可以选择想什么和怎么想；坏消息是对那些已经形成消极思考习惯的人来说，想要把他们变得积极是十分困难的。不过，这也可能实现，我知道这对服务业中的成功而言是至关重要的。这对领导者也尤为重要，因为这会对他们领导的人员的士气和表现造成影响。

有些领导选择关注出差错的事和运行不佳的事，以便加以改正。这也很必要，只不过，我认为这只完成了一半的工作。这也会让企业成为一个消极的工作场所，这里的所有趣闻和传播的事情都是关于失误的。然而，你也可以选择关注运行良好的事情，这样你就可以让它们扩散。你可以宣传所有的成功案例和企业取得的卓越成果，这样你就能够创造出积极的动力并激发员工们的热情。

当你负责员工的管理和发展时，这种方法也同样适用。有一种趋势就是关注人们的弱点并鼓励他们提高，而不是关住他们的优势并鼓励他们把这种优势发扬光大。然而，盖洛普咨询公司（The Gallup Organization）的研究和马库斯·白金汉公司（马库斯·白金汉是盖洛普公司的前员工）的最新研究显示，关注优势而不是关注弱势能够提供更大和更持久的回报，无论针对个人还是针对公司。但这也不是说弱点就可以被忽略了（有些不能），而是你应该尽可能地克服它们。不同的人有不同的优缺点，所以，组建一个优势互补的团队这样就可以确保团队中一个队员不擅长的就是另一个队员很擅长的。这种方式能让你很快就步入建立一个高效率团队的轨道，团队中每个成员的注意力都集中在他们所热爱和擅长的事情上。

最后一个关于这种消极或弱点关注的例子就出自企业决定从客户那儿寻求反馈时。他们让客户给他们提意见，客户也这样做了。然后，工作人员就会心领神会地认为客户只会投诉。可如果他们想要征求意见的话，也可以通过从称赞到投诉给他们分等级，这样就能够收集到全面的反馈了，也能够获得客户更加公正的想法。（在第八章中我们会进一步讨论这点。）

所以，要保证选择关注对的事情。我保证，每个消极的事物都会有积极的一面，每个弱点也都伴随着一个优点；你只需寻找它们。发现和关注优势和强项能够让你的生活和你的企业的表现都发生巨大的变化。

企业文化的影响：它是如何影响员工参与度的

"战略不过是文化的早餐罢了。"

这是20世纪最伟大的管理学思想家之一，彼得·德鲁克（Peter Drucker），广为人知的一句引证。然而，研究显示有很多企业的文化都很糟糕，有太多员工都没有参与到整体的目标实现中。盖洛普咨询公司每年都会做一个员工敬业度调查。他们的调查结果显示，只有30%的员工专注于和老板一起努力实现企业的目标。员工的敬业度、个人表现和企业的业绩有着直接联系，不过尽管如此，在这项调查中，员工敬业度的百分比十几年来都没有变过。所以，这就引发了几个问题，"是什么导致了员工不敬业？"以及"我们如何才能保证拥有敬业的员工呢？"

企业文化对敬业度的影响最大。想象一下为一家企业或一个团队工作，在这家企业或团队中：

- 你不知道也不理解企业的目标是什么。
- 你不知道也不在乎你在实现这些目标中的作用。
- 你在工作环境中不自在或感到不舒服。
- 你和你的同事或老板关系并不好。
- 你不知道你的工作有什么价值。
- 你没感到自己的工作受到重视。
- 似乎没有人重视你的观点。

在这样的企业中，你的目的就只能是挣工资，一旦周末到来你可以离开了，你就会感到很高兴。在这样的企业中没人能敬业，业绩也不会好的。不过，令人惊讶的是，盖洛普咨询公司调查研究显示，目前现存的这样的企业还有很多。

尽管如此，英国政府员工敬业度专案组的一项研究显示，如果你能够建立一个百分之百敬业的员工团队的话，那你就有可能实现：

- 增加12%~20%客户拥护度。
- 提高18%~30%的生产率。
- 减少30%~50%的事故。
- 减少35%~45%的产品缺陷。

- 减少 50%~75% 的员工离职。
- 增加 12%~30% 的利润。
- 高达 2.6 倍的增长率。

因此，竭尽全力来打造这种能够让你的所有员工全情投入的企业文化具有非常良好的商业意义。那么，怎么才能做到这一点呢？

就如我在本书序言中提到的那样，我所写的绝大多数工具和技巧都来自我所从事的客户忠诚度管理大师拓展项目的开发和教学过程，以及我协助这些工具和技巧在企业中实施的工作过程。这些计划中，最初的内容差不多还是我 10 年前在英国宇航系统公司工作时开发出来的。

我当时和一群技术高超的工程师们共事。他们当中的大多数在制造技术方面已经是世界级的了，比如说六西格玛、系统思维（精益思维）以及持续改进方面。所以，在他们学习如何运用客户忠诚度的原则时，我也在学习如何运用世界级的生产工具和技巧。事实证明，这是一种伟大的交换，也是最为成功的。

不过，这个企业中也有一个大约 4000 人的部门没有参与到我们所做的事情中，尽管我们在其他部门都取得了显著的成功。这个部门的主管马克·格里高利（Mark Gregory）是一个非常聪明、敬业的同事。他在日本和欧洲潜心从事汽车制造业多年，作为引进人才，他的任务是帮助人们找到汽车制造过程中能够大幅度削减成本的方法。我每次见到他，他都会告诉我他已经很努力地想要让员工们参与到这个计划中了，只是直到现在，他才确定大家已经准备好了。我承认，那时我并不十分理解他说这些话的意思，所以我觉得迷惑不解，还会因他的反应而感到有点儿沮丧。

可现在我完全能够理解为什么他是最后一个把他的员工送来培训的部门领导。这是因为他后来离职成立了自己的咨询公司，我们在一起合作了很多项目。现在我明白了，他的意思是说，只有企业文化建立起来后，员工们才做好了准备，否则，教他们新技巧是没什么或者毫无意义的。这可以简单地用如下公式表述：

$$新工具和技巧 + 旧文化 = 一成不变$$

关键是一家企业中的文化，也可以称为"这里的办事方式"，会对这里发生的一切都产生最重要的影响。卓越的企业文化能够打造一支敬业的员工队伍，让一切都顺利、高效、切实地进行。糟糕的企业文化则会建立一支散漫的员工队伍，让一切举步维艰并产生风险和浪费。

哈佛商学院的一个团队研究了可能形成的不同的企业文化。他们比较了10支各个方面都很相似的企业团队，唯一不同的就是企业文化。他们发现，在十多年的时间里，拥有最优越的企业文化的团队创造的净收入比企业文化处于一般水平的那些团队创造的要高出7.56倍。因此，企业文化对任何企业中的方方面面都会产生巨大影响，也因此应该被引起高度重视。

考虑一下影响企业文化的主要因素是一个好的开端。埃德加·H.沙因（Edgar H Schein）是这一主题最受人尊敬的学者之一，他在自己的书《组织文化和领导力》（*Organizational Culture and Leadership*）中提出，影响企业文化的关键要素是：

- 领导们关心的事，他们定期评估和抑制的事情。
- 领导对决定性事件和企业有可能面临的危机的处理方式。
- 人们所观察到的领导用来分配稀有资源的标准。
- 领导进行的每一个谨慎的角色塑造、教导或培训。
- 领导表现出来分配奖励和决定升迁的一贯标准。
- 人们观察到的领导用来聘用、选择和提拔员工的标准。

就像你将注意到的，在所有这些关键要素中都有一个共同的主题：领导做的事、他们的抉择和行为，以及他们通过这些抉择和行为所树立的榜样。这是最基本的。"文化（culture）"这个词来源于拉丁文"cultus"，这个词的意思是"关心"，在法语中，"colere"这个词的意思是"耕种"，就是和"在地里耕种"或培养一样。所以，领导们在企业中或他们领导的团队中规定、决定、发展并培养文化。无论文化是什么，它的存在就是源于领导们的行为方式和他们所推崇的使之成为文化的东西，又或者源于他们如何对它不予重视使之成为现在的样子的东西。不过无论如何，他们都应为此负责。可能是一个团队、一个部门、一个分公司、一个企业或一家公司，但无论是什么，领导都应该为其内部的文化负责任。这又把我们领向了另一个问题：领导们怎么做才能建立一种文化，让在这里工作成为一种乐趣、让高业绩成为常态、让成功和杰出的成果成为可能呢？

我最喜欢的一本关于企业文化的书是丹尼尔·科伊尔（Daniel Coyle）的《极度成功》（*The Culture Code*）。这本书是他历经4年时间研究了大量效率极高的团队和缔造他们的成功的企业文化后的成果。作者讲了一个他做过很多次的试验（我猜他们不断做这个实验就是因为他们无法相信这一切会不断发生）。他们每次做这个实验，结果都是一样的。

实验者们会召集4组每组4人的团队，然后给每个团队安排相同的任务。这些团队是：

- 4个CEO
- 4个律师
- 4个工商管理学硕士
- 4个幼儿园小朋友

他们都得到了同一个任务：尽量用以下的物体搭出最高的建筑物：

- 20 根生意大利面条
- 1 码长的胶布
- 1 袋标准装的棉花糖

唯一的规则就是棉花糖必须搭在塔顶。

结果很令人惊讶，并且似乎没有什么意义。按道理，工商管理学硕士、律师和 CEO 们采取的方式都应该是有条理的、有规划的和实施技巧的，总能胜过那些幼儿园小朋友们使用的毫无计划、无条理、乱七八糟的方法。（小朋友们往往一开始就会吃掉不少棉花糖。）可事实从未如此！幼儿园的小朋友们最后总是搭出最高的塔。那么，这些幼儿园的小朋友们是怎么成功做到这一点的呢？科伊尔发现，同样的结果也会出现在他所研究的表现突出的其他团队中。

他发现了一些通常和文化无关的事情。然而，所有这些表现突出的企业总是具备三个共同的要素。

通过建立安全感结成紧密联系

如果团队中的人员们感觉不到安全的话，那你是无法实现高业绩的。安全意味着：

- 我属于这里——我感到自己是这里重要的一部分。
- 没有等级制度——我不用担心是谁来负责。
- 有不同意见和分歧也没关系——无论说什么和做什么都无所谓对错。
- 失败了也没有关系——如果我搞砸了，其他人也不会批评我，他们会帮助我改正。

通过脆弱和诚实实现开放信息共享

"脆弱的（vulnerable）"这个词来自拉丁语中的动词"vulnerare"，意思就是"会受伤"。一旦表现出脆弱，这就意味着你必须要卸下防线、冒着受到伤害的风险。放在团队表现上它就意味着，做好准备对团队敞开心扉、承认你的恐惧、失败和弱点并准备好寻求帮助。

帕特里克·兰西奥尼（Patrick Lencioni）有一本精彩的关于团队协作的书叫《团队协作的五大障碍》（*The Five Dysfunctions of a Team*）。第一种机能障碍，也是对团队实现高业绩阻碍最大的，就是没准备好对其他团队成员表现出脆弱的一面。如果你承认自己的失败或弱点就会感到不安，再加上等级制度、渴望在别人面前表现好、你的自尊或骄傲等就会把好业绩扼杀在这第一个摇篮中。脆弱催生信任，就像我在第一章中指出的，信任是所有关系的黏合剂，是最重要的元素。

想让脆弱发挥作用就必须要形成一个环。如果只有一个人表现出脆弱，而其他人都没有，这是没有用的。通常，在一个团队中，领导应该是第一个表现出脆弱的人。作为领导，承认失败和弱点并寻求帮助是很困难的事情。不过，如果你想要你的团队成员都成为卓越的执行者的话，那你就必须要迈出这关键的第一步。

通过关于目标的描述来明确方向

伟大的团队都有誓言、重要的口号和故事。他们是一种表达团队所代表的是什么方式，一种我们期待的团队成员是什么样的方式，一种表达我们如何处理周遭事情，表达我们的目的，我们所做的工作的核心是什么的方式。这三样应该是简短、有力、难忘的短语，能够触动人心、震撼灵魂并和团队中的每个成员都息息相关。

还有两本关于文化、敬业度和它们对个人动机以及表现所产生的影响的伟大作品，就是罗恩·弗里德曼（Ron Friedman）的《最佳工作场景》(The Best Place to Work)和丹尼尔·平克(Daniel Pink)的《驱动力》(Drive)。罗恩·弗里德曼是一位备受赞誉的心理学家,他致力于研究建立被他称为欣欣向荣的工作场所的方式。丹尼尔·平克是《纽约时报》和《哈佛商业评论》的特约作者,他研究的主题是人们在工作中的动机。有趣的是,我注意到他们两个都发现了类似的事情,这与前文中的很多观点发生了重叠,也能够为本部分做一个漂亮的总结。他们的主要发现就是:

- **自主性**。他们都将这一点列为关键。它意味着能够自己决定你的工作地点以及如何最好地开展必要工作来实现承诺的成果。
- **能力/掌控力**。罗恩·弗里德曼(Ron Friedman)使用了能力这个词,而丹尼尔·平克称之为掌控力,可实际上它们是一回事。这意味着给人们提供机会,让他们在他们认为重要的某些领域继续进步。
- **关联性**。这是罗恩·弗里德曼说的,他将其看作在大多数企业中十分关键却未受重视的一方面。这点指的是鼓励同事和同事之间建立亲密友谊,并通过网络和共享空间为建立友谊提供机会。
- **目的**。这是丹尼尔·平克说的。他将其描述为"渴望去做我们所做的能够服务于不仅限于我们的事物的事情"。

罗恩·弗里德曼总结道,能够成为棒极了的工作地点的那类环境多年来一直是人们研究的主题,它被写成相关书籍出版发行,然而,大多数企业还是完全忽略了这方面。不过,通过贯彻以上列出的观点,你还是能够打造出一个以高业绩为标准的企业的。

结　　论

你有没有见过黎明时分的欧掠鸟和它们在空中的队形？人们都叫它们绚丽鸟群。这就是一个完美的例子，它能告诉你，当所有成员都致力于它们认为重要的工作时一个伟大的团队所呈现出的状态。它们显然是彼此联系的，因为它们似乎合为一体，飞行中也是整齐划一，不过，这种联系一直在变并且很难被察觉。它们中似乎没有谁是领导，可它们却都朝着一个结果努力。它们这样做的目的性都很强，因为它们知道数量越庞大越安全。当它们夜晚聚集在一起取暖时，捕食者很难在让人眼花缭乱又不停移动的鸟群中锁定哪一只鸟为目标。高效的工作团队的行为方式也是一样，当企业文化创造出了一支人人敬业的员工团队时，这样的效果就会呈现出来。

很多企业仍旧保留着20世纪初开发的管理制度。他们的目的就是，当被搬到新工厂和办公室工作后，把那些习惯了在原工作地点工作的员工们变成更多产的员工。这些制度对今天由流动性较高的知识工作者组成的高业绩团队来说已经过时了，而且还妨碍生产，也发挥不了效用。可是，我们在工作中细心研究和广泛论证的到底是什么呢。是你的团队或组织全部都致力于企业的发展目标吗？他们是不是也表现得像欧掠鸟一样呢？如果没有的话，你怎么才能用本章中的观点把他们变成欧掠鸟的样子呢？

行动清单

1. 请工作中了解你的人按照主要和次要领导力特质的清单给你打分。
2. 考虑一下你的企业或者你的团队的架构方式，确保企业能量都流向正确的方向。

3. 确保你的企业或集团都为了企业的各个目标团结一致。

4. 考虑一下你重要的客服岗位是否聘用了对的人，如果没有的话，按照需要尽可能地做出调整。

5. 确保你和你的同事们都受过工作所需的良好教育，把注意力主要集中在积极的方面和个人强项上。

6. 核实以确保你的企业文化类型能够鼓励并促成高业绩。

推荐书目

Achor, S (2010) *The Happiness Advantage*, Random House, New York

Buckingham, M and Clifton, D O (2004) *Now Discover Your Strengths*, Simon & Schuster, London

Carlzon, J (2001) *Moments of Truth: New strategies for today's customer-driven economy*, HarperBusiness, New York

Covey, S R (1992) *Principle-Centered Leadership*, Simon & Schuster, London

Covey, S R (2004) *The 7 Habits of Highly Effective People: Powerful lessons in personal change*, 15th Anniversary edn, Free Press, New York

Coyle, D (2018) *The Culture Code*, Random House, London

Friedman, R (2014) *The Best Place to Work*, Penguin Random House, New York

Hogan, R (2015) *Personality and the Fate of Organizations*, Psychology Press, New York

Kotter, J P (1996) *Leading Change*, Harvard Business School Press, Boston, MA

Lencioni, P M (2002) *The Five Dysfunctions of a Team: A Leadership fable*, Jossey-Bass, San Francisco

Logan, D and King, J (2008) *Tribal Leadership*, HarperCollins, New York

Pink, D H (2009) *Drive*, Canongate Books, Edinburgh

Roberts, K (2006) *Lovemarks: The future beyond brands*, rev edn, powerHouse Books, New York

Schein, E H (2010) *Organizational Culture and Leadership*, Jossey-Bass, San Francisco

推荐网站

△ On TED Talks

Achor, S（2011）[accessed 2 November 2018] The Happy Secret to Better Work [Online] https://www.ted.com/talks/shawn_achor_the_happy_secret_to_better_work

△ On YouTube

Buckingham, M (nd) [accessed 2 November 2018] Leadership [Online] https://www.youtube.com/watch?v=0nA-AZOdb8

Coyle, D (nd) [accessed 2 November 2018] The Secrets of Highly Successful Groups [Online] https://www.youtube.com/watch?v=5T9tRvkXtns

Friedman, R (nd) [accessed 2 November 2018] The Best Place to Work [Online] www.youtube.com/watch?v=6RFZdYxf_oc

Hogan, R (nd) [accessed 2 November 2018] Personality Psychology, the Bright Side, and the Dark Side [Online] https://www.youtube.com/watch?v=1yiFUCBkhoc

Pink, D (nd) [accessed 2 November 2018] Drive: The Surprising Truth About What Motivates Us [Online] www.youtube.com/watch?v=u6XAPnuFjJc

Schein, E H (nd) [accessed 2 November 2018] Culture Fundamentals [Online] https://www.youtube.com/watch?v=gPqz315HSdg

第三章

成功的客户忠诚度管理的必备要素

本章包括以下内容：

>> 鼓励一种平衡的大脑运作方式。大多数企业都高度关注能够建立具有可预见性、可靠性和持续高性能的制度和进程。可这也意味着他们忽略了对建立客户忠诚度至关重要的情感和感受。

>> 识别并分析影响客户忠诚度的普通、感官和细微线索。从"由内而外"的角度关注客户体验是很自然的，这意味着我们往往站在企业的角度看待客户的体验。可我们需要做的是从"由外而内"的角度看待这些体验，因为这是客户们的角度。为了能够做到这点，我们必须能够发现和理解我们提供和传递的服务中的诸多线索。

>> 客户体验之旅示意图。客户体验之旅示意图是成功管理客户忠诚度的关键。因此，掌握如何制作和分析这些示意图是至关重要的。

大脑运作方式

研究大脑和大脑运作方式的美国神经解刨学家吉尔·泰勒（Jill Bolte Taylor）在她的书《奇迹》（*My Stroke of Insight*）中写道："虽然我们中许多人会认为自己是有感觉的会思考的生物，但在生物学上我们是会思考的有感觉的生物。"同时，她在 TED 上也发表了一个有趣的演讲，在演讲中，她讲了一天早晨，她中风时发生的事。她没有立刻打电话给医院求助，而是决定等等看，如果她让她的左侧大脑停止运转的话会怎么样。这个故事很让人吃惊，因为它为人们提供了一个看待我们大脑内部运作方式的真实视角。

就像吉尔·泰勒讲的，大脑由两等分组成，被分别称为左右大脑半球。这两个半球的工作内容彼此不同。它们与我们的身体交叉连接（吉尔·泰勒的左侧大脑中风会影响她右侧身体的机能）并且两个大脑半球对我们的正常生活都很重要。然而，很多企业的运作就好像只有一个大脑半球在他们的业务中很重要一样。这么做会让他们在建立持久的客户忠诚度的过程中举步维艰或毫无可能。如何克服这点并在经营中建立平衡的大脑运作方式来让忠诚度的建立成为可能，稍后在本章中就会介绍。

我们的大脑无法领会它所受到的所有刺激。像心跳、呼吸或眨眼这样的事情是受我们潜意识大脑控制的。然而，很多似乎出现在我们有意识大脑中的其他事情都必须经过过滤。比如说，据报道，我们每天都会收到五千多条广告信息。所以，就算这些广告信息经常出现在我们面前，我们的过滤程序还是能让它们变得如同隐形一般而被忽略掉。（看一下"走太空步的熊"就是个例子。）

不过，为了能够有效管理客户忠诚度，我们必须要开发出我们所谓的服务放大镜或服务护目镜。也就是说，我们要学会清楚分辨并关注可能会影响客户对我们所提供的任何产品或服务的看法的诸多因素。这些因素可以被分成三个范畴，我称它们为客户体验的线索。这些线索是什么呢，还有怎么识别它们呢，这些我们在后文中都会解释。

成功的一个关键因素就是客户体验之旅示意图。就像熟练使用价值流程图是通过系统思维（精益思维）实践来实现有价值产能收益的核心一样，所以，客户体验之旅示意图也是成功的客户忠诚度管理实践的核心。通过实践，任何人都能学会必需的技巧并掌握必要的技术，这些，我们在本章的后文中也会列出。

鼓励一种平衡的大脑运作方式

如图 3-1 中所示，我们大脑的左右等分功能截然不同。大脑左半球是我们大脑的逻辑或理性控制区。它负责线性思维，每次只能处理一件事情，它专注于过去（发生过的事）和将来（即将发生的事）。大脑右半球是我们大脑的创造力或情感控制区。它负责整体思维，每次可以处理许多事情，它专注于现在（正在发生的事）。这两个脑半球对我们的正常生活都必不可少。

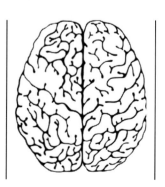

图 3-1　平衡的大脑

来源：此图改编自"左脑 vs 右脑"，版权免费购自 Shutterstock 公司。

尽管如此，很多企业的运行就好像他们只有一半大脑似的。而且通常是掌管数学、事实、分析和逻辑的左大脑。我并不是说这些因素对企业的成功不必要，它们显然很必要，只不过，如果它们占了主导地位，那企业中的大脑右半球就会萎缩，然后企业就会变得不平衡，也没有能力提供那种对提升客户忠诚度必要的服务体验了。

对关键绩效指标投以密切关注，这样的状况，我已经屡见不鲜了，比如说物流行业中的OTIF（On Time, In Full）（准时、全速），OTIFIC（On Time, In Full, Invoice Correct）（准时、全速、发票无误），也就是零差错或完美品质。这种思维方式认为，只要他们做到了，客户就会变得忠诚。然而，他们所采取的所有措施都是为了保障企业完成应该完成的任务，尽可能高效地按照他们向客户承诺的那样进行投递。可你最近一次和你的朋友、家人，或者同事联系去表扬一个商家做了他应该做的事情是什么时候？我猜你从未这样做过吧（除非他们是以做不到承诺的事而闻名的）。所以，尽管完成承诺的事情很重要，也就是密切关注大脑左半球的活动，但这却对大脑右半球的活动不利，也不能让客户产生可持续、有价值的忠诚度。所以，必须要保持我所谓的平衡的大脑运作方式，因为大脑的左右半球的作用都十分重要。

这就要求我们在关注企业能力（把事情做对）的同时也要关注企业的特色（做对的事情）。没错，我们做决定时必须要动动脑（运用逻辑和理性），也一定得用用心（考虑感受和关系）。我们必须为客户、员工和老板创造价值（投入金钱、时间和努力换来的可观回报），同时也要让价值成为动力（指导我们行为的有力准则）。产品和服务的属性固然重要（高品质、物超所值、同类之最），我们的同事的态度也同样重要（他们想到的和如何对待彼此、客户以及供应商）。企业永远都需要为了不断进步创造新的伟大想法（创新），同时也必须把伟大的理想（努力实现有价值的目标）当成动力。最后，我们显然需要所有员工卓越的表现（精于他们从事的工作），同时，我们也应该鼓励这种表现（能够展现我们特色的戏剧性示范)。

我们每个人的大脑都有左右两个半球。我的经验显示,你要做的一切就是让你的员工知道你想让这两个大脑半球同时运作起来发挥效力,如果你是一位领导者的话,那你就以身作则,很快你就能够为企业建立起一个平衡的运作方式,使企业既能够创造也能够提供有助于建立客户忠诚度的体验。

识别并分析影响客户忠诚度的普通、感官和细微线索

我曾有段时间和英国广播公司(BBC)一起研究内部客服项目。负责运营这个项目的人是西里尔·盖茨(Cyril Gates)。他和我一起走访了很多BBC的经营网点,并商讨了提高内部服务与协作的方式。西里尔从业早期是BBC的制片人,所以他极善言辞。在很多次交谈中,他都会按照如下的方式做开场:"站在客户的角度,如果他们能够看到、闻到、触及到、品尝到、听到、感受到、觉察到、得到、拿到、用到、遵照、跨过或者走进它的话……它就成为了客户体验的一部分!"

他是对的。有许多事情都会影响客户对于产品和服务的认知,可这些事并不会立刻显现出来。就像我在这章的导入部分提到的,它们中有许多都是普通人看不到或被忽略所以就被认为是不重要的。然而,许多表面上与忠诚度无关的事情实际上却是与忠诚度息息相关的。我称它们为整体客户体验的"线索"。这些线索有三个基本类型:

普通线索

这些线索都很明显,比如说配送时间、物超所值、感知品质和可靠度。这就是我称它们为普通线索的原因。它们都很容易被识别,如果你

出错了，它们是客户最有可能向你反馈的信息。如果你做调研了解客户对你的评价和预期的话，它们也是人们提及最多的线索。你可以通过如下方式监控这些线索：

- 向客户核实他们对你的产品或服务的看法。工作人员做的事情是否是客户想让他们做的事情，和你的竞争对手比起来，他们的表现如何？
- 监督交付表现。客户收到的东西是否及时？
- 检查你们的服务是否能在客户需要时及时交付。当客户需要你时，你是否总是能提供帮助？
- 监督你的产品或服务的可靠度。它们持续和履行的时间、质量是否能达到客户的预期？
- 和你的竞争对手比起来确保你正在提供的是在客户心目中是物超所值的。和你的竞争对手能提供的比起来，客户是如何评价你的产品或服务的？

感官线索

还有感官线索：所见、所听、所闻、所品和所感。这些线索常被忽略，可它们却可能产生巨大的影响。

所见

如果你清晨到零售业云集的地方去逛逛，你就能看到这些聪明的零售商在清洗他们商铺门外的路面。他们显然很在意他们门面的样子，因为他们知道这是他们生意的写照。

尽管如此，还是有些商户并不在意，顾客会因所看见的仔细思考是否要进入营业场所。有些商户甚至愚蠢地把那些似乎是为了赶走顾客而设计的标志放在橱窗里。图3-2展示了几个我见过的这类例子。它们可能很好笑，不过，我好奇的是这些店怎么会有顾客呢。

如果关门了，请　　别给店主讲那些烦死人　　老年人不打折。
把钱从门缝下塞进来。　的你收藏的故事。谢谢！　你得到的钱已经比你预期
　　　　　　　　　　　　　　　　　　　　　　　　　的多一倍了。

图 3-2　如何赶走顾客

- 约翰·路易斯（John Lewis）百货商店陈列的商品几乎都不会高过一个人，因为只有这样，顾客们才能在一进店时就放眼整个商店。
- 在曼彻斯特特拉福德市中心的塞尔福里奇百货商店（Selfridges）刚刚完成了店面装修后，他们在香水和化妆品区域也同样采用了"无高层陈列"的模式。

所听

- 汽车制造商会花大量的时间和资源让产品的声音听上去好听，比如说按开关的声音、发动机排气管的音调，还有关门的咔嗒声。（玛莎拉蒂甚至会不遗余力地记录下它们网站上所有不同发动机排气的声音。）
- 很多服装零售商都会在店内播放音乐来为他们所迎合的某种类型客户创造一种同类的店铺形象。许多想要吸引年轻顾客的服装店就是这类商店的典型范例，比如说极度干燥和塞尔福里奇百货。
- 其他像百货商店这样的零售商会利用音乐让顾客进入到一种购物的

- 状态。
- ◆ 咖啡师制作咖啡和打奶泡的声音就是咖啡店里让人安心的声音之一（但星巴克除外，他们用的是按钮咖啡机。）

所闻

- ◆ 嗅觉是我们感官中最敏感的。比如说，如果你睡觉时着火了，最先惊醒你的是你的嗅觉而不是温度。
- ◆ 嗅觉也和味觉有关。吃东西的时候试着用你的拇指和食指捏住你的鼻子。你会发现，放开鼻子之前你几乎什么味道都没品尝到。
- ◆ Hollister（美国服装品牌海鸥）、Zara Home（西班牙服装品牌飒拉下的家居品牌）、Karen Millen（英国女装品牌卡伦·米莲）和 Lush（英国化妆品品牌岚舒）的店中都散发着他们独特的气味并以此作为他们在商场中存在的标识，你在还远没走到他们的店门口时，就能闻到他们的味道。
- ◆ 汽车制造商热衷于让他们新车的气味闻起来很迷人。
- ◆ 现在的超市采用店内烘焙来让这里闻起来有家的味道。
- ◆ 你可能听说过这句话，如果有潜在客户要拜访你家，你的咖啡最好一直都煮沸着。
- ◆ 大多数人都有些熟悉的味道，一闻到就能触发过去回忆。
- ◆ 我曾在一家宾馆工作，它获得了一家极具特色的著名芳香品牌供应商的独家使用权。随后，他们所有的洗漱用品和宾馆周围夜晚点的蜡烛都使用了该芳香品牌。这成为了这家宾馆与众不同的特色之一。

所品

- 可口可乐公司付出了高昂的代价才认识到改变产品著名的颇受好评的口味并不是一个好主意。1985年,他们改变了产品的原有口味并推出了所谓的"新可乐"。公众对此的反应极为消极,销量也一落千丈。于是,他们立刻找回了原来的口味,并命名为"经典可乐"。
- 不同的人口味也各不相同。比如说,我不喜欢苦咖啡,不过有很多人都喜欢。我喜欢臭奶酪,可大多数人都不爱吃。所以,你必须要保证你所提供的口味恰好是那些你希望吸引和留住的客户们喜欢的。

所感

- 你注意到了吗,人们在仔细看衣服的款式之前往往会先感受它们的面料?可能你也是。这是因为我们相信事物的感受能够为它的品质提供些线索。很显然,这是线上服装销售商面临的一个问题,因为你在购买前没法感觉这件衣服的质量。
- 汽车制造商都深谙此道,所以他们努力保证他们所使用的所有材料都拥有同一种感觉,这种感觉是他们传达这款车辆的正确形象所需的。这甚至都适用于开关声和扭转门把手声带给人们的感觉。

细微线索

最后,还有一个我称之为细微线索的东西。这是人们最不容易注意到的,可它们也能够给客户传达对企业的印象。它们包含如下事项:

- 一个人的声调。一个人的声调传达的信息往往要多于他们的用词。"传达最重要信息的不是你说话的内容而是你说话的方式",这句话用在这儿再合适不过了。这在电话交谈中尤为重要。
- 一个人的眼神。这是另一个能够暗示一个人对某事感受的非语言线索。它也能够暗示你到底是不是一个受欢迎的客户或客人。
- 一个人的肢体语言。肢体语言是另一种非语言的交流方式。比如说，一个"展开"的身体——手臂展开手掌向上——就意味着热情地欢迎某人。反之，一个"紧缩"的身体——手臂在胸前握拳交叉——就暗示着恐惧或具有攻击性。
- 员工、店面、宣传册、交通工具、展示架等的总体清洁度、整洁度和外观。当我带领大家到购物中心进行"线索发现狩猎之旅"时，我总是感到十分惊讶，居然有这么多零售商对他们的不整洁或不够干净视而不见。可是顾客却看得见，而这会影响到顾客对他们企业的整体印象。

大多数企业都不会为识别和分析这些线索而感到烦恼。可毫无疑问，这些在客户对任何供应商的总体印象方面都会产生巨大影响，也因此会影响客户的忠诚度。

另一种味道

我在上文中说过，"味道"是五种感觉中的一种，它确实也是。不过，"味道"这个词还有另一种相关的使用方法。人们常说，"这合/不合我的品位"，这指的并不是他们口中的食物，而是对某事的整体感觉。这一点同样也能够吸引或赶走某些顾客。

比如说，我总是尽量离那些音乐声很大的服装店远一点儿。我知道，这能吸引那些喜欢这类音乐的顾客，可是这样的音乐却"不合我的品位"；对我来说这音乐声太大了，所以我都绕着这些店铺走。相反，有些合我品位的店铺。比如说，有一家女装店的椅子很舒服，还为等候的男性伴侣提供男性杂志和咖啡。我妻子在那儿购物时，我也很喜欢待在那儿。

所以，你必须要保证你迎合了那些你希望吸引和留住的顾客的所有品位。

收集顾客的观点

很多企业从未或极少设身处地为他们的顾客着想来了解这些信息。然而，这却是我所知道的监控你自己表现的最好办法之一。扪心自问，你最后一次做如下事情是什么时候：

- 假扮成询价或者有问题的顾客给你自己的公司致电？
- 回复你自己企业的广告或邮件，看一下这些回复是怎么被处理的？
- 仔细观察一下自己企业的接待处或会议室，留意一下这里会给访客留下怎样的印象？
- 站在你的经营场所外仔细看看，或者最好能拍张照片，就像顾客一样？
- 就像来访的客人一样，试着到公司的停车场停一下车？

这只是常被我们忽略或无视的事情中的几个案例，可这些事情却或许包含了很多能给顾客留下你企业印象的线索。显然还有更多线索，在必要的时候能够识别并分析这些线索同时对它们加以改进是十分重要的。可是，就像我已经指出的，我们会对那些我们熟悉的事情视而不见，所以，我们必须要找到方法祛除熟悉带给我们的阴霾并对它们投以高度的关注。

有许多方式能够做到这点。以下是我曾共事的许多企业所使用的一些方法：

- 通过向全公司的员工解释什么是客户体验线索，并从要求他们记录和汇报他们必须要注意的事项开始。
- ◆ 为公司中客户能看到的各个区域拍摄照片或视频，随后进行回放。你会意识到那些你以前视而不见的问题。
- ◆ 让企业中的工作人员到他们自己工作地以外的区域或者部门寻找线索。他们会发现些这个部门中的工作人员以前没发现的问题。
- ◆ 向客户征求他们的体验中你所感兴趣的部分的反馈意见。确保你征求反馈的方式对客户而言简单方便。（在第八章中会为大家介绍这方面最佳执行方法的案例。）
- ◆ 不定期安排人员给企业致电，持续监督通话中客服人员的礼貌及服务。
- ◆ 定期组织人员到企业上下走访，寻求线索来确保标准没有放松。
- ◆ 建议所有的管理者每天（或者每周）做一次"现实反馈调查"，方法就是致电客户并询问类似这样的问题："你认为我们目前所提供的产品或服务怎么样？"
- ◆ 和同事一起到访一家购物中心并依次到不同的零售商处寻找线索。这类实践能帮助你调整并关注你的服务中不容易被自己发现的问题。

以上所有的活动都能帮助你逐步增强发现各类线索的能力，这些线索会影响顾客对你的企业的看法，因此，它们也必须被收录到客户体验之旅的示意图中。

客户体验之旅示意图

如果你不首先精通于绘制客户体验之旅示意图的话，你是不可能善于管理客户忠诚度的。不过，就像大多数有价值的新事物一样，最开始没有一番斗争、失误和误解，你是不可能掌握它的。别让这些困难耽误了你，因为它们都是你学习过程中的一部分，所以，下定决心坚持下去并自己掌握这门技能，最终你会发现去做这件事其实也不难。

此刻，我应该提几个基本原则了。忠诚来源于和客户建立相互信赖和不断增值的关系。这样的关系是随着时间的推移，通过各种各样与客户之间的互动（接触点）建立起来（或毁于一旦）的。这些互动中充满了体验：有些体验会对客户现在的行为产生强烈的影响；而另一些体验则会对客户未来的行为产生强烈影响。（所以，如果那些有可能让客户产生你所不希望的行为的体验被铲除掉，而那些能够让客户产生你所预期的行为的体验都增加或改善了，那此时你就是正在利用客户体验管理来对客户的行为产生积极影响，并正在建立持久的客户忠诚度。）（因此，为了建立客户的忠诚度，所有的体验都应该被管理起来，而客户体验之旅示意图就展示了应该在哪里和如何进行管理。）

客户体验之旅示意图是至关重要的，因为它能够让你十分详细地了解各种各样的体验，而这些体验都与建立客户对产品或服务的整体看法有关。同时，它也能清晰地让人们看出在哪里做出改变或改进才能对客户的整体忠诚度产生积极的影响。上文中发现线索的练习能帮助我们识别出所有对客户体验有用的线索。而这些改变或改进中有很多都作用不大，凭借它们自己并不能显现出巨大的影响，然而，一旦这些变化被结合起来，按照积沙成塔的原则，它们能够共同产生巨大的影响。

这就意味着能够识别并映现所有的客户体验是十分重要的，无论这些体验最初看起来有多么的微不足道。然后，这些体验都可以被伺机记录下来并得到分析。我建议这个过程可以从图 3-3 和图 3-4 中列出的必要的细节层次开始。

图 3-3 中展示了典型的客户消费之旅周期的案例。在这个周期中有八个阶段，从"有需要"到"有更多需要"。不同的顾客旅程会经历不同的阶段。在这个圆形周期图中可以看到，里面还包含了四个圆环。每个圆环所代表的含义都会在图 3-4 中得到解释。建立客户忠诚度的目标就是要向中心的圆努力。

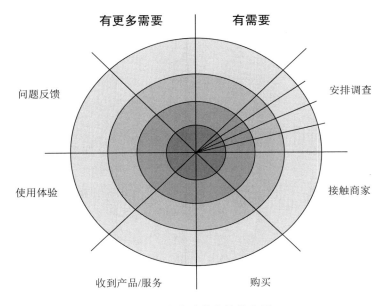

图 3-3　客户消费之旅的案例

像你将会看到的一样,"安排调查"阶段被分成了四个更小的部分,我称它们为阶段要素。这些要素代表着工作人员能够安排调查的不同方式。比如说,通过电话、通过网络、通过杂志、通过询问朋友或家人、浏览评论页等。经验告诉我们:客户全程体验的任何一个阶段往往都不只有这四个要素,能够识别并将所有要素都列出来是十分重要的。客户体验之旅的所有阶段一般都会由许多要素组成。

不过,我们仍然没有达到我们的要求;我们必须要更深入地挖掘更多细节。现在,这些元素中的每一个都必须被分解成独立的个别体验。比如说,在安排调查的电话要素里,还可能包含如下体验:

- ◆ 接电话的时间。
- ◆ 接电话的口吻。
- ◆ 他们是否乐于并有能力回答你的调查问题。
- ◆ 如果他们需要把你转接给另一个工作人员时,他们是否也把你告诉他们的信息转过去了呢，还是你不得不和新接电话的人再从头重复一遍呢？

这些就是我们必须要了解的典型的个别体验的例子。这些个别体验中的每一个都可能对客户忠诚度有增进或毁灭的作用。有很多体验可能对忠诚度没有影响，不过，我们得先把所有的体验都先分析一遍才能确定到底哪些有用。

图3-4展示了来自图3-3中的一个要素。4个层级代表了那4个圆环。

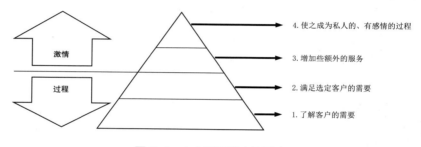

图3-4　4个圆所代表的要素

在第一个层级中，目标完全就是为了了解客户的需求。这通常都会通过客户调查和收集反馈意见完成。如何能够用最好的方式达到最佳效果会在第四章和第八章中做出解释。确立了现有客户和潜在客户的需求后，就要做出决定了。

就像哈佛商学院的迈克尔·波特（Micheal Porter）教授在他的书《竞争战略》（Competitive Strategy）中说的那样，通过满足所有客户的所有要求来持续不断地保持竞争优势和高额利润是十分困难的。选择一个能够提供给你想要的发展和获利机会的分区就好多了，在这个分区中你最擅长为客户或分区市场提供最重要的产品或服务。这就是为什么在第二层级中的建议并不是面向所有客户需求，而是仔细甄别客户的需求。这必然意味着权衡取舍，也会导致有些有其他需要的客户转向别处购买。

可如果你甄别得好的话，你所选择关注的客户或分区市场会为你带来销量、成长和你所需要的利润。

就像你在图左侧看到的箭头一样，第一层级和第二层级被描述为过程。把过程做好只能让客户满意，但并不能让他们忠诚。你要知道客户的需求并不断满足他们。不过满意并不能带来长久的忠诚。所以，你需要做得更多，这时，第三层级和第四层级的激情就登场了。

在第三层级中，我们必须增加些服务来满足我们了解到的客户的需求。人们往往认为，这意味着增加额外的成本并减少利润。可实际上并非如此，就像我会在第五章中讲的那样，尽管不是所有，可是绝大多数"额外服务"的增加都能够并且应该在几乎不产生额外成本的情况下完成。

最后，我们就来到了第四层级，使之成为私人的、有感情的过程。此时，平衡的大脑运作方式就会脱颖而出了。如果我们在第一层级和第二层级中就把事情做对（或至少少犯错），那么让第三层级中所提供的服务变得个人化（个人对个人而不是企业对个人或企业对企业）并融入适当的感情（真诚地与客户产生同理心）就能够最终实现建立可持续并有价值的忠诚度。但要小心：如果第一层级和第二层级中的事情还没有做好，你就进入这个阶段的话，那么你的努力都将会是徒劳的，并且最后可能会惹恼客户。

同时请注意，可能有些客户并不喜欢这种操作。如果你知道哪些客户不喜欢的话（你应该知道），那么在第二层级或第三层级你就应该适可而止了。

如果以上内容你都明白了，那么，你就可以为你现实中的客户制作客户体验之旅示意图了。这样做没有"唯一的正确方式"。在你那儿最奏效的就是最适合你的方法。尽管如此，为了能够让我们的实践更有效、更有价值，我觉得我最后必须指出几个关键事项。不过，这些可能在各个企业之间都略有差异，甚至在每次尝试时都会略有不同，不过我觉得，它们的效果对成功而言都是至关重要的：

- 示意图必须能让人觉得显而易见，站在客户的角度、通过客户的视角，你的企业为了能让他们和自己做生意都做了什么（他们的体验之旅或历程）。
- 它们应该能帮你了解客户体验之旅的哪部分是客户喜欢的或不喜欢的，你在哪里为你的客户增值了或减值了，并因此建立了或毁掉了他们的忠诚度。如果理想的话，它们还能够展现出客户是如何将你所提供的服务或产品与你的竞争对手能够提供的进行比较的。
- 它们应该把识别出在何处以及怎样建立忠诚度变得容易，通过在客户体验之旅的各个"触点"中摒弃、改善或改变某些体验的方式。

最后一点真的很重要：事实上，我认为它是成功的关键。就如我在上文中提到的，任何客户体验之旅示意图实践的目的都是为了强调我们在哪里以及怎样才能提高客户的忠诚度，方法就是通过改变、改善、增加或摒弃整个客户体验之旅中某些特定的体验。因此，最后一部分必须要强调一下在何处下手才会有效。

所以，在解释完我认为它应该会产生的效果后，是时候考虑一下从何开始了。

成功的客户体验之旅示意图的第一步

如果你已经绘制了价值流向图的话，那么图中应该已经都明确显示出了你的企业与客户之间的所有形形色色的"触点"了。而这些触点都会成为你的客户体验之旅示意图的基础。如果你还没有绘制价值流向图，那么你就必须把所有你和客户之间的触点都绘制成示意图或者平面图。这些示意图可以是圆形图，就像我在图3-3中展示客户体验之旅中从需求到购买、从使用到后续可能再次购买那样。或者，也可以绘制线形图，从客户体验之旅的最开始到结束，甚至可以做成图解的方式。选择哪种图形其实真的不重要，只要能清晰展现出你和客户之间全程的所有触点，或者作为你的客户他们所经历的所有体验，就可以了。（图表包中的客户体验之旅示意图是线形的。）

图 3-5 至图 3-9 中的例子展示了我的一些客户制作的各种各样不同类型的客户体验之旅示意图。

图 3-5　一个住房承建商客户体验之旅示意图

来源：改编自莱茵家园（Laing Homes）制作的版本。

站在你自己的角度制作这些体验之旅示意图是人们最开始会采用的方式。图 3-10 展示了一个操作方法的例子。

在这个例子中，最上面一排是标明体验之旅不同阶段的便利贴，第二排（"要素"）是标明这些阶段各类要素的便利贴。它们下面的方框是标明每个要素中各个体验的便利贴。

就像你看到的，小方框被分成了三个区域。最上面的区域表明了客户的详细体验。左下方的区域标明了表现分。右下方的区域标明了重要性分。图 3-11 是一张案例照片，是这张图表在客户体验之旅示意图中的实际运用。

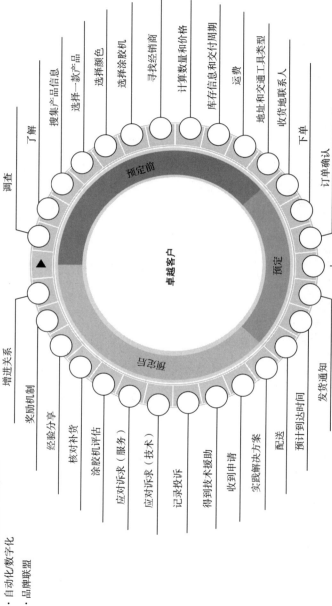

图 3-6 原材料制造商客户体验之旅映现图

来源：经韦伯（Weber）公司许可使用。

图 3-7　英国国家长途客车运营公司客户体验之旅映现图

来源：改编自英国国家特快长途汽运公司（National Express Coaches）的原始版本。

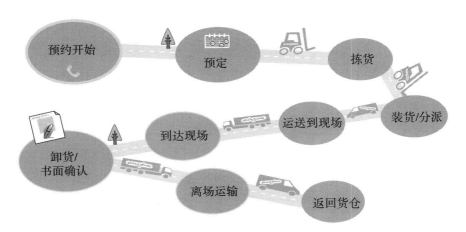

图 3-8　一家建筑产品分销商的客户体验之旅映现图

来源：改编自吉布斯＆丹迪（Gibbs and Dandy）建装材料公司制作的原始版本。

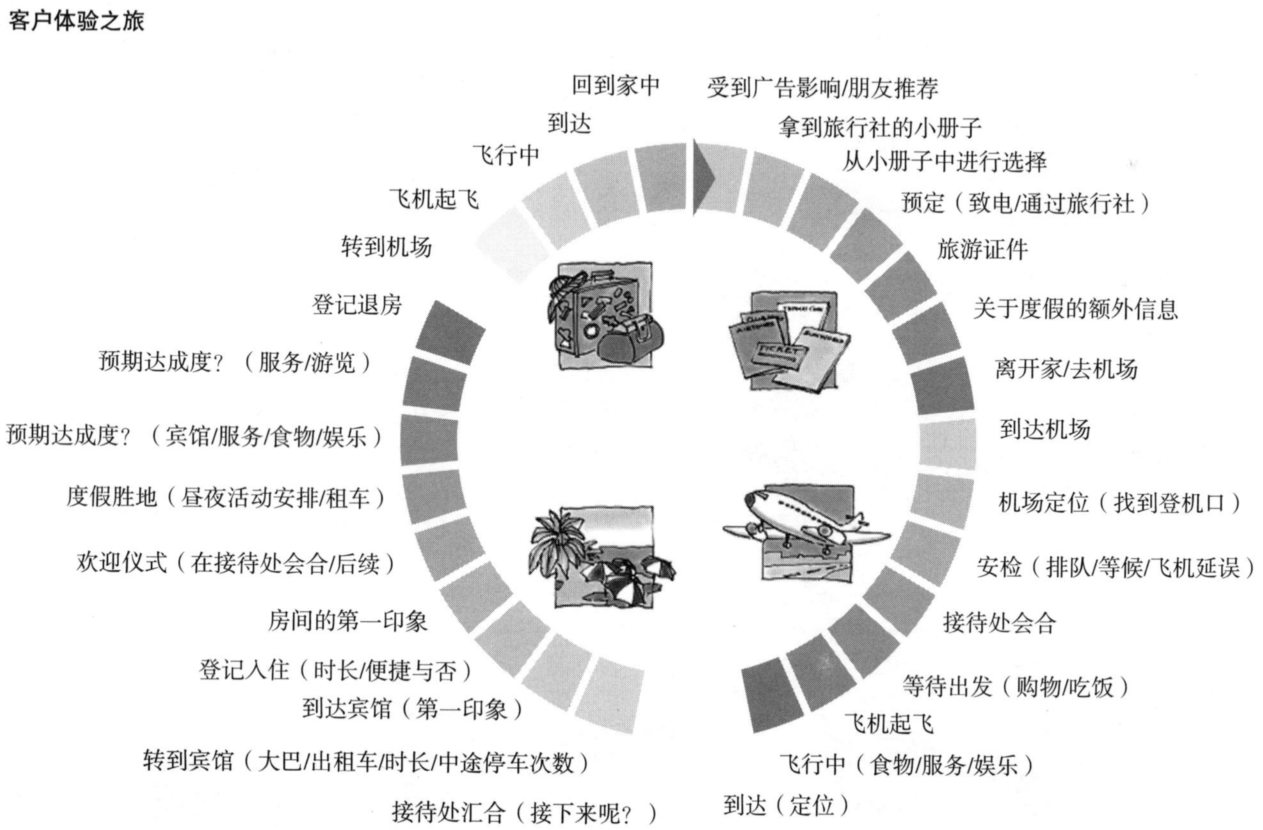

客户忠诚度管理
Creating Customer Loyalty

客户体验之旅

- 受到广告影响/朋友推荐
- 拿到旅行社的小册子
- 从小册子中进行选择
- 预定（致电/通过旅行社）
- 旅游证件
- 关于度假的额外信息
- 离开家/去机场
- 到达机场
- 机场定位（找到登机口）
- 安检（排队/等候/飞机延误）
- 接待处会合
- 等待出发（购物/吃饭）
- 飞机起飞
- 飞行中（食物/服务/娱乐）
- 到达（定位）
- 接待处汇合（接下来呢？）
- 转到宾馆（大巴/出租车/时长/中途停车次数）
- 登记入住（时长/便捷与否）
- 到达宾馆（第一印象）
- 房间的第一印象
- 欢迎仪式（在接待处会合后续）
- 度假胜地（昼夜活动安排/租车）
- 预期达成度？（宾馆服务/食物/娱乐）
- 登记退房
- 预期达成度？（服务/游览）
- 转到机场
- 飞机起飞
- 飞行中
- 到达
- 回到家中

图 3-9 一家一条龙旅游公司的客户体验之旅映现图

来源：改编自 JMC 旅行社制作的原始版本。

第三章 成功的客户忠诚度管理的必备要素

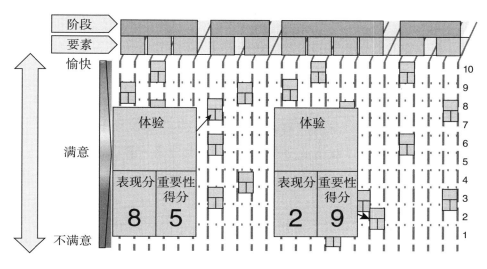

图 3-10　使用客户体验管理之旅计划平面图

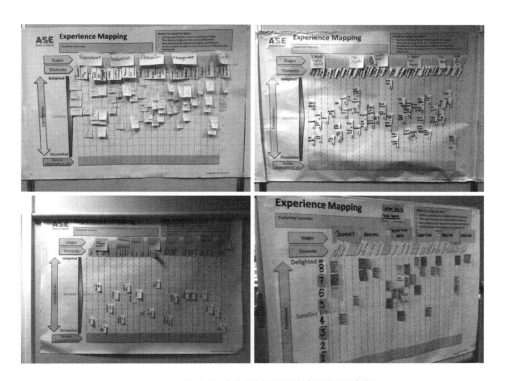

图 3-11　客户体验之旅映现图的实际运用案例

完成这个练习，同时保证你已经记录下客户在这次专门的体验之旅中你能想到的所有体验并给这些体验打了分之后，记住你所得到的是你自己对客户体验之旅或历程的看法。这个过程常被称为"由内而外"的观点。尽管如此，无论你准备有多么细心，在同一场历程中，客户的看法永远都不可能和你完全一致。你可以称之为"由外而内"的观点。接下来，你必须要通过在这个过程中让客户参与进来去验证这些看法。

能够完成这一点的方式多种多样，不过我发现，最简单和最有效的方法就是从准备体验之旅开始，就像你所看到的，用图中的便利贴图解所有过程。（在这个阶段，你也许会想要给这些图表拍照，这样在客户参与进来之前你就能够把这些都记录下来了。）

接下来，在你用图表解释的过程中，让客户一起参与讨论。解释一下你的经历过程和所有活动的目标。然后，邀请客户按照他们心中的必要性来做补充、删减或移动这些便利贴，直到一张从他们的视角体现出来的新的示意图出现在你面前。

一定要记住，你的主要任务是学习而不是教育别人。不要试图把你的看法强加给客户正在传达给你的观点上。不要与客户争辩，不要告诉他们他们是错的——哪怕他们真的犯了错。如果他们的观点就是如此，那即便是错的，这对他们来说也是实事求是。所以，你要明白并理解这种状况，同时做出相应的处理。还要记住，你不妨多次尝试，因为不同的客户或客户群对他们遇到的不同体验历程会有不同的看法。

尽可能在不同客户中做这种实践来为所有客户体验历程和你的整个客户群制作一个或多个精准的、具有代表性的示意图，然后，你就能够掌握客户对他们体验的历程和全程各个触点的看法了。不过，你还是没法掌握那些能使你做出有价值的改变的必要的关键信息。这些信息就是客户是如何看待他们体验中的这些触点的，以及这对他们每个人的影响有多大或者对他们的行为和忠诚度的影响有多大。因此，下一步才是成功的关键。

收集关键信息

现在,你必须要了解每个触点和每次体验中的两条关键信息:

- 相对于客户的需求或预期以及和你的竞争对手的对比,客户是如何评价你在每个触点中的表现的?这些便利贴在示意图中的位置表明从糟糕的最底层(1分)到卓越的最顶层(10分)。
- 客户最后有多忠诚,就要看这对他们来说有多重要?(1分意味着不重要或小事,10分意味着非常重要或至关重要。)

你可能已经站在自己的角度给这些部分打过分了,不过客户的看法可能常和你不同。所以,让你的客户考虑一下你如何给他们打分的并邀请他们做出任何他们认为必要的改变。

有些人认为他们的客户不想要参与这种验证活动。尽管如此,按照我的经验,我的绝大多数客户,一旦他们了解你正在做的事,知道你的目的就是要为他们提高服务质量,他们都会很乐意参与其中并评价你所做的事情的。

这就是其中的一个例子,来自我和一家俄罗斯主要的钢材制造商合作的项目。

案例内容如下:

> 我们组织了一个两天的研习班。第一天是帮助销售人员和客服团队了解如何使用客户体验之旅示意图,从而找到改善服务和建立忠诚的方法。第二天,我们邀请了许多重要客户参与进来并验证我们所做的工作。
>
> 第一天早晨,我们介绍了客户体验之旅示意图的基本原则。下午,我们大致绘制出了所有的历程,然后又将其分解成许多

更小的历程；比如说，下单、收到快递、索要发票等。然后每组学员都开始为这些小历程中的一项绘制出一张图表，并开始讨论他们认为客户会如何评价他们的表现所带来的各种体验和这些体验的重要性。

第二天早晨，客户就位。我们一开始就先向他们解释了这项活动的整体目标。然后邀请他们参观形形色色的历程示意图，并对他们所看到的进行评论，同时做出任何他们认为必要的改变，以此来呈现出一张站在他们角度的精确示意图。

结果和我们的预期大相径庭。当客户看到第二张或第三张图表时，他们就彻底了解了整个流程并开始掌握主动权了。他们会站到每个小组的前面，开始评论并改变每一项他们认为有缺失或错误的部分。通常在这些活动中，客户对此的观点往往不同于客服人员的观点。

在上午研习班的最后，我们邀请客户对本次活动做出评价。以下是他们评价中的部分内容：

▲ 再来一次的话，你们下次应该把更多的时间安排在我们的店面进行。
▲ 很有趣的一次活动，我们确实取得了卓有价值的进步，干得漂亮。
▲ 这是你们做过的最棒的事情之一，谢谢，请继续。
▲ 我以前从未有过这样的体验，这真的很好，请保持。
▲ 我们应该这样做——你们能教教我的员工这是怎么做到的吗？
▲ 真希望我们早点进行这项活动，这是一种卓有成效的形式。

下午，带着我们收集到的所有信息，我们很容易就研究出了哪些行动是必要的，并随后按照轻重缓急制订出了行动计划。这是一项最有价值也最有成效的活动，该活动得到了客户的高度评价并让制造商能够做出改变从而极大地提高了客户的忠诚度。他们此后会对不同的客户不断地重复这次经历。

表现——重要性分析

下一步通常会在客户离开后完成。有两个关键的常识会被用于列出你应该在何处以及怎样下手来开展工作才能提高客户的忠诚度。我称之为"表现——重要性分析"。为了能够快捷地看到这点的潜在影响,你可以利用图 3-12 中展示的图解。

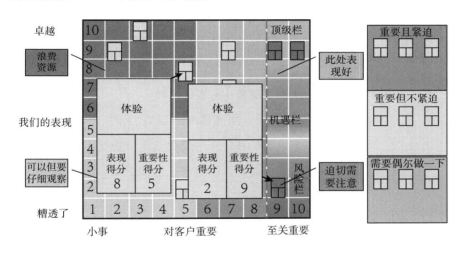

图 3-12　表现——重要性分析

就像你看到的,这张图表中有四个主要的象限(在图表组的图表上,每个象限都被分成了 5×5 的矩形共 25 个方块,相应的 1 到 10 分代表了表现和重要性)。然后,你可以把便利贴从客户体验之旅示意图中移到这张图表上,按照表现和重要性把它们放在 1 到 10 分的相应位置上,或者复制一份再将这些便利贴贴到副本上(这个副本的第二种选择通常更好些,因为这就能同时为你呈现出两个视角了。)

完成这张图表后,接下来做决定和制作行动计划就应该变得很容易了。你会得到如下信息:

◆ 象限1：右上角——至关重要——表现卓越。

◆ 这是你的目标和把事情做对的方向。在此处，你就保持或建立了忠诚度。如果这里有些事情是你的竞争对手没有做的，或者没有你做得好的，那你也同时创造了竞争优势。关键是要考虑进一步改善此处体验的方式或增加新的内容来让自己变得更优秀。

◆ 象限2：右下角——至关重要——表现糟糕。

◆ 此处是你做得不对或做错的事情。你正在降低或扼杀忠诚度。同时你也正在让你的竞争对手赢得竞争优势，如果他们比你做得好的话。因此，这里需要密切关注才能把所有这些体验变成提高忠诚度和建立竞争优势的体验。

◆ 象限3：左下角——不太重要——表现糟糕。

◆ 短期内，你不擅长那些不太困扰客户的事情也没关系，可还是要关注这个范畴内的项目；它们在未来可能会变得很重要，或者，也许你能在提高它们的重要性的同时，改善自己的表现来创造出额外的竞争优势。

◆ 象限4：左上角——不太重要——表现卓越。

◆ 这点一直都很有意思，很多企业在这个区块中都有强项，这让我越来越感到见怪不怪了。这意味着你真的很擅长那些你的客户不太在意的事情。这样的局面通常都是你的企业把注意力放在那些他们认为对客户重要的事情上导致的，你的企业在这里没有做正确的调研来让客户验证什么才是重要的。同时，这也可能是内部原因造成的，而顾客根本不会担心这些事，甚或，这是因为某个管理者对此"有自己的看法"造成的，他希望这样做而不管客户在不在意。关键是，这里所耗费的资源对客户的忠诚度没有丝毫影响。所以，要么你就想办法让这些事情变得对客户足够重要以便让他们做出有价值的改变，要么你就停止在此处浪费资源，把这些资源投资到你确定能够带来丰厚回报的地方；比如说象限2中的项目里，至关重要——表现糟糕这个象限。

所以，这个图表让我们更容易就能够决定把资源分配（或重新分配）到何处才能创造或改变客户体验，在各个触点中这种体验能够提高客户忠诚度并增加竞争优势。

注意，在这张图表的右侧还有一个区域，这个区域有三个突出的方框：

- 顶级栏——这是你的目标栏。此处你的表现和重要性得分都是 9 到 10 分。你必须尽量增加这一栏中的体验。
- 机遇栏——这一栏比较大。此处的事情对客户非常重要，可你的表现却没有达到 9 或 10 分。你应该尽你所能来提高自己在这些体验中的表现。
- 风险栏——这是一个危险栏，在这里你可能有失去客户的风险。这些体验对客户十分重要，可他们对你的表现评价却是糟透了。你应该尽一切可能把这一栏中的体验全部移除。

最后一步：行动规划

做完所有的一切后，这些图表能够让你清楚地看到哪些事情值得注意，然后，你应该轻易就能制订出行动计划。正如你所见，在这个样板图表的最右端还有一个区域。你可以把你认为需要注意的任何体验转移到这三个部分中的一个里面来，包括"重要且紧迫""重要但不紧迫"或者"需要偶尔做一下"。最后，如果你愿意的话，你可以通过把便利贴移动到这个区域最上方的那栏里来先突出那些你认为必要的行动。

但不要落入思维模式的陷阱，不要认为一旦你把这个行动计划中的所有项目都完成的话你的工作就完成了。差远了！你能够确定的一件事情就是尽快把那些客户不喜欢的体验都移除，那么，其他的问题也会随之消失。还有，随着你创造的客户真心喜欢的体验的增多，这些体验很快就会被看作你的"日常业务"，它们所产生的影响和刚引进时相比也会越来越小。所以，为了保持领先，你必须要坚持重复这项训练，让你自己能够持续掌握并更新客户不断变化的需求和看法，并因此而获悉你接下来必须要做的事情是什么。

还要记住，客户并不清楚他们不知道什么。这点我指的是，如果他们在此之前并没有经历过那些他们想要的体验的话，那他们是不可能告诉你他们想要什么样的体验的。这些体验是需要你创造并检验的。真正有价值的进步往往来自那些以前没人尝试过的新创意。所以，你必须要开发新的途径持续创新并实践这些新的体验猜想。这就意味着营造一个鼓励所有人创造并尝试新创意的环境。在这个环境中，尝试和过失都是正常的，只要意图是好的，那所有的尝试和失败就都是没有问题的。我们可以从失败中吸取教训，然后运用这些新知识踏上另一段能够行之有效或更加有效的发现之旅。

通过不断地改进和增加积极的客户体验（清除消极体验），你就能够持续不断地提高客户忠诚度并增加自己的竞争优势。如果你始终领先一步践行这一切的话，你的竞争对手就永远也无法赶上你。

结　　论

让服务对企业的表现和业绩产生有价值的改变并不容易。这需要决心、谨慎和坚持，而做好准备投入其中的企业少之又少。不过，这也为那些做好准备的企业创造了大好时机。通过本章中列出的思维模式、技巧和工具，你就可以用知识、技巧、实践和放手大干的信心来武装你的同事们了。

行动清单

1. 保证你的企业采用了平衡的大脑运行机制。

2. 给员工们时间践行发现线索的活动。让他们踏上线索发现之旅来帮助他们提高发现那些他们以往看不见的线索的能力。然后，让他们在企业和营业网点中随意活动，在那些需要改进的部门发现线索。

3. 尽量多站在客户的角度并按照他们的方式体验自己的产品或服务，以此来保证自己能够掌握客户的看法。

4. 渐渐熟练掌握准备、验证和分析客户体验之旅示意图的技巧。这是你要培养的客户忠诚度管理技巧中最重要的部分。

推荐书目

Bolte-Taylor, J（2008）*My Stroke of Insight*, Hodder & Stoughton, London

Carbone，L P（2004）*Clued In*，Financial Times Prentice Hall, Upper Saddle River, NJ

Porter, M E（2004）*Competitive Strategy：Techniques for analyzing industries and competitors*，Free Press, New York

推荐网站

△ On TED Talks

Bolte-Taylor, J(nd) [accessed 6 November 2018] My Stroke of Insight [Online] https：//www.ted.com/talks/jill_bolte_taylor_s_powerful_stroke_of_insight

△ On YouTube

Carbone, L(nd) [accessed 6 November 2018] Speaking Promo [Online] https ://www.youtube.com/watch?v=Pg-r54gAEfM

Syed, M(nd) [accessed 6 November 2018] Black Box Thinking [Online] https ://www.youtube.com/watch?v=-r0avhWk-xk

Transport for London (nd) [accessed 12 November 2018] Do the Test (Moonwalking Bear) – Basketball [Online] https ://www.youtube.com/watch?v=xNSgmm9FX2s

第四章

识别、理解
并管理客户预期

本章包括以下内容：

>> 客户预期管理：为什么预期真的很重要。预期对于客户的忠诚度有着巨大的影响。因此，弄明白为什么会这样以及怎么做才能建立忠诚度格外重要。

>> 预期的程度和类型。预期的种类多样，而每一种都会对忠诚度产生不同的影响。都有哪些种类以及它们会对忠诚度产生怎样的影响都会在这部分做出解释。

>> 前瞻性预期管理。因为预期对现有的客户忠诚度产生的影响如此巨大，所以不去主动管理这些预期就是很愚蠢的行为。如何有效地实施这种管理，本节会有所概括。

>> 防止问题预期：已被证实的忠诚度杀手。存在一些由员工创造出的预期，这些预期导致了忠诚度的损失。如何才能防止这些预期，本节会做出解释。

预期的时机

我们的生活充满了预期。这些预期会影响生活中的许多决定。如果我们预期某件事情是好的，我们可能就会决定选择它；如果我们预期某件事情是糟糕的，我们就更可能会决定将它拒之门外。

在企业对企业的情况下，很多这类预期都应该被管理起来以便于让客户偏向于做出我们所期望的决定。然而，大多数企业并没有这样做。它们只是听天由命，因而错失了这个大好时机。

在这章中，我会解释一下，作为客户的我们的预期种类，以及如何管理这些预期才能提高客户的忠诚度。

客户预期管理：为什么预期真的很重要

几年前，我和妻子受邀参加英国女王在白金汉宫举办的一场花园宴会。这是一次很棒的经历，我们会永远珍惜这份美好的回忆。正如你所想的一样，我们对这次宴会的种种都充满了极高的期待，有意思的是，我们的预期和实际情况有所差别，而且这使我们对这件事情的回忆产生了影响。

我们首先预期的是到场人数。我承认，我们原本希望只有温莎家族和达菲家族出席白金汉宫的下午茶，可显然这是不可能的，所以我们以为可能会有几百人出席。我们大错特错了！我们做了点儿调查并获悉，通常会有8 000人左右参与这样的聚会。受邀的人来自各行各业，通常这是作为认可他们对公共服务的贡献的一种方式。至于我，受邀是因为我在王子的信托基金做了15年的义工。

我们想，这个人数会给后勤带来很多麻烦吧。不过我们又错了，因为尽管人数众多，可是，一切都像是精密校准并上好油的机器一样运转着。在宴会那天，白金汉宫周围的人行道上一个游客都没有，以便为客人队伍腾出地方，许多像我们一样的客人很早就聚集一堂，等待着开门。一进门我们就顺利地被带到了外层建筑的拱桥那儿（在那里的阳台下面你常能看到皇室成员聚在一块儿），穿过内庭，再穿过白金汉宫，我们就来到了后院的花园。

　　下一个惊喜就是——白金汉宫的花园。我们预期的花园很大，可实际上这里是巨大无比；我估计总共得有14英亩[一]吧。这里有个巨大的平台能够俯瞰到无边草坪的全貌。平台远处有一个在林地和花园簇拥中的湖，中间所有贯通的小路上都一尘不染。单就这个草坪就能够轻易容纳不止8 000多客人同时出席了。

　　为8 000人提供露天餐饮？我们本以为这又是个难题。不过，我们再次想错了。草坪上的椅子、桌子、提供食物和饮料的帐篷星罗棋布。很显然这只是个一般的花园宴会，席间人们享用了差不多2.7万杯茶、2万个三明治和2万份蛋糕还有冰激凌。我们还以为每个人只限一份套餐点心呢。可是我们又错了。有400多名笑容可掬、乐于助人的工作人员为我们服务，他们都招呼我们尽量多吃点自己爱吃的东西。

　　当我们回忆起这次经历时，我们都感到，我们最初的所有预期都在某种程度上被超越了。所以，我们从这些预期和它们对我们的回忆的影响，以及我们对整个这次经历的看法中学到了什么呢？

　　我们从安保的处理上学到了第一课。很显然这是一个必须处理好的严肃问题。可我们看到的所有负责人员没有一个不是彬彬有礼、和蔼可亲的。这证明了我一直以来的猜想。你所从事的工作可能一旦出错就会面临十分严重的后果，同时，你在从事这份工作时总会感到压力倍增，

[一] 1英亩=4046.864798平方米。

可如果你是经过精挑细选且训练有素的专业人士的话，那你还是有能力愉快并老练地完成你的工作的。

另一个收获是放松的氛围和我们在这种场合下所见的不拘礼节的每个人。这是一个正式的场合：女士们都必须要戴帽子，男士们要穿西装（甚至有些人还戴了高顶礼帽、穿了燕尾服），然而，宴会的整个过程都十分温暖、不拘礼节，这让所有人都感到很舒服。这又证明了我一直以来的另一个看法：正式场合也可以不必拘泥礼节。同时，最高端的服务一定不能墨守成规、乏味呆板。温暖和有吸引力的氛围就要好得多，通常也更加恰当。

我记忆中最后的收获是出自我妻子的评价。她说："他们让我们感觉更像是客人而不是游客。"她说得对。贯穿于这次经历的始终，我们都被款待得像是尊贵的客人。全程我们从未有过在参观博物馆、豪宅甚至到餐厅或宾馆时偶有的那种感受，那里的工作人员似乎对他们的游客、顾客或客人都很冷漠又不感兴趣。如果有 8 000 人在一个下午同时来到你家的话，做到这个程度一定很困难，可他们做到了。我见到的每个人都很热情地与你交谈、对你和你所做的事情都很感兴趣，同时，他们让我们明显感觉到他们的首要目标就是要保证我们舒服，并且有一次美好又难忘的体验。

这次经历给我们留下了永生难忘的美好回忆，对于那些在这次无与伦比的宴会中负责筹划并服务我们的工作人员，我们怀有深深的敬意。所以，这是一次超越我们所有预期的卓越体验。尽管如此，我们有没有过相反的体验呢？也就是实际上你所预期的一切都没有达到呢？我有过很多次，我相信你也一定一样。

有一个让我印象深刻的经历就是有一次我拜访了一家主要的网络平台的客服中心（我就不说名字了，因为这样大家就太容易猜到了）。因为我那时刚刚开设了在线的系列培训模块，并急于想知道如何才能让我的模块在他们的平台上得到最好的推广，所以我就向他们征求意见。我有几个市场营销部的同事对此也很感兴趣，所以，他们就陪我一块儿去了。这是一个享有盛誉的国际品牌，尤其在创新思维方面，所以，我们到那里时怀有很高的预期，觉得他们所给的意见一定能让我们叹为观止。

可显然这次令人失望的体验让我们大跌眼镜。我们预期的办公地点是个能够反映这个品牌漂亮又具有高科技形象的地方。可实际上他们非常一般，显然技术含量也不高，尽管他们说他们会在那里举办活动，可那里就连供客人使用的卫生间设施都不具备。他们所提供的营销建议也很一般；这种东西连一年级的市场营销系学生都知道。所以，我们对于我们想知道的一无所获，只能带着失望和愤怒离开了，因为这次拜访就是浪费时间。

还有一些预期没能达成的经历就发生在我和一家很受欢迎的汽车制造公司预约试驾时。因为我想要给我的妻子买辆新车，她很喜欢这家公司最新样品车中一辆的外观，我们想知道这款车的发动机能不能达到我们的使用标准（这款车似乎尺寸有点小，底盘也有点轻）。所以，我们想试驾一下引擎功率最高的那款。本地经销商的经营网点都没有这款车，所以，我就给这款汽车制造商的客服部门发了一封邮件，询问他们能不能做出安排。我本以为他们应该清楚所有展示车辆的分布，并因此能够直接告诉我离我最近的那家有样车的经销商的位置。

我很快就收到了一个标准的回复邮件，向我推荐了"客户问题解决专员"来处理此问题，并建议我3天之内和他们取得联系，这让我觉得他们办事效率低。当我收到回复时，回复我的人并不是客户问题解决专员，而是一个叫"数字客户体验支持顾问"的人。他所建议的解决方案是："请点击下方链接定位离你最近的其他经销商并与可能有你所寻找的那款产品的销售部门直接对话。"

也就是说这家制造商并没有可行的预售服务。即便是对潜在客户也不提供此服务。他们并没准备好全力以赴为我寻找一台试驾车辆；他们希望我自己完成这件事，尽管我想要购买的是一辆价值50 000英镑的车。

我回复邮件解释说我懒得这么做,所以会在他们的一个客服质量更好的竞争对手那儿买一辆类似的车。

　　我之所以说这些经历让我铭记于心,是因为用这个词来表达我的心情再恰当不过了。我记得我曾经办过一个讲习班,我要求班里所有的参与者都就几个自认为合理的预期被超越或没达成的经验讲个故事。有个小伙子兴致勃勃地回忆道,在一次和英国主要的电子产品经销商打交道的过程中,他有过一次很糟糕的体验。我问他这次经历发生的时间。因为他描述得太生动了,我都以为是近期发生的事情。结果他的答案却是"差不多10年前"。这让教室里的每个人都忍俊不禁,不过却证实了我的想法:这些体验,尤其是那些负面的体验,一定会让人"铭记于心"。

　　预期之所以这么重要是因为它们会影响我们的看法、反应,以及后续的记忆。预期的来源可能多种多样,比如说广告、销售员、朋友、同事、早期同款产品的购买经历,甚或是竞争对手,不过无论这些预期从何而来,它们都会强烈影响我们对任何体验的最终看法:好的、一般或是糟糕的。然而,以我的经验,我猜你们也都是,我们预期发生的事情和实际发生的事情往往大相径庭。而就是在这些差异中,我们建立了看法,留下了印象,获得、保持或失去了忠诚。

　　你可能还记得我们从丹尼尔·卡尼曼那儿学到的:我们所做的大多数抉择都是基于我们对过去体验的记忆或我们对未来体验的预期。这就意味着如果你不管理客户的预期的话,你是无法对客户的体验进行管理的。预期是客户认知价值的方式之一。他们所得到的是他们所预期得到的吗?如果是,那钱花得值;如果不是,那钱就花得不值;如果比预期好,那就是物超所值。然而,令人惊讶的是,大多数企业都懒得管理预期或者管理得不好。

　　我之所以了解这种情况,是因为我常常做实验。这很容易——你只需打电话、用邮件回复或拜访那些在线上、电视、杂志和报纸做大量广告的企业就行。你会惊讶甚至震惊地发现,他们当中居然有那么多个是无法达到他们在营销策略中提出或承诺的预期的。

在我所经营的每一个客户忠诚度管理大师拓展项目中，我们都会做这样的练习，幸运的是，我们发现有一半以上所提供的服务都能达到预期。这就让我注意到这些企业的制度和规程并不是一致的。我所谓的"一致"指的是企业中的不同部门，或处理客户反馈的分包商之间，他们都分别有不同的目标和取得成功的措施，而这些并没有用一种总体的成功措施结合在一起来变成一种单一的制度。

比如说，如果营销团队的目标是创造潜在客户的话，那他们的工作就不是由到底有多少潜在客户被转化为赚钱的销量来衡量的，他们没有参与进这样的制度中。这意味着只要营销部创造出了足够多的潜在客户，那他们的工作就完成了。如果负责把这些潜在客户转化成销量的销售团队随后没能应付这些潜在客户或者没能把数量可观的潜在客户转化成赚钱的销量的话，也许是因为这些潜在客户太穷了，那这也不是营销部的问题；他们并不在意这些，而且还会认为自己的工作已经完成了。

还有一个我经历的例子是销售团队或销售员为了拿到订单得到销售奖金或佣金而向客户随意承诺，哪怕他们明知道他们的承诺是不切实际的，并且他们的同事不会或不可能兑现这些承诺。当生产或运营团队没能提供这些服务时，他们就会成为替罪羊，而不是那些做出这些不可能完成的承诺的销售员。我甚至见过为了创造这些订单而这么做的销售人员受到表扬，而随后无法兑现这些承诺的运营人员却事后受到警告的情况。

这听起来可能是很愚蠢或极端的例子，但却相当普遍。如果你不相信我的话，只需要给今天登报纸广告的几家公司打几个电话亲自体验一下就行了。打过电话后，你可能就能下定决心在自己的公司做个调查了。这实际上值得定期一试。你很有可能会发现，你的业绩自此变得越来越好了。

关键是那些未达成的预期或未兑现的承诺总会让人失望、不满意、生气并产生压力。而这些感受都会摧毁客户的忠诚，从而对收益和利润造成的影响也可能是毁灭性的。因此，你要确保这样的事情在任何场合、任何时候或任何情况下都不要发生在你的团队或企业中。

预期的程度和类型

当然，不同程度和类型的预期也会有不同的结果，这些结果可能源于预期被超越、被达成或未被达成。这种情况有很多，不过，我认为以下是我们应该考虑的主要范畴。

必要预期

这些是客户会有的预期，没有这些预期他们就不会成为或不会再是你的客户了。你可以称它们为"赌注"或"必要条件"。它们是客户使用你的企业、你的产品或你的服务的条件。如果提供了这些条件，也不会建立忠诚，因为它们是核心需求；不过，如果你提供不了的话，那你就会失去订单甚至是客户。

相关案例：

- **为客户提供他们认为物超所值的服务**。当然，这是一种主观判断。一个人眼中的物超所值，在另一个人眼中可能并非如此。但只要你大多数的目标客户认为你所提供的服务是物超所值的，那你可能就没问题了。

- **让你的产品或服务具备大多数客户期待的特色**。比如说，我不会购买一款爆胎或漏气时没有车载备用胎的汽车。很多汽车制造商都选择用"黏腻的"气溶胶和电动气泵来代替备用胎（我觉得可能是为了减重和节约成本）。绝大多数人都说，在大多数情况下这些并不好用，轮胎破损一旦用了这些东西，轮胎就得报废了，所以，我不会购买这样汽车中的任何一款。

- **让你的产品或服务出现在客户需要时和客户需要的地方**。我差不多每周都会买书，所以我是亚马逊的常客。我还享受了他们主打的次日达的服务。现在，我已经习惯了这种次日达的服务，所以通常情况下，我不会选择那些在亚马逊上做广告但却不提供这种服务的商家。
- **提供有品质的产品或服务**。大多数人都想要他们认为品质好的产品或服务——那些可靠又能长期提供优质服务的选择。

性能预期

伴随着必要预期，客户可能对他们所购买的任何产品或服务的性能都有预期。有些甚至是必不可少的。

相关案例：

- 提供服务保障。在这方面，拿我个人的例子来说，我更偏爱人们所说的大型家用电器（洗衣机、烘干机、冰箱等）。美诺（德国家电公司 Miele）在这个行业中提供的某些免费保修服务是最长的（长达五年）。这就反映出他们对于他们所生产的产品的自信，而这就让他们成为了我个人偏爱的厂商。
- 韩国汽车制造商起亚（Kia）和现代（Hyundai）在英国的汽车保修期最长（五年或 10 万公里），这有助于人们信赖他们的产品质量从而促进销量，使它占据更多市场份额。
- 产品或服务可靠的声誉也可能是必要预期。我购买苹果电脑的原因之一就是因为它们在使用上以卓越可靠性而闻名，这对像我这样的人来说十分重要，因为我常常出差，而我的演讲全靠我的笔记本电脑。

另一些则属于"喜好"或"偏爱"的范畴。这些都是偏好或首选预期，不过如果它们无法达成的话，它们却不会成为"交易终结者"或忠诚度摧毁者。

相关案例：

- ◆ 回到汽车那个例子，我妻子最近一次换车的时候，她实际上想要一台白色的车。可这显然是个人"喜好"，因为白色的车当时要工厂下订单而且要很长时间才能到。不过，还是有一辆她想要的这款规格参数的汽车在途，只不过是其他颜色的，她就为了能够更快提车而选择了这辆车。

- ◆ 我有一个出于个人偏好举办研习班的首选地点。我总是在计划开班时最先和他们约定日期。有时，他们在我的开班日期无法提供食宿，所以我就只能选择别的地方。不过这并不会影响我以后开班在他们那里预定，因为他们仍旧是我的首选地点。

- ◆ 我一直在使用苹果手机。这是我偏爱的手机品牌。可直到2017年，当售价1 000英镑的iPhone X发布时，我觉得它就其本身而言太贵了，于是决定寻找替代品。最后，我买了我认为同品质但却便宜很多的三星，在我看来，它更物超所值。

间接预期

这些预期不是决定性的，不过当它们产生时，却能够起到增值和建立忠诚的作用。你可以称它们为"值得拥有"。它们是你所提供的一些使你能够区别于你的竞争对手并让人记忆犹新的小配饰。所以，这值得一试，看看它们中的哪些能够对忠诚度产生最具价值的积极影响。

因为它们不是最重要的，所以很多企业把它们看作是不必要的成本，并因此忽略或刻意选择不提供这些服务。但聪明的企业都意识到了它们的增值作用并能够建立忠诚，所以，他们都会保证这类服务的提供。

相关案例：

◆ 提供预期外的附加服务。我家附近有一家很棒的中餐馆。那里的食物棒极了，不过，他们也热衷于用一些额外服务来带给顾客意外的惊喜。上次我去他家用餐，结账时，老板为我们提供了两小杯他们称之为"世界上最小的圣代冰激凌"供我们享用。我们以前从来没吃过，这种冰激凌非常可爱也很好吃，而且在我们就餐结束时带给了我们意外的惊喜。

◆ 稍微展示出慷慨。我和几家以服务享誉世界的企业共事的经历告诉我，慷慨是他们的共同主题。实际上，最优秀的人都乐于显示自己的慷慨。丹尼·梅尔（Danny Meyer）坚守餐厅的主题并在行业内赢得了人们的高度尊重，因为他用精湛的技艺打造了许多罕见的成功餐厅。格拉梅西酒馆（Gramercy Tavern）就是他在纽约的其中一家餐厅，很多独立研究都将其评为纽约人最欢迎的餐厅。得出这个结论的原因有很多，不过一个十分重要的原因就是丹尼口中的"款待系数"，这来自人们招待顾客的方式。丹尼用很多小口号来帮助员工们理解他所指的"款待"以及"如何完成餐厅里的工作"。其中之一就是"用你的慷慨让我们破产"。丹尼知道，表现慷慨并不会让他破产。他的想法恰恰相反：客户忠诚度会增加，他的经营业绩会从中受益匪浅。

◆ 员工们可以随意表现善举。这和令人意外的额外服务或上文提到的慷慨的举动有关。不过，我还是能想出很多不属于那个种类的善举。这样的举动就像：

——帮助顾客提较重的采购品。

——下雨时，让顾客进来躲雨。

——顾客手里提满东西时，帮他们开门。

——给顾客让路，让他们先通过。

这些也都是小事，不过它们却是个人对个人的，它们全部累加起来就能够让你的企业成为一个很棒的地方。

技术预期

时至今日，技术在我们的日常生活中正发挥着越来越重要的作用。有些人只要手机不在手就会很焦虑，而另一些人则看不懂地图要完全依赖卫星导航。我第一本书的手稿就是坐在泰国的海岸边手写了很久完成的，随后，是我妻子帮我打印出来成文的；而此刻，我正用我的电脑进行写作，我已经无法想象再回到那个用笔和纸进行写作的时代了。

所以，当我们购买产品或使用服务时，我们现在就会怀有技术预期，哪些技术是可用的以及如何运用这些技术来提供卓越的服务。这会让很多商家都产生压力，想要与行业中的领先者保持同步。比如说，我习惯发出的邮件尽快收到回复，通常最多也不要超过几个小时。所以，当一封邮件得到了这类回复："感谢你的邮件。我们十分重视你的来信并会争取在 n 个工作日内给你回复"，我就会认为，他们并不是真的重视客户忠诚度，因为他们显然没准备好，他们的客服团队没有足够的人员回复客户、没有技术支撑快捷的回复，而我相信，我和大多数其他人都对这方面有期待。

这个例子还带来了另一个问题，我应该说一下。我们会做比较，而这种比较会在公司间、行业间和国家间形成预期。在很多情况下，这些都是不合理的比较，因为我们不是在一报还一报地比较。在上面的例子中，我比较了一家反应很慢的汽车制造商和一家反应很快的网络供应商。以前，我还比较过除了到柜台服务客户什么都喜欢干的银行员工，和跑到空无一人的收银台前为我服务的快餐店员工。我甚至希望我在某些亚洲宾馆里体验到的服务水平能够被引进到英国并得以采用，这些服务都很吸引人、用心又高效，而英国本地的服务却总是那么冷漠、不用心又缓慢。

这些可能都是不合理的比较，并会产生不切实际的预期。不过，我还是这样做了，而且我打赌你也一定会这么做。所以，我相信你的客户们也都会做同样的事情。因此，人们应该加以考虑并在适当的时候行动起来。

关于产品的技术预期可能是类似：

◆ 安装的简易程度。
◆ 与其他产品连接的简易程度。
◆ 连接网络的简易程度。
◆ 所使用操作系统的简易便捷程度。

关于服务的技术预期可能是类似：

◆ 它产生的输出端或连接到你所使用的其他软件的简易程度。比如说，我所使用的苹果电脑和它的操作系统能够与我爱用的微软办公软件完美协作。
◆ 设备与软件随着最新技术或趋势保持更新的速度和频率。比如说，我的一个客户有一辆特斯拉轿车，她告诉我这辆车的软件会定期随着系统被调整升级来提高车的性能和安全性。
◆ 我上文提到的我最近一次购买手机，从苹果转向了三星。我的预期是三星的软件能够连接所有网址，同时，我过去使用苹果时的所有应用三星也都能够使用，这点三星确实都做到了。

技术也同时越来越迅速地成为提供服务的必要环节，不过至少在我看来，这并不总是好事。我想到了人工智能在处理客户反馈时的应用。目前，有两类基本的人工智能技术正在被人们使用，人机对话和学习型人工智能软件，它们的功能各不相同。我会在第十章详细介绍它们是怎样工作的以及它们对客户忠诚度的影响。

人际预期

今天,人们对人际体验的预期不断增长,我们有所谓的基本预期。达成这些预期既不会增进也不会摧毁忠诚度。它们的表现类似:

- ◆ 有礼貌。
- ◆ 对客户的需求表现出兴趣。
- ◆ 提供承诺的服务。
- ◆ 展示出谨慎的态度。
- ◆ 把注意力放在交易上。

有些人可能达不到这种基本水平。如果这么做的话,很可能会毁掉忠诚度。他们的表现类似:

- ◆ 不礼貌甚或粗鲁。
- ◆ 对客户的需求表现得不太感兴趣。
- ◆ 提供的服务达不到承诺的要求。
- ◆ 表现得不严谨。
- ◆ 只关注自己。

还有些人会尽力超越这种基本水平。这样做很可能会提高忠诚度。他们的表现类似:

- ◆ 表现出同理心。
- ◆ 努力预估客户的需求。
- ◆ 提供的服务超过所承诺的。
- ◆ 表现出格外关心的态度。

◆ 把注意力放在客户与客户的关系上。

保证和客户打交道的工作人员最有可能处于最后一种范畴中并不是培训的难点，而是招聘的挑战。如果你首先就没有招对人，那无论多少培训都没法把他们变成合格的人选。怎么才能找到并聘用对的人在第二章中有详细的介绍。

找到正确的人后，你就可以把注意力放在让他们做正确的事情上了，只需要类似如下的简单指引即可：

◆ 无论何时，尽量找机会说"是的"。对客户的要求要始终想方设法寻找合理的、实际的和有效的途径说"是的"。
◆ 出现在客户面前。有一个关于客户服务以及它对忠诚度的影响的精彩视频，叫"鱼"。这是关于西雅图派克广场的一个鱼档的故事，这个鱼档已经因他们在市场中开展卖鱼工作的方式而举世闻名了。我曾去那里观察过他们的贩鱼过程，他们精于建立忠诚。派克广场也有其他的鱼档，可是，他们的鱼档总是人最多、销量最好的那个，哪怕他们不是最便宜的那家。他们的成功完全取决于他们对待顾客的方式。

他们所采用的原则造就了这一切。这些原则也成为全世界很多培训项目的基础。主要有四项原则：

第一项原则，开心。让你自己和你周围的人享受你们的工作，包括你的同事、顾客和供应商。

第二项原则，让日子有意义。为别人做点什么能让他记住并成为当天最精彩的事情。

第三项原则，在场。保证你总是"及时出现"，关注着你和你的同事或顾客间发生的一切，所以你完全能掌握他们的需求并会竭尽全力为他们服务。

第四项原则，选择你的态度。你所采用的态度是你所做出的选择，所以要始终做出积极的选择。（在第十章中会有进一步介绍。）

这些都是很棒的行为原则，而第三点，在场，与建立忠诚尤为相关，所以：

- 不要用不必要的任务或流程扰乱直面客户的工作人员的思绪。如果你这样做的话，他们就会很难或不可能"在场"并专注于客户们的需求。让他们带着清晰的思路自由发挥，把他们的全部注意力都集中在他们的顾客的需求上。
- 一定要留意、记住顾客的偏好，并按其行事。建立一个记录客户喜好的系统。通用数据保护条例（GDPR）使欧盟成员很难实现这一点，不过，忠实的顾客们应该会很乐意让你这样做，只要他们意识到你利用这些信息是为了让他们获益就行。当你了解了他们的喜好，一定要保证把这些信息运用到能为他们提供个性化服务的事情上。比如说，我办研习班最喜欢的场所，他们就对我的喜好和槽点了如指掌。也就是说，我的卧室里总有我喜欢的饮料和小吃，我到达时，教室总是按照我喜欢的方式布置的。
- 让顾客在所有的怀疑中获益。你的脑海中总会闪过一些例子是关于顾客在某些事情上是否诚实、无所保留或者真诚的。这就意味着，有些客户得到的可能比他们应得的要多；不过，这同时也意味着，真诚的客户不会比他们应得的得到的少。那么，如果发现某一个顾客一直都利用你的好心一次又一次不诚实的话，那你就可以确定他们不是那种你想要的客户了，也就是说，你也必须有相应的行动。

非预期

这些事情不是客户必需或必要的；它们可能不会毁掉忠诚度，不过，它们也不会提高忠诚度。那么，你可能好奇，我为什么要列出这一种类呢。如果它们不是必需的或必要的，又不会提高忠诚度，那企业为什么要提供这些服务呢？而且，还是有很多企业都这样做了！

如果你已经绘制并分析了第三章中推荐的客户体验之旅示意图的话，那么你不妨看看"不太重要——表现卓越"这一象限。这个象限中的每一项都符合此种类。客户认为这些事情不是必需的，而你却为他们提供了这些服务。这就意味着你在提供服务过程中可能浪费了时间和金钱。因此，至于它们的价值也就值得调查和质疑一番了。随后，你可能就会决定把提供这些服务所需的这些资源更好地用到其他地方。

其中有些例子可能是：

◆ 关于快速接电话的规定，比如说"铃响三声之内"。很多企业都有这样的规定，而他们的员工也都竭尽全力按照这些规定行事。可在很多情况下，很多来电者随后都会暂时等待，并在意料之中听到一些烦人的音乐、讨厌的广告，或是一些关于他们的来电有多重要的愚蠢信息，因此，他们会愤怒，忠诚度也会受损。我也有过这样的经历，电话接得快挂得也快。我猜应该是来电太多了而电话中心的接线员不能有效应付吧，所以他们只能选择在接听后再挂断。

◆ 有些汽车制造商和销售商坚持让他们的销售人员在顾客上门时介绍关于新车的每样信息。可如果你和我一样的话，那你可能只想要坐上新车并开一下试试。所以，如果他们在完成例行的交接步骤前就核实一下每个客户的要求的话，那就更好了。

◆ 英国的市场行为监管局要求，金融产品和服务的提供者在客户每次从他们处咨询或购买某样金融产品时，对每一项条款和协议都进行艰苦的并往往十分浪费时间的解释。如果你和我一样的话，我总会觉得这很烦人，还会有点生气，因为这给我一种我很无知或不知所为的暗示。

积极主动的预期管理

所以，关键就是要保证客户的预期得到精心的管理，所以，他们得到的总是要么如愿以偿，要么超出预期；也就是说，忠诚度要么得到维系，要么得到提升。这同时也意味着要确保不做日后无法兑现的承诺或创造无法达成的预期。

为了确保这一点，这里有几个普遍规则：

◆ 坚持所有员工都要始终对客户诚实——从始至终。毫无保留、透明、正直和诚实是很多企业用来描述他们行为方式的词汇，或至少是他们应有的行为方式。不过，这些一定不能只停留在嘴上。它们应该像戒律一样，永远都不能被违背或遭到妥协。

　　人性往往引导人们在紧张或困难的境况下找到简单、释放压力的解决办法或答案，这些办法或答案有时可能很诱人，但却不是正确的、诚实的行为。正确的解决办法或答案总是诚实的，哪怕它可能会让人感到不舒服或压力更大。诚实站在长远角度总是最好的选择，它会防止你失去未来的尊重、声誉或客户的忠诚。

◆ 低调许诺、高调做事。我们都听说过这个，这是一句古老的谚语，可如果你想要建立长久的忠诚你就必须记住这句话。我曾共事的一家企业有一条运营原则是："我们承诺的永远不会比我们做的多——我们总比我们承诺的付出得多。"毫不意外，他们现在成为了一家发展迅速拥有极忠诚客户群的非常成功的企业。所以，只向你的客户和同事许诺那些你知道能够做到的事情，然后无论何时何地都尽你所能做得更多。这是增进关系和提高忠诚度的保险路线。

- 努力预估客户的需求。高调做事的一个途径就是要在你的客户自己意识到之前知道他们未来的需要，然后，在他们需要时，为他们准备好。这可能听起来很难，但其实不难。你在第九章中会学到如何与客户保持亲近并站在客户的立场开始像客户一样思考。你还会学到在顾客消费前就考虑到他们的行为以及他们购买后行为的重要性，这能为你的产品或服务创造需求。所有这些加起来可以让你能够预估到他们的需求并准备好为他们服务。

  我经历过一个例子，这件事很简单但却总让我印象深刻，它发生在我和我妻子常光顾的西班牙牛排馆。每次我们去，我们总会点同样的食物和饮品，因为它们太美味了。我们每次去时，店老板都会预留好我们常坐的餐台，开好我们最喜欢的红酒（让红酒有时间醒好）并为我们倒上酒。然后，他会为我们选择他认为最好的那块肉让我们检查，征得我们的同意后再烤制。这做起来并不难也不会花一分钱，不过，却显示出他的用心，他们预估了我们的需求并十分重视我们这对常客。

- 时刻保障客户的知情权。确保定期通知客户进展是十分重要的，至少在他们想要知道时要能够让他们得到他们需要的进展信息。有一个发生在快递公司的很好的例子。现在，大多数快递公司都能够跟踪订单的轨迹。就连亚马逊现在都这样做。查询你的快递在哪儿并不能让你的包裹提前到，不过，这却能让客户心安，通过这些信息能够证明你的包裹在路上。同时，这也消除或减少了来电查询快递进程的需要。

  你如何才能全面保障你的客户获得进展的信息呢？你是不是需要定期发送报告和进程变更呢？当客户需要最新的细节时，你能提供吗？你是否有一个公开的系统，就像大多数快递公司一样让客户在有需要时自行查询呢？这些事情都能够减少客户的焦虑和压力，而焦虑和压力已证实会毁掉他们的忠诚度。

防止问题预期：已被证实的忠诚度杀手

经验告诉我们有三件事情要避免，如果不避免的话，它们一定会毁掉忠诚度。它们是问题预期，它们是忠诚度杀手，并常常会导致我所谓的虚假承诺、地雷和定时炸弹。

虚假承诺

向客户做出这些承诺的人明知道这些承诺不会或不可能在日后兑现。做出这些承诺可能短期会有所受益或解决当前的问题，不过随后，这些问题就会回来，而且往往会产生更大的影响、制造更大的问题，并对忠诚度造成更严重的损害。以下就是几个例子：

- 声称产品或服务能够完成一些不可能完成的事情。
- 声称产品或服务具备它们根本不具有的特征。
- 声称产品或服务比实际上要好。

地雷

这是些挑事的承诺，做承诺的是一个人，而不可能实现承诺的是另一个人。这些承诺都是些关于某事会发生或某事会被一个特定事件引起的承诺。其中一些例子如下：

- 某人承诺安装工程师会在他安装时做一些他不可能做到的事情。当这个地雷爆炸时，作出承诺的人往往都不会在场，所以，他们不会体验到他们所制造的问题，而承担后果的却是他们的同事！

- 销售人员告诉顾客，配送司机会拿走他们想要更换的产品，而配送司机的车上根本没有地方放这些东西。
- 顾客被告知他们会被转给能够处理他们问题的人，可他们被转交给的这个人根本没这个能力。

这个问题就像是地雷一样，处理问题的人并不是制造（埋下）问题的人。正因为这样，这些发起者往往都很乐于继续在未来制造类似的问题而几乎不会去考虑这对客户忠诚度所造成的损失，或给同事带来的麻烦。

定时炸弹

这和地雷很类似，只不过它们与时间有关。它们指的是承诺会在某个时间段内或未来某个时间发生的事件。其中一些例子如下：

- 如果客户预定了时间并被告知某天收货。可到了那天，如果预定的产品还没有收到，那么定时炸弹就爆炸了，生气的客户就会打来电话。
- 定好在某段时间或某个时间配送的产品没有按照承诺的时间到达。
- 答应在商定好的时间回电话，比如说"在今天闭店前"或"明天上午"，在承诺时间却没有接到电话。

此处也是，设置定时炸弹的人可能不是它爆炸时惹恼客户处理来电投诉的那个人。所以，犯罪的人并不知道他犯下的罪行，而且还会乐于继续设置这样的定时炸弹。

顾客每体验一次这样的事情，就会对他们未来的忠诚度造成切实的损害。信赖是所有关系中的关键要素，你不会信赖一个不守信的人或企业，也因此会告诉他们，他们是靠不住的。

这样的事情常常发生在个人身上，因为有的人要么不诚实，要么就是太在乎眼前业绩而不去考虑未来。企业中也常会发生这样的事，因为不同部门并没有因共同的、有价值的目标而联合起来，没有从首尾相连的客户体验出发。不过，不管原因是什么，如果你想得到忠诚的客户的话，那像这样的事情就必须被消灭。

据我所知，阻止这些事情发生的最好办法就是要找到问题的始作俑者，让他们充分意识到他们所制造的麻烦，无论他们在哪里，尽可能让他们承担处理麻烦的责任。按照我的经验，如果你制造的麻烦由别人代为解决了，那么，你往往不会在意并还会继续制造出更多麻烦。可如果你充分意识到了你所制造的麻烦，并因此负起解决你所制造的麻烦的责任，那么你首先做的就是立刻停止制造这些麻烦。

结　　论

没准备好管理客户对体验的预期就管理体验是几乎没有意义的。客户几乎不会把他们的供货商看作是各个独立的部门；他们通常认为这是一个整体。所以，企业中一个部门的卓越表现很容易就会被另一个部门的无能抹杀掉，并且企业中的任何一个部门无法兑现承诺或达成预期往往都会被看作是整个企业的失败。

确保一切都"联合起来"并被看作是一个整体的共生系统是至关重要的。因此，销售和营销部门的承诺一定得由生产、运营和服务部门来兑现，并在后续得到售后部门的支持。如果哪里存在过分承诺或矛盾，那就必须要找到源头，只有这样，才能快速有效地纠正问题。

关键是要记住，预期、实际体验和体验记忆都需要为了一个整体的目标进行管理：客户忠诚度。只要稍加留意，就可能（也很容易）保证预期和体验管理能够对目前的行为和成本产生积极的影响、记忆管理能够对未来的行为和忠诚度产生积极的影响。所以，可能是时候再次转移焦点了，从客户体验管理到客户预期、体验和记忆管理，对不对？

一旦能够掌控预期，我们就可以把注意力转移到可能会产生最大影响和最深刻记忆的体验上来了。至于怎么做，会在第五章中列出。

行动清单

1. 保证企业内的所有部门都联合起来形成首尾相连的服务体系。
2. 定期复盘自己的广告和营销活动来检测这一点。
3. 保证不要让你的客户通过电子邮件和你们交流，同时，不要回复太慢。
4. 检验一下你所提供的保障能否反映你对你们的产品或服务的质量和可靠性的信心。
5. 消除任何对客服人员的想法不必要或没有用的干扰，这样，他们就能够随时关注客户和他们的需求了。
6. 鼓励对客户慷慨的行为。
7. 查找虚假承诺、地雷和定时炸弹并追溯源头，阻止这些事再次发生。

推荐书目

Lundin, S C, Paul, H and Christensen, J（2000）*Fish！：A remarkable way to boost morale and build results*，Hyperion, New York

Hague, N and Hague, P N（2018）*B2B Customer Experience：A practical guide to delirering exceptional CX*, Kogan Page, London

Smith, S and Milligan, A（2015）*On Purpose：Delivering a branded customer experience people love*，Kogan Page, London

推荐网站

△ On YouTube

FISH! (nd) [accessed 12 November 2018] Improve Teamwork, Customer Service and Retention with The FISH! Philosophy [Online] https : //www.youtube.com/watch?v=_AAQT6ifGys

第五章

客户体验管理的关键技巧：创造积极体验

本章包括以下内容：

- 体验带来的机遇。我们的生活中充满了体验；每天我们都会有成千上万个体验。然而，这些体验当中能够对我们产生影响并被我们记住的少之又少。而那些能让客户们印象足够深刻并变得忠诚或更加忠诚的商业体验就更少了。

- 最影响忠诚度的体验。据证实，某些特别体验对客户忠诚度造成的影响可能是最大的。那这些体验是什么，它们又是怎么发挥作用的呢？

- 第一 / 顶级 / 最终体验分析。为了能够了解体验以及它们是如何影响忠诚度的，我们必须要弄懂它们是如何形成的以及它们的哪些部分会发挥最大的作用。

- 前期 / 中期 / 后期体验分析。如果我们在实际体验发生之前和之后都能够调查并掌握客户可能产生的行为，那体验就有可能得到改善或产生更大的影响力。

- 创造棒极了的体验。列举能够产生精彩体验的多种方式，它们不需要高昂的成本或打乱正常的流程。

第五章
客户体验管理的关键技巧：创造积极体验

体验带来的机遇

有一本关于创造成功企业的伟大著作叫《顾客至上》(*Crowning the Customer*)。这本书的作者是爱尔兰超级奎恩超市（Superquinn）的创始人费格·奎恩（Feargal Quinn）（他在职业生涯后期成为了爱尔兰邮政的主席，爱尔兰政府的参议员）。尽管这本书是在 1990 年首次出版的，可书中却充满了建立伟大商业帝国的智慧和实用理念。在这本书中，他讨论了创造他所谓的"回头客"的需求，"回头客"也就是不断回来消费的客人。这成为了他用来打造自己无比成功的超市生意的原则之一。

这让我想起了我不久前听说的一些事情。我和一位客户聊天，她告诉我，他们已经不会再告诉员工以创造"终生客户"为目标了（这让我有点儿尴尬，因为就在几年前，我办过很多以"如何创造并保留终生客户"为标题的研习班和研讨会）。她解释说，她的同事们发现，他们想知道现在怎么做才能产生这样的长远效果，这个目标太遥远也令人困惑。所以，她的同事们现在都把注意力放在了创造"再次交易的客户"上，而不是终生客户。换句话说，也就是在下次有需要这些产品或服务时还回来选择他们的客户。这意义重大，因为如果客户总会在下一次消费时回来，那他们当然就会成为你的终生客户呀。这听起来会是描述费格·奎恩的"回头客"理论的另一种好办法。

怎么才能做到呢？你怎么才能为客户规划并提供对他们产生足够大影响的体验，以至于这些体验不仅会被记住，而且以一种方式被记住，这种方式把他们从偶尔购买的临时客户变成下次还会购买或者一直会来购买的回头客呢？在本章中，我们会认真考虑一下那些能够达到这种效果的积极客户体验。我们会调查一下这些体验是什么，以及你如何才能在企业中用微乎其微的成本创造并提供这种体验，从而在建立忠诚并增加价值的同时不会削减利润。

最影响忠诚度的体验

在第一章中，我提到过诺贝尔奖获得者——心理学家丹尼尔·卡尼曼。然而，他的诺贝尔奖并不是因心理学而获得的，而是因为经济学。这是因为他研究的是对商业和经济学会产生主要影响的判断力和决策力心理学。他的工作也总被解读成是关于我们是否忠于某些人、品牌、产品或服务的判断和决策。在他的书《思考，快与慢》中，他解释道，我们所做的大多数决定都不是基于我们现在的体验。这让人们感到很惊讶，因为惯性思维让我们认为是体验驱使行动。然而一切并非如此直截了当。实际上，我们的决定是基于我们对未来体验的预期或者我们对过去体验的记忆。所以，尽管体验起到了核心作用，可体验的这两方面才是我们在未来所做出决策的决定性因素。

这就引发了一个问题，那就是，体验的不同阶段会对未来的忠诚度产生哪些影响。这点我们在表5-1中可见。

表5-1　影响忠诚度的因素

体验阶段	对忠诚度的影响力	注解
实际体验	弱	体验本身会影响现在的决策，不过对于未来的任何决策它的影响微乎其微，所以也几乎不会影响忠诚度
体验预期	较强	体验预期会影响我们日后对实际体验的看法，所以它对未来的忠诚度都会产生影响
体验记忆	最强	体验记忆是会对任何未来的决定产生最大影响的体验，所以也会影响忠诚度

所以，如果记忆对我们的决定产生的影响最大的话，那我们就必须

了解哪类体验最容易被人们记住。我们就将我所谓的体验图谱作为起点开始分析。这在图5-1中就有所展现。

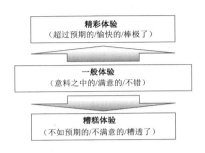

图5-1　客户体验层次

中间是我们意料之中的一般体验。这些体验有可能会创造出满意的感觉。（我得到了我想要的，所以我满意。）我喜欢把这些体验简单地描述成"不错"。这些体验不太可能被人们记住。所以，它们对于忠诚度几乎不会有什么影响。

最底部是比我们的预期要差的糟糕体验。它们可能会产生让人不满意、失望、烦恼、生气或有压力的感受（我没得到我想要的，所以我不满意）。我们可以用简单的"糟透了"这个词来描述这些体验。我们越不满意，我们可能对这类体验的记忆就越深刻。这些体验就是那些会降低或毁掉忠诚度的体验。

最上方的是超出我们预期的精彩体验。它们可能会创造高兴、愉快、幸福或被重视和感激的感受。（我得到的超出了我想要的，所以我高兴。）对于这类体验，可以用简单的"棒极了"一词来描述。我们越高兴，我们可能就对这些体验的记忆越深刻。这些体验会建立或提高忠诚度。

其中"高兴"这个词的问题见如下解释：

我共事过的有些企业会觉得用"高兴"或"令人愉快的"这样的词来描述超出预期的体验让人很不舒服。（他们主要都是制造业或金融业。）我听那里的工作人员说："我上班不是为了取悦我的客户的。"

还会有人有这样的想法：我感到很丢脸，而这会渐渐毁掉客户的忠诚度。尽管如此，我们还是要用学习来让这些人跟上来，所以，我就建议这些企业用一些我为他们发明的词来代替以上用词。

这个词就是"格外满意"。像"高兴"或"令人愉快的"这类词，它就意味着比满意要好，是"不满意"的反义词。可是，我发现这些工作人员和企业更愿意使用这个替换词。

我们从这个层次图中得到的关键信息是，我们越接近某种体验的极端，无论好的和精彩的，还是不好的和糟透了的，我们就越会印象深刻。而我们越接近中间，越中立、一般或如愿以偿，我们就越不容易有印象。

我们可以利用这种理解在图 5-2 中制作一个示意图。

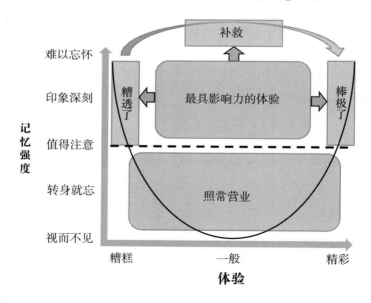

图 5-2　最具影响的体验

我试图用纵轴描述每次体验可能被人们记住的程度：

- 最上方的体验是难以忘怀的。这些体验对客户的影响巨大，乃至他们永远不会忘记。这些体验创造出的是那些只要有相关主题被提起就会立刻被人们自动想起的这类记忆。
- 下一层是印象深刻的体验。这些体验很容易就能被客户们记住。它们可能会触发相关记忆，但却不会立刻被人们自动想起，不过也很容易被记起来。
- 中间是我称之为值得注意的体验。它们是值得人们讨论或评论的体验。它们可能会被记得，但也不绝对。所以，客户可能需要一些提示才能想起来。
- 下一级是转身就忘的体验。客户可能会有这类体验，不过这些体验太无关紧要了，所以，他们可能暂时会有印象，但很快就忘记了。
- 最下面是视而不见的体验。客户看不到一个企业所做的这类事情，所以他们也不会有什么体验，也就不会记住。

横轴是体验的感受：

- 左侧是糟糕的体验——客户不希望再有的体验。
- 中间是一般的体验——大多数体验都是这个范畴。
- 右侧是精彩体验——我们希望为客户创造的体验。

U型线连接了两个轴。我已经解释过了，之所以采用这个形状是因为我们的体验越接近极限，我们的记忆就会越深刻；所以，越接近左侧或者右侧，记忆的程度就会越高。我研究过一些企业，它们连接着两个轴的曲线并不是如图所示的完美的U型。在其中一家企业中，这条线是一条底部呈长平直线的U型，这就意味着记忆会随着糟糕经历急剧下降,而只有在精彩体验的极端处才会再次提高。而在另一家企业中,这条线则更像是 V 型。不过基于这个解释,U 型是比较理想的。

水平的虚线代表了我建议让一切变得印象深刻的节点。这里选定的位置也只是为了解释目的而已。在不同的市场中,这条线可以高点儿也可以低点儿。关键是无论这条线在哪儿,这条线上方的体验都是令人印象深刻的,而下方的体验都不是。

尽管如此,这并不能够说明这条线下方的事情就不重要。其实它们很重要。它们是你必须要做的事情或者做了能让你所在的企业取得成功的事情。这些事情包括高品质的产品、可靠的服务和超值的价格。关键是这些事情一般都是在客户预期范围内的,也很可能是你的竞争对手能提供的,所以,它们不可能让人记住或影响忠诚度。不做的话,它们可能就会让你失去忠诚度和客户;可是做了的话,它们也不可能建立忠诚度或把竞争对手的客户都吸引过来。通常,体验只有越过这条线才能让人产生记忆,才能开始影响忠诚度。

右手边是精彩的体验。体验越极端化,记忆强度的水平就越高、给人留下的印象就越深刻。左手边是糟糕的体验。在这里也是,体验越极端化,记忆强度的水平就越高,给人留下的印象也会越深刻。跨越在上方的是补救措施,糟透了的体验经过补救会转变成棒极了的体验。

这个示意图告诉我们,这三种体验最有可能影响忠诚度。不过这也引发了相关问题,那就是它们的影响有多大。针对各类市场有许多周边调查和各类研究,它们的答案也各不相同。不过,这里有一条很棒的通用法则。

在第一章中,我介绍了客户忠诚度账户的概念,这就类似于银行账户,我们可以往里面存入忠诚度或者取出忠诚度。以此类推,体验管理也一样,每次棒极了的体验都可以往忠诚度账户中存入了 1 个忠诚度存款,而同等的每次糟透了的体验都从忠诚度账户中支取了 3 个忠诚度存款,同时,每次相等的补救措施都能往忠诚度账户中存入 6 个忠诚度存款。

当然，这意味着 3 次棒极了的体验才能抹去 1 次同等的糟透了的体验留下的印象和对忠诚度造成的影响。可如果糟透了的体验能够得到补救的话，那它就不仅可以抹掉这种糟透了的体验带来的 −3 分，还能进一步从精彩体验那儿获得 3 分的加分。显然，补救是建立忠诚度技巧中强有力的一项。事实上，它也是建立忠诚度技巧中最强有力的一项。不过当然，它只能够在糟透了的体验产生后才能够使用。

第一 / 顶级 / 最终的体验分析

在《思考，快与慢》这本书中，丹尼尔·卡尼曼提到了体验的实现方式。他提到了他所谓的"峰值 / 结束规则"（peak/end rule）。也就是体验从开始攀升到峰值，然后再结束的过程。他认为体验中令人印象最深刻的部分是峰值的想法是可以理解的，不过，也并不总是如此。体验的任何部分都有可能成为令人印象最深刻的部分，这完全取决于体验某一部分的影响力有多大。所以，我们必须要全面考虑。

我并不热衷于使用学术语言，反而更愿意用简单、日常的语言来解释事情。所以，我不会使用心理学家使用的词汇，我喜欢用那些广为人知、使用普遍的话语。我们都听说过或使用过"第一印象"这个词，用它来描述我们一开始对事物的感受，所以，我觉得用这个词来描述体验的最初感受也很不错。大多数人可能也听说过"从头到尾"这个词，所以，我觉得用它来描述体验的峰值和结尾再好不过了。所以，我没有使用开始、峰值和终结这些词，反而会用第一、顶级和最终这样的词。

第一印象

我们都听说过"你只有一次机会给人留下良好的第一印象"这句话，确实如此。然而，这似乎被许多企业忽视或忽略掉了。不过，只要对重要的细节稍加留意、预想和思考，就能转变任何体验，使之变得令人印象深刻并对未来的行为产生积极的影响。

第一印象对客户行为的影响也会波及到任何其他的体验。一个良好的第一印象能让客户更愉快、更不容易因小事而投诉。一个糟糕的第一印象可能会惹怒客户并让他们更容易发现和投诉一些小问题。

有一个关于第一印象的很棒的例子来自一家曾经为我提供服务的汽车经销商。他们聘用了一个伙计做服务主管。他每天都会核查哪些客户把车送来保养，所以你一到那儿，他就知道你的车、你的登记号和你的姓名，他会和你打招呼并把你带到为你预留的停车位。然后，他会陪你一起走进屋，然后为你准备好咖啡和报纸（他总能记得我的喜好）打发等候服务代理来处理你的问题的时间。我那时有好几辆车，分别购自不同的制造商和经销商，可是，我在其他汽车经销商那里从未经历过这么好的第一印象。

顶级体验

在任何体验的全过程中可能会出现不止一次顶峰或峰值；通常会有很多。所以，调查和了解这些峰值出现在哪里、是哪些就十分重要。在第三章中介绍的客户体验之旅示意图的过程解释了如何识别所有这些顶级体验出现的位置，以便人们考虑如何通过尽量把它们提高到棒极了的水平来使它们成为令人印象深刻的积极体验。

最终体验

有句最新的流行语你以前可能从未听说过："你有的是机会给人留下良好的最终印象。"也就是说，最终印象在整个体验过程中都能被创造。它们是客户遇到企业或企业中的人的过程中最后体验到的东西。因此，我们必须要考虑一下，如何让这些最终印象或体验的终结变得尽可能精彩难忘。这在第七章中会做更详细的介绍。

最终印象就和第一印象一样重要。实际上，它们是极为重要的。丹尼尔·卡尼曼的研究显示，强烈的最终印象可以推翻之前所有的印象并成为人们在该次体验中唯一留有的印象。

有一个关于最终印象产生影响的例子，这个例子是来自我看过的一场大型演唱会。我去看的这个乐队绝对是很了不起的，然而，就在我们离开会场时，火灾警报响起来了，人们开始惊慌向外逃窜。当我回想起那个夜晚，我印象最深刻的并不是我们所观看的精彩的乐队现场演出，而是我们离开时火灾警报引起的那场大浩劫。

前期 / 中期 / 后期体验分析

还有一个考量，就是客户的前期 / 中期 / 后期体验。大多数客户体验之旅示意图关注的都是客户在与你的企业打交道的过程中各个"触点"的体验，这也情有可原。这是整个体验的"中期"部分，那前期和后期的体验呢？

在客户与你（或你的竞争对手）取得联系之前，调查一下客户，从而考虑一下你能为他们改善这部分体验的方式，让他们更可能选择你或成为你的回头客，这是很明智的。

有一个很棒的例子就是英国维珍大西洋航空公司。他们意识到，在飞行期间为客户们制造与众不同的体验正变得越来越困难。所以，他们就为他们的贵宾客户创造了维珍俱乐部之家的体验。这就是一个不同于其他对手航空公司的休息室，乘客们在这里不仅可以吃到爱吃的食物和饮料，还能打桌球、剪头发或者在起飞前或落地后享受按摩。

还要考虑一下，客户在参与过你所提供的直接体验后会做些什么。他们会如何利用你为他们提供的服务呢？有没有什么方法能够改善你为他们提供的服务的某些部分呢？如果可以的话，这些改善也都能够让客户们更忠诚。

　　这方面有一个不错的例子来自房屋建筑公司。新房一旦住进去总会有些问题出现，而这些问题在住进去之前并不明显。有些目光短浅的房屋承建商，他们没有意识到在客户住进他们的新家后为他们提供额外服务的重要性。所以，他们把处理入户后出现的这些问题，也就是他们所谓的"小问题"看作是很烦人的事情，是他们要尽量减少或忽略的问题。

　　尽管如此，我曾和一些房屋承建商共事过，他们在此方面开发出一套非常与众不同的处理方式。其中有一家就专注于努力和他们的客户保持联系，他们很乐于帮助客户处理他们入住后两年内出现的各种问题，这期间购买了这所房子的新住户也不例外。他们发现提供这种额外的售后服务能够帮助他们建立品质建筑商的良好声誉，这让他们建造的房屋能够卖上一个好价钱，并从整体上使他们的企业增值，而这点是他们自己最终被更大的企业收购后才意识到的。

　　所以，如果我们想要管理和建立忠诚度，我们就必须精于分析我们管理客户忠诚度过程中的所有点滴，从而尽可能地建立棒极了的体验、消除糟透了的体验并提供补救体验，如果可能的话，一旦有机会就要提供精彩的补救体验。

　　本章的核心围绕着积极的棒极了的体验。而消极的糟透了的和非常积极的补救都会在第六章中提到。下面是一个创造了棒极了的体验中有关旅行体验的案例：

　　　　一家英国的企业在客服方面创造了非凡的声誉，他们总能提供棒极了的客户体验，这家公司叫"旅游顾问"（Travel Counsellors），是一家立足英国西北部的旅行公司。他们的净推荐值能达到95到99分，这个分数太高以至于直接导致了净推荐值（Net Promoter Score）的创始人——贝恩咨询公司的弗雷德·赖克哈尔德，到他们公司拜访他们并调查背后的原因。在到访过他们公司并发现了他们取得这惊人成功的原因后，他所发现的一切给他留下了深刻的印象，他为此专门和旅行顾问（Travel Counsellors）的创始人大卫·斯皮克曼（David Speakman）制作了一个短片。这部短片值得一看，你能在本章的末尾能找到这个短片的链接。

在这个短片中，你能够得到很多很精彩的想法和信息。它也能让你洞悉一个人的思维，他在一个竞争十分激烈的市场中创造了发展迅速、利润可观的国际业务，凭的就是他们尽可能提供最优质客服的坚定承诺，以及在所有活动中让其成为重中之重的顽强信念，随后，企业中的一切就都按部就班地落到实处了。

在他们公司的众多卓越表现中，有一个我喜欢的就是他们的副标题，它是这样写的：

旅游顾问——对我们来说……这是私事

我想这就说明了一切。他们私下都达成了共识——他们的任务是保证他们的客户有一个愉快的假期，让其收获棒极了的个人体验。

创造棒极了的体验

这让我对棒极了的体验产生了一种简单但却很重要的想法。我想用"EPIC"这个词来描述这种做出有价值的改变的体验。

- ◆ E——Emotional（有感情的）。最好的客户体验能引发积极的情感。这种情感能够让客户产生积极的惺惺相惜的感觉，这种感情是连接他们和你的工作人员、你的品牌、产品或服务的纽带。

- P——Personal（私人的）。私人的意味着个人对个人。这意味着，你和你的同事私下都担负着保证每个客户得到最好的产品和服务的责任。（旅游顾问的副标题就是这方面的一个很好的例子。）
- I——Important（重要的）。这意味着把客户和他们的需求还有愿望都看作是至关重要的事情。通过你的行为和说话方式，客户会觉得你干得漂亮，会觉得你把他们和他们的需求看得和你自己的一样重要，你时刻准备着为他们提供他们想要的任何服务。
- C——Considerate（周到的）。这意味着你要考虑到你的决定或行为可能会对客户产生的所有影响。比如说，我的一个客户就坚持每次董事会都用会议桌旁的一张椅子支一个大牌子，上面写着加粗的"客户"，并把它放在会议室的前面。这样，她所有的合伙董事都会记住，他们可能表现出的反应会对客户所作的每个决定都产生的影响。

以我的经验，如果你能够确定企业中的每个人都能尽其所能为客户（和同事）提供"EPIC"体验，那他们就能够始终把他们所有决策和行为的焦点都放在正确的事情上了。下面是一个创造了精彩的零售体验的案例：

> 还有一个关于英国乐购的很好的例子。特里·莱希（Terry Leahy）是乐购的执行总裁，他改革了自己的企业使其摇身一变成为了世界上第三大零售商。在20世纪90年代后期，他意识到随着欧洲低价竞争者（德国奥乐齐、利德尔和廉价超市耐托（Netto））进入英国，他们把他们的经营重心从过去的低价，即创始人提出的口号——"货源足、价格低"，转移到了与众不同的、更高级的地方。
>
> 在他的书《赢的真相》（Management in 10 Words）中，他将他所做的事情解释为：

我们全心全意关注为顾客提供的服务。我们为自己定下简单的目标和一些基本的价值标准来作为参照。然后，我们建立一个流程来实现这些目标，确保每个人都知道他们的责任是什么。

客户体验是这个新重心的关键要素，为了确保企业中的每个人都了解这个要素，他们给每个人制作了小卡片，上面写着企业的"核心目的"，即：

为顾客创造价值来换取他们一生的忠诚。

这句话看似简单但却诠释了建立客户忠诚度的全部内涵。在这张卡片的背面印了这些价值标准。也就是：

没有人会为顾客付出得更多：
- ▲ 比任何人都更理解顾客。
- ▲ 对待顾客要充满活力、充满新意并以顾客为先。
- ▲ 尽我们的全力为我们的顾客创造无与伦比的价值。
- ▲ 照顾好我们的同事，只有这样，他们才能照顾好我们的顾客。

以我们喜欢被对待的方式对待客户：
- ▲ 所有的经销商都是一个团队……乐购团队。
- ▲ 信赖并尊重彼此。
- ▲ 努力做到最好。
- ▲ 互相支持，多赞美、少批评。
- ▲ 多请教、少说教，分享知识以便共享。
- ▲ 享受工作、喜迎成功、从经验中吸取教训。

看到卡片上的内容，我就想，他们能够取得这么大的成功是有道理的。这比 EPIC 体验更详细，不过，它们表达的都是同样的理念，只是没用管理术语写出来罢了。它们就只使用了我喜欢的日常用语。

棒极了的体验公式

棒极了的体验有一个很简单的公式：

$$棒极了 = 预期 + 1$$

这意味着棒极了的体验会在客户得到承诺的或他们预期的体验时发生，只是还要再加点儿额外的东西。而这些"额外的东西"会为体验加一分，而此时，棒极了的体验就产生了。

然而，我时常发现，当我在研习班解释这个公式时，很多人都在公式中看出了些不同。他们看到的似乎是：

$$棒极了 = 预期 + £/€/\$$$

我用这个公式表达是因为，他们认为我的建议是，让他们在提供完承诺的或预期的服务后再多花点钱在提供些其他的或更多的服务上。然而，这却和我所建议的大相径庭。所以，我为棒极了的体验创造了一个建议标准。这主要包含三个要素：

- ◆ 棒极了的体验应该没有什么成本。没有必要在这上花很多钱。最好的体验往往不花一分钱。这与你做什么有关而不是你花多少钱。
- ◆ 棒极了的体验应该省时易操作。它们一定不可以干扰工作的主要目标或花费太多时间。它们一定不能太费事，应该和我们手头的任务无缝衔接。
- 棒极了的体验应该被同事们和客户们注意到并得到重视。让你的同事们注意到这些，这样，他们就能从中学习并模仿最好的体验了。同时，管理者们也能意识到并奖励那些提供了这些体验的人。要让你的客户们注意到这些，因为每个体验都是与众不同和额外收益的加分项，都能够建立忠诚度。

记住以上的标准，这里还有几个我经历过的棒极了的体验案例，咱们来阅读或见证一下这些案例吧。

棒极了的案例

棒极了——他们洗了我的车

我想要买一辆新车，所以就按照我手里的简表预约了各款车的试驾。在这些我考虑的车中，有一辆是雷克萨斯 LS。我已经在宝马、捷豹和奥迪试驾了同等价位的车，我想再看看比较一下雷克萨斯怎么样。

我其实对雷克萨斯的印象很深刻，不过，我没想到这是一次给我留下了更加深刻的印象的棒极了的体验，这就发生在我试驾后把车开回来时。当我回来找到经销商时，他们已经在我试驾新车时将我的旧车彻底清洗干净了。这让我觉得，"棒极了。我还不是他们的客户就能享受这么好的服务，如果我成为了他们的客户，那服务得有多好呀？"

这也许值得注意，所以我和我妻子后来都成为了雷克萨斯的客户。

棒极了——他们建了一条雨伞走廊，还为我们准备了专属我们的酒店指南

我过去曾协助组织并运行过环英（环美）的旅程来让大家亲眼见识

一下这些一手资料,看看那些在行业中服务做得最好的企业或部门是如何开展工作的。在环英旅程中,我们常去的一家酒店是格拉斯哥的德文郡花园酒店。这家酒店的所有者是肯·麦卡洛(Ken McCullough),他后续还创立了法国石竹酒店(Malmaison Hotel)的概念。

我记得我们第一次去那里就有两个棒极了的体验。我们飞到格拉斯哥的机场,一起乘客车从机场到了酒店。那时正在下雨,当我们缓缓驶近时,我们注意到有人在酒店外面远望着我们。当客车停在入口外时,酒店员工们都举着伞列成排,搭建出了一条走廊让我们所有人通过,保证我们到达酒店里时都不会被淋湿。

然后,当我们被带到我们的房间时,我们发现那里不光有一张酒店总经理亲手写的问候卡片,今天这在很多酒店都很常见,还有一张我们一行所有人的房间号码和内线号码清单。这样,我们就不用致电前台询问他们的房间号才能和他们取得联系了。这就不常见了,这件事很小但却是一个很值得称赞的案例,它表现出这家不可思议的酒店一贯的体贴。

棒极了——他们刮掉了客人汽车风挡玻璃上的霜

在我开办的其中一个管理培训项目中,我们住在了柴郡楠特威奇的洛克利赫尔酒店。在一个霜降的早晨,我从房间的窗户往外看,我看到了停车场有一个搬运工正在刮掉所有客人汽车风挡玻璃上的霜,这样,等客人们结完账,不用耽误时间就能离开了。

这对客人们来说是一个多么简单但却棒极了的服务呀。

棒极了——一份意外的母亲节礼物

西北珠宝商大卫·罗宾逊(David Robinson)十分骄傲于他们为客户提供服务的卓越方式。这里列举的是他们常做的这类举动之一。这种棒极了的体验甚至随后被登在了当地的报纸上:

星期六，我把我的手表拿到大卫·罗宾逊的店里去换电池。当他们把手表还给我时，店员还给了我一张 5 英镑的纸币并祝我"母亲节快乐"。那位先生可能永远都不会知道我有多惊喜。这与不用付电池的钱无关，就是因为他令人愉快的说话方式，他说"祝你明天过得愉快"，这让他们显得格外与众不同。

这种体贴的棒极了的服务成本微乎其微——不过却起到了这么好的效果。

棒极了——他们让廉价航空旅程也这么有趣

美国西南航空公司（Southwest Airlines）是首个开发有效廉价模式的航空公司。从那以后，全世界许多其他的航空公司也都尝试着模仿他们的成功模式，不过，能够复制西南航空公司成功准则的公司少之又少。

他们有名的事情很多，不过，空乘人员广播的风格却格外著名，他们鼓励空乘人员们所做的广播富有自己的个性。在此过程中，他们的幽默和热情在互联网上赢得了全世界的关注，同时也赢得了乘客们的好评和笑声。这里就是几个例子：

欢迎登机。请系好安全带，把金属插头插进带扣并拉紧。不知道怎么操作的人真不应该在没人监管的情况下外出。

由于座舱压力突然降低，氧气面罩会从天花板上掉下来。当你看到这些面罩时，首先，请不要尖叫。然后，抓紧面罩并把你的口鼻放进去。带小朋友出行的乘客在戴面罩前请先帮他们把面罩戴好。如果你带了不止一个孩子出门，那就看你最爱哪个孩子了。

我们很高兴能拥有几位业内最优秀的空乘人员……遗憾的是，他们都没在本次航班上。

女士们、先生们，很抱歉我们有轻微的颠簸。请你现在在座位上保持不动直到机长驾驶飞机在终点航站门处发出刺耳的刹车声。然后，当轮胎的烟被扑灭、警报停止时，我们就会打开机舱门，大家就可以用自己的方式通过飞机残骸到达终点了。

你还能在 YouTube 上搜到西南航空公司安全公告的说唱版本。具体的观看地点可以在行动清单里找到。

我保证西南航空公司的常客们一定会很盼望能在不同的航程中遇到不同的空乘人员，听听他们每个人都是怎么广播的。

棒极了——有一块小熊曲奇饼

丽思卡尔顿酒店因他们的服务而享誉国际。这里是他们的一个星级客房服务员的故事。

有些客人会带着他们年幼的女儿入住酒店。每天早晨出门前，她们都会像在家里一样整理床铺，把泰迪熊藏在床单下面，只留它的手臂伸出放在床单上。不过，丽思卡尔顿酒店有严格的整理床铺的规程，这个规程是不允许把泰迪熊留在床单下的。

这就意味着，当孩子们回到房间时，她们的床铺已经被客房服务员们按照丽思卡尔顿允许的方式整理过了，她们的泰迪熊已经不在原地了。而是被放在床脚的地板上，被床上的床单盖住一半，只有下面的脚伸出来。可是，当她们掀开床单拿起小熊时，她们就会发现小熊的手里有一块为她们准备的曲奇饼干。

棒极了——服务了得的鞋匠

我最喜欢的一双鞋中的一只在我不小心走在高高的马路牙子上时被划了一道很深的划痕。我本想把这双鞋扔掉，不过随后我偶然发现我应该问问廷普森（Timpson）鞋店，看它们能不能被修好。我来到他们最近的分店，把这双鞋给安德鲁看，他起初认为划痕太深太长不太可能修补。可是，他还是给廷普森维修车间的专家打了电话，资深的鞋匠们也都觉得不太可能修好。尽管如此，他还是同意看看能不能给划痕周围上漆，至少这样看上去能美观些。等我后来回去取鞋时，他们给我看了处理后的样子，真不赖，不过配色却不怎么样，而且那道划痕还是很明显。安德鲁对此不满意，所以，他就问我能不能让他把鞋带回家看能不能用水性漆把颜色配比调和得尽量完美些。（画画是他的业余爱好。）我欣然接受了。

当我过了一两天再回来时，他骄傲地给我展示了他的作品。油漆的颜色配比近乎完美，是他一层层涂的，这样就填满了被去掉的皮革处留下的凹陷。当我询问他费用时，他拒绝收钱。而是请我为廷普森慈善募捐做点儿贡献，我也欣然接受了。回家后，我还在廷普森的反馈网站上赞扬了他。

棒极了！多棒的服务。安德鲁的服务选择超越我对他的合理预期，正因如此，他也理所应当地超越了我的所有预期、加强了我对廷普森品牌的忠诚度。

棒极了——你不必是顾客就能得到这么棒的服务

英国电视音响连锁零售商（Richer Sounds）是一家期待员工能提供高水平服务并展现出对顾客关爱态度的企业。这是他们客服方式的一个典型案例。

一位老妇人走进他们的店，询问去本地医院的路。她要去看望她的丈夫，但却迷路了，因为她乘坐的汽车由于道路施工改道走了另一条路。得知这个情况后，店员并没有给她指去本地医院的路——而是开车把她送到了那儿。这只需要花费他几分钟的时间，但是却表达了真正的关爱。

朱利安·里彻（Julian Richer）评论道："我真希望我们所有的员工都能够用同样的礼遇来帮助一位有困难的老人。我觉得哪怕只是一个好邻居也值得。不过我也知道这对我们的生意有好处。"

棒极了——服务员帮我解决了我的问题

我住在利物浦的一家酒店里。因为当地停车困难，所以酒店就安排了代客泊车帮我停车。在车停好前，我表明当我第二天早晨八点半要离开时需要我的车能及时被开回来。

第二天早晨八点一刻时，我接到了服务员的电话。他说我的车被停在外面了，不过他想告诉我的是有一个后胎被扎了，所以它只有一半的气了。"我记得你八点半要离开，"他说，"我想你应该不想把手弄脏，所以请问我帮你换轮胎可以吗？"

我很惊讶也很高兴他已经准备好帮我解决问题了。"这就证明，"我想，"你不一定要住五星级酒店才能得到棒极了的服务。"

棒极了——他们送了我一份情人节礼物

我举办会议和培训班最喜欢的场所之一就是柴郡霍姆斯查珀尔的凯娜格酒店（Cranage Hall in Holmes Chapel, Cheshire）。有一年情人节，我在邮箱里收到了一份意外礼物。是一卷 Rolos 巧克力，里面还有一张纸条，上面写着："亲爱的克里斯，情人节快乐。我们太爱你，所以送了你一整卷巧克力。"这是另一个成本可能很低的棒极了的案例，不过当这种棒极了的体验很私人化并且很用心的话，它的作用就会非常大。

棒极了——他们为圣诞老人提供了着陆的粉末

沃灵顿的格利佛王国（Gulliver's World）有很多对顾客来说棒极了的体验。其中一个最棒的就是在圣诞节期间。他们每年都有一个很受欢迎的圣诞洞。每个孩子看到圣诞老人后，圣诞老人最后都会递给他们一个小小的塑料袋，里面装着掺了闪片的沙子。上面有一个标签写着：这是我专门为你准备用在圣诞节前夜的魔法粉末。把它们撒在你家的花园或车道上，我就能看见在哪里降落，然后去给你送礼物了。爱你的圣诞老人。这只需要几分钱，可是孩子们却很喜欢。当然，如果他们想要使用这些粉末的话，那他们第二年就得再回去看望圣诞老人才能拿到一袋新的。这也是一个很棒的例子，成本低却效果好，是能建立忠诚度的棒极了的体验。

所有这些体验都表明，只要用心思，通常不需要什么成本，在任何情况下都有机会创造棒极了的体验。

棒极了的体验带来的成果

就像上文中的这些例子所展示的，有许多方法都能够创造出棒极了的体验。同时，我还认为，它们证明了为什么不是你花钱多才有最好的效果，而是你用心多和关爱多才能起到最大的作用。

所以，我们最后应该考虑一下把这些做好的结果是什么。这方面的研究有很多，但一个普遍的共识是最关键的收益可能是：

- ◆ 客户会在你这里消费更多。棒极了的体验能让客户每次来时都在你这里想方设法消费更多。

- 客户会想要不断购买。棒极了的体验能促使客户选择更频繁地回到他们有过这些棒极了的体验的地方。
- 客户会更愿意在你这里多花钱,而他在别处可能花更少的钱就能买到同等的商品。客户一般都愿意在他们觉得他们能够得到明显好得多的服务体验的地方多花钱购买产品和服务。
- 你的客户会很难被吸引走。竞争对手会发现吸引走那些习惯了在你这里频繁感受棒极了的体验的客户十分困难,甚至往往是不可能的。
- 客户更可能会原谅你的过失。当事情出错时,已经习惯了棒极了体验的客户往往更容易原谅你。这是因为他们的经验告诉他们,你一般不会提供糟糕的体验,所以,他们愿意给你机会改正错误。
- 客户会愿意向别人推荐你。最好的广告就是口口相传,放在今天,可能就是网络上的"词汇点击率"。这就发生在当客户变成你、你的品牌、你的员工、你的产品或服务的拥护者时。棒极了的体验已被证实是创造这种自由但却有影响力的广告形式的最佳方法之一。

结　　论

　　积极的体验对建立忠诚度至关重要。它们处于核心地位,尽管不是所有最重要的决定都源自这些体验,可是,它们确实会影响我们未来的预期和我们的记忆,因为,这是它们形成的主要来源。因此,有效管理这些体验就十分必要。

　　我的朋友,美国体验工程公司的卢·卡蓬(Lou Carbone)常说:"你不可能没有体验。"这语法可能不顺口,因为这是双重否定,可这却是表明一种重要看法的一个很好的办法。无论你是否管理它们,你的客户都在随时随地产生着体验。如果你不尽全力去管理这些体验的话,你就是没有去管理客户的忠诚度。所以,了解所有这些体验并有效地管理它们以便于尽可能随时创造棒极了的体验是至关重要的。

在第六章中，我会列出如何处理消极的糟透了的体验的方法，来达到尽量减少它们的目的，或者利用它们来提供你之前无法提供的能够建立忠诚度的补救体验。

行动清单

1. 找到一种方式能让企业中的每个人都关注他们带给同事和客户的体验。

2. 在客户与你联系前，调查一下他们在做什么。是什么让他们和你取得联系的？努力在这个联系阶段想办法对他们产生最大的影响。

3. 当客户和你联系时，近距离观察一下你给他们留下的第一印象。你是否给他们留下了你希望的能让他们更忠诚的印象呢？

4. 考虑一下客户可能产生的"体验顶峰或极值"。这些峰值是不是都是积极的并因此能够建立忠诚度的呢？你怎么才能让这些体验更令人印象深刻呢？

5. 记住，最后体验会成为最有影响力的体验。客户和你的企业接触即将结束时，留下的最后印象是什么呢？产生这些印象的体验是积极的、能建立忠诚度的吗？

6. 在客户已经和你的企业取得联系后，调查一下他们都做了什么。他们是如何看待你所提供的产品或服务的呢？你能做点什么来提高他们的售后体验从而让他们更忠诚呢？

7. 帮助企业中的每个人理解棒极了的体验的力量，以及员工们在对这种体验会有多强大方面所产生的直接或间接的影响。鼓励他们思考并实践能够让体验变得更好的方式。

推荐书目

Blanchard, K and Bowles, S（1993）*Raving Fans：A revolutionary approach to customer service*，William Morrow, New York

Daffy, C（1996）*Once a Customer, Always a Customer*，Oak Tree Press，Dublin

Kahneman, D（2011）*Thinking Fast and Slow*，Penguin, London。

Leahy, T（2012）*Management in 10 Words*，Random House Business Books, London

Quinn, F（1990）*Crowning the Customer：How to become customer-driven*，The O'Brien Press, Dublin

推荐网站

△ On YouTube

Travel Counsellors (nd) [accessed 6 November 2018] Trailblazer Video Series [Online] http：//www.netpromotersystem.com/videos/trailblazer-video/travel-counsellors-trailblazer.aspx

Southwest Airlines (nd) [accessed 6 November 2018] Rapping Flight Attendant from Southwest Airlines [Online] www.youtube.com/watch?v=G9IZV_828OA

第六章

客户体验管理的关键技巧：
消除消极体验

本章包括以下内容：

>> 消除糟透了的体验。糟透了的体验会毁掉忠诚度。就算是很小的体验也会产生蓄积效应。所以，知道如何辨别并消除它们就十分重要。

>> 应对不高兴、抱怨连连的客户。就像客户会选择厂商一样，厂商也会选择客户。我们都不喜欢不高兴或抱怨连连的客户，不过他们当中可能有些会带来很高的收益，所以，知道如何才能最好地应对并让他们继续忠诚才是关键。

>> 我们为什么希望客户投诉。投诉的客户并不是糟糕的客户。他们给了我们机会处理这些投诉，所以，我们才得以让他们继续做我们的忠实客户。

>> 用专业的方法应对专业的投诉者。就算是一些专门投诉的客户从长远看也可能带来利润。我们怎么辨别这些潜在客户并有效应对他们呢？

>> 补救和精彩补救的技巧和案例。补救是我们能够学会并实践的能建立忠诚的最有效的技巧之一。本章会解释该如何操作。

化消极为积极

在第四章中,我们介绍了为什么管理体验对建立持久的客户忠诚至关重要,以及如何创造棒极了的体验。可不管我们多努力去保证客户不会有糟透了的体验,这些体验还是难以避免。当理查德·布兰森(Richard Branson)决定开办自己的航空公司——英国维珍大西洋航空公司时,他写下了要求所有员工遵守的他所谓的"指导原则"。其中之一就是:"错误是免不了的。不满意的顾客也同样难免。"理查德·布兰森的想法还是一如既往地精准。在任何企业中,错误都难免会发生。关键是要尽一切努力尽量减少错误,同时让各个系统按部就班地运行来保证客户不会不满意,也不会在错误无法挽回时离我们而去。

在第五章中,我解释了补救在建立忠诚度过程中的无穷力量。在本章中,我会解释一下最佳的补救技巧,以及一旦有机会采用这些技巧,怎么才能把它们变成常规的流程。

消除糟透了的体验

我们先来看下糟透了的体验吧。这些体验指的是那些让客户感觉很糟从而可能令他们选择其他厂商的体验。我喜欢用"糟透了"这个词来描述这些体验是因为在某种程度上,这些体验伤害了客户或者创造出了一种消极感受。就像我在第四章中讲的,它们可能会带给客户这样的感受:

◆ 有压力。

- 感到生气。
- 太过匆忙。
- 不高兴。
- 失望。
- 感到沮丧。
- 不满意。
- 被忽视。

在《客户体验的 DNA》(*The DNA of Customer Experience*) 这本书中，超越哲学（Beyond Philosophy）的创始人兼 CEO 科林·肖（Colin Shaw）把这些体验描述为毁掉忠诚度的感受"群"。当你提供的服务达不到你所承诺的标准，或者达不到客户的合理预期时，这些感受就会产生。一种简单的解读方式就是用下面这个公式表示的：

$$糟透了 = 预期 - 1$$

也就是说，糟透了的体验是在客户没有获得被承诺的或他们预期的体验时发生；原因可能是某些环节出错了或缺失了。而就是在"某些环节出错或缺失"的过程中，糟透了的体验也随之发生了。所以，我们的目标就是永远不要提供达不到预期或承诺的服务。但当然，也不可能一直都不出问题。

尽管如此，就像我在第四章中讲的，你应该努力思考并管理所有对客户许下的承诺或保证。承诺总是太容易以至于我们后来不可能实现。而这就必然会产生糟透了的体验。

从源头消除

显然，我们的目标就是不要让糟透了的体验发生在客户身上。不过，这大概不太可能，因为无论我们总是多努力想把事情做好，却还是免不了会出错。尽管如此，我们还是应该始终保证追溯到错误的源头，以便可能从源头上就消灭它，从而阻止错误再次发生。

想要达到这个目的就要从建立一个能记录客户糟透了的体验的系统或流程开始。这个系统或流程是什么要取决于企业和行业。这可以是现有运营系统中的某一部分，或者是一个专门为这个目的设计的额外系统，也可以就是一个写着每月"糟透了的体验前十名"的列表。不过，不管是什么，如果不时常关注并习惯性地采取行动从源头解决那些不断发生的问题，那做什么都是徒劳的。

如何解决这些问题就要看这是些什么问题了。这可能是个体问题，有人必须意识到他们引起了问题，并可能必须要去接受培训或再培训；这也可能是需要重建的体系或流程；这甚至还可能是用于衡量事件的业绩指标，人们按照符合业绩指标的方式行事，却因此惹毛了客户。不同的问题需要不同的解决方法。

有一个技巧在这里能帮上忙，尤其是应对复杂问题，就是"六西格玛"。这个流程管理技术是美国摩托罗拉公司设计的，被用来消除他们生产流程中那些不必要的缺陷和不应出现的失误。客户糟透了的体验往往是这些不必要的缺陷所引起的，所以六西格玛就能发挥作用了。

六西格玛的基础就是流程的运用，我们可以用"DMAIC"几个字母来代替。它们代表的是：

- Define（规定）——给问题下一个清晰准确的定义。
- Measure（评估标准）——把评估问题所有的输入和输出的环节都落实到位。
- Analyse（分析）——一旦评估完成，就要分析调查结果并彻底弄明白这些结果。
- Improve（改善）——采取一切必要行动从源头解决问题以便改善

结果。

- Control（控制）——采取措施和控制手段来确保诱发问题的原因不会再发生。

我曾听有人把这个技术描述为"有序常识"。就是这样，和我共事的很多企业都认为这是从源头解决问题并保证它们不再发生的一个好办法。

记住，这个过程中最重要的是最后一点——控制。如果我们不让控制发挥作用来保证问题不再发生的话，那解决任何问题都是没有意义的。这意味着，要打造一个监控系统来检验是否一切都运行无误。这也意味着，要保证在问题再出现时，立刻启动调查系统来寻找问题的源头，然后采用新的或改进过的方法来把一切落实到位。

我们为什么希望客户投诉

尽管我们不应该给客户任何投诉的理由，可这却是不可避免。所以，一旦发生这样的事情，我们希望客户能把他们所有的抱怨都说给我们听。我知道有些企业并不愿意鼓励客户投诉；他们可能觉得他们的投诉已经够多了，甚至有些奖励机制或绩效指标都非常不鼓励投诉。不过我相信，我们有必要知道顾客所有的不满，以下就是原因。

如果一个客户有了投诉的理由，那他的选择可能会是：

- **保持沉默**。如果他们选择了这个选项，我们可以称之为"逆来顺受"的选项。他们可能暂时还是你的客户；可是，你并不知道引起你客户不满的问题是什么，所以你也无法改正。在这种情况下，问题可能就会继续发生，这就意味着，如果你的客户没有舒舒服服地向你投诉（很多都不会），那他们可能就会选择第三个选项，将来去别家消费。

所以，你就很有可能会失去这些客户。

- **投诉**。如果他们选择了这个选项，尽管你可能不喜欢抱怨连连的客户，可他们却已经尽力告诉你他们遇到的问题了，你也不断得到信息来了解是什么导致了他们的投诉。要么你就努力解决这些问题来让他们不要再投诉了；要么你就弥补客户从而让他们更忠诚，也可以两者兼备。
- **去别家**。这些是你失去的客户，可你却不知道你为什么失去了他们。你不可能再为他们解决那些问题了，也不可能再努力弥补这些客户了。所以，不管怎么说，他们都成为了你企业的损失。

如果你仔细考虑下以上三个选项，哪种行为是最忠诚的客户们会有的行为呢，我的答案是第二个选项。这些客户最有可能是忠诚的客户，所以，这就是我们希望客户投诉的原因。

如果我们想让客户投诉，那我们就必须让他们投诉起来很方便。人们都不喜欢舍近求远，客户也是一样。如果你让他们向你投诉起来很费劲的话，那他们就会去向别人抱怨，这样更容易些。他们可能是其他现有客户或潜在客户、竞争对手或是媒体。倘若再让你选择一次的话，我猜你宁愿他们把这些不满告诉你而不是那些替代者，所以，你一定要保证自己是他们最容易找到的抱怨对象，当他们投诉时，满怀同情和理解地作出回应。

应对不高兴、抱怨连连的客户

大多数客服人员都说他们不喜欢收到投诉，这也可以理解。不过调查显示，在大多数情况下，给客户造成糟透了的体验的并不仅仅是他们投诉的问题，投诉的处理方式也会。事实上，好好处理投诉能把一个不开心的客户变成你们最忠诚的客户之一，所以，要保证你在企业中收到的所有投诉都能够被处理得当。以下就是一个我在这方面体验的个人案例。

> **聪明的肉店**
>
> 我妻子和我决定第二天晚上吃烧烤，所以我们就去了本地的肉店，买了我们最喜欢的肋眼牛排。可是，当我们第二天晚上从冰箱里把这块肉拿出来打开时，我们闻到了一股恶臭味，我们认为这块肉坏了，所以就决定不吃了，到肉店去把它退掉。当我们第二天到肉店时，肉店老板感到非常抱歉，他立刻就给我们换了块更好的安格斯菲力牛排，还又额外赠送了我们一块作为补偿。我们很高兴，于是说道，我们真希望每次的肉都是坏的，这样我们就能平价买到最好的肉了。自从在他那儿买过肉后，我们又回去消费了好几次。

我在本章后半部会解释怎样才能像这个例子中聪明的肉店一样，你会成为"精彩补救"的明星，不过，我们先来概括一个应对专业投诉者的简单但却实用有效的专业技巧，我称之为"SMILE"技巧。微笑（smile）这个词拼起来需要关键的五步：

第一步，停止（Stop）讨论、开始（Start）倾听、保持（Stay）冷静。

有人投诉时，我们要做的第一件事就是保持安静、专注和在意。不要打断，认真倾听，重复或解读他们说的话，这样你（和他们）就能了解你所听到并感兴趣的信息，也能完全了解状况。你还应该适时提问以确保没有漏掉任何信息。只有当你确定你完全了解了他们的投诉时，你才能够进入到下一步。

当收到投诉时，保持冷静也很重要。这可能很难，尤其当你应付的是一个气愤或挑剔的客户时。不过，你越冷静，他们也会越冷静，那你就越有可能尽快把这种情况解决好。相反，你显得压力越大、越生气，你的客户也会变得越生气、越挑剔，那问题就越难解决。所以，保持镇定、冷静和稳健是很重要的。

第二步，配合（Match）客户的情绪、表现出同情心、做（Make）真诚的道歉。

你要做的下一件事情就是让你的情绪配合客户的情绪。如果他们感情用事，你也要在回应时充满感情。如果他们很严肃、公事公办，那你也要用同样的风格回应。错误的感情匹配很容易就会造成额外的矛盾和刺激，所以，运用同理心的技巧感受客户的情感状态，然后作出相应的配合和回复。

消除投诉中的紧张空气的一个简单的好办法就是表达诚挚的歉意。哪怕引起投诉的并不是你的错误，你也要始终表示同情并为给客户造成的不便而表达歉意。比如说，你可以说，"真的很抱歉发生了这样的事情。我会努力为你解决的"或者"我完全理解你的感受。我会尽全力为你解决这个问题的"，或者一些类似的适宜的道歉。

第三步，调查（Investigate）并实行（Implement）达成一致的解决方案。

下一阶段就是在你要解决的投诉问题上达成一致。比如赔偿或者把问题产品更换成新的，这类做起来就真的很容易。可如果像把同事卷进来或者把东西寄走进行调查或维修，这类就复杂得多了。不过，不管你需要做什么，都要和客户达成一致、让他们知道每一个细节、下一步的工作，以及耗时多久。

第四步，让（Let）客户了解情况。

如果解决问题需要一定的时间，那让客户全程了解所有的进程就很重要。一有新的消息就要通知客户，哪怕只是小小的进展你也应该向客户汇报。光是了解事情的进展以及你一直在跟进，就足以有助于客户感到更放松和冷静。这也能建立他们对你的信心和信赖感。

如果有意外事件或延迟发生，或者你知道你与客户达成的协议将不能如期完成，那一定要直接告诉客户。不要让客户后来自己发现。他们知道得越快，达成协议越快，对大家就越好。他们对你的信心和信赖感也会增长。

第五步，鼓励（Encourage）毫无保留的反馈。

当投诉得到解决并且客户满意后，要鼓励他们给你反馈。询问他们对于处理结果是否完全满意。询问他们，是否他们认为有更好的解决办法。（这是一个改善未来可能发生问题的很棒的创意来源。）还要询问你是否还能为他们做点什么。你会发现，处理好一个投诉往往能够让你的客户变得更忠诚或者能带来额外的订单。

如果客户的投诉是错误的或不合理的怎么办？

这有一个解决办法，来自美国的食品零售商斯图伦纳德的杂货铺（Stew Leonard's）。他们所有店铺的门口都放着一个巨大的花岗石，上面刻着：

- ◆ 规定一：顾客永远是对的。
- ◆ 规定二：如果顾客有错，请参照规定一。

斯图决定采取这个政策是在他意识到自己犯了一个愚蠢的错误之后。有一个顾客想要退货，所以，他就尽一切努力证明顾客是错的，自己的产品绝对没问题。然后，这个顾客就离开了，他得到了教训但是却心怀不满，于是，就再也没有回来消费过。

那天晚上，斯图仔细想了想他所做的事情。这让他意识到，尽管他是对的，吵架也吵赢了，可他却失去了那个顾客！他觉得这简直蠢透了。所以，他提出了这条政策以保证同样愚蠢的错误不会再发生。因为，斯图认为，这项政策明确地指出，就算是顾客有错，你对他们的态度也应该就好像他们是对的一样。

有些人说这是一项愚蠢的政策,一定会让他损失很多钱,因为有些人不诚实,他们会滥用你的好意来骗你。斯图也承认确实有些人会这样做,不过这种消极的小后果不算什么。他不会浪费时间担心这些事情,因为这些都是偶然事件,而且,他不认为这些人是他们真正的客户。他就当他们是对的,然后就把这些事情抛之脑后,这样他就能腾出手来招待那些他的真正的、诚实的客户了。

其实这样做带来的积极效果更大。斯图伦纳德的杂货铺在《吉尼斯世界纪录大全》中榜上有名,它是世界上每平方英尺[1]店面营业额最高的食品零售商。他创造出一批"非常"忠诚的客户和一份"非常"盈利的事业。所以说,积极的结果远远超过了消极的结果。

一项这样的政策可能对你来说不适用,不过,我建议,不管你选择什么方法,可能都应该基于这样一个原则,那就是当客户有错时,你对待他们的方式都应该是那种能够保证他们还会继续忠于你、一定还会回来从你这里买东西的方式。

用专业的方法应对专业的投诉者

众所周知,有的人就爱投诉,就算没有适当的理由他们也会这么做。我们称这些人为专业的投诉者。他们会寻找(或制造)事情来投诉,目的就是为了得到补偿或无中生有。绝大多数企业都得应付这类人,所以我猜你们也是。

应付这样的人可能很让人沮丧,也很气人,还可能会浪费很多宝贵的时间和资源,而这些我们本可以花在其他顾客——那些真正的客户身

---

[1] 1 英尺 =0.3048 米。

上。可如果你不得不应付他们的话，那你不妨尽可能地专业些吧。所以，这里介绍几个我在其他企业工作时采取的办法，应该也能帮上你的忙。

我建议你在决定如何应付这些人时考虑如下一系列问题：

问题一：我们希望这个客户再来吗？

这是个很棒的出发点。这个问题的答案就能够决定你之后所做的一切。我认为，你应对一个专业投诉者的方法应该和你是否希望这个客户再回来关系很大。你可能会很乐意让有些客户变成你的竞争对手的客户，或者你知道，你在他们身上花的钱会比你从他们那里赚的钱还要多。在这种情况下，你准备应对他们的方法可能就会和你应对那些你希望多回来消费的客户的方式截然不同，或者你更懒于应付他们。所以，不管什么时候，你都要先问问自己这个问题；它真的能够帮助你决定你的下一步行动。

尽管如此，问自己这个问题时，请永远记住你的这个客户真正的现有或潜在价值。有些客户可能很难应付，不过他们确实能让企业获利不少。所以，尽管他们可能是专业投诉者，可他们为整个企业带来的利益却值得你咬着牙努力让他们高兴。于是，这就带来了第二个问题。

问题二：这个客户的潜在终生价值是什么？

决定如何应对专业的投诉者时，你很容易就只记得他的单次购买价值，而忽略了这个客户的价值。所以，在决定怎么做之前，考虑一下这个客户的整体价值。你应该思考的问题是：

- ◆ 首先，得到这些客户你花了多少钱？
- ◆ 他们作为你的客户时，消费了多少钱？
- ◆ 如果他们还是你的客户，他们可能还会消费多少钱？
- ◆ 如果用其他类似的客户取代他们，你会花费多少成本和多长时间？

所有这些要素都与创造这个客户的终生价值有关。当你决定你是否希望他们回来，以及如果希望他们回来时你应该怎么做时，要记住这一点。

问题三：是否存在少量怀疑。

如果对客户的投诉有点存疑，那你就要做出另一个决定了。你要决定站在怀疑的哪一边？你会不会相信客户对你说的呢？

我在第四章中提过的那家美国的餐馆老板，丹尼·梅尔给他的员工们定了一条简单的规则来应对这种情况。就是：做善意的假定。所以，他希望他的同事们总是能够毫无疑问地为顾客的利益着想。

可如果你已经问过自己前两个问题了，那你就更容易做决定了。我的建议是，如果你的决定是希望你的顾客再回来的话，那么，按照他们的喜好做决定可能是明智的决策；如果你不希望的话，就算这意味着你会失去这个客户，你可能也不会这样做。

问题四：这位客户希望或期待我们做什么？

当我们面临不得不决定该如何应对一位投诉者的问题时，有一个很好的原则就是问问客户他们想要我们做什么。我知道许多专业的投诉者往往等不到你问他就会告诉你答案，可如果他们没说的话，那你就问问他们。

有些人期待你做的事情可能比你认为合理的事情更多。然而，也会有些情况，你知道他们想要的并没有你准备得多。如果是后者，对你来说达成一个双方都接受的协议就容易多了。尽管如此，如果你确定客户想要的已经超出了你认为合理的范畴，那至少你已经得到了这个信息，也能决定最明智的举动是什么了。

问题五：我们想要做什么？

这个问题也有助于向客户解释你认为最好的解决办法是什么，尤其是当客户想要的超出了你认为合理的范畴的时候。那么，接下来的对话可能就会围绕着如何能够达成双方都能接受的和解展开。你可以使用这样的话术，比如说"我真的希望能帮上忙，所以，你看这样的替代方案好不好"或者"我想，我能做到的最好的解决办法就是……"，让你们的讨论这样进行下去。

我曾经和英国一家主要的鞋业零售商共事，这个例子就来自他们。顾客有时候会把鞋后跟或鞋底磨坏的童鞋退回来，这很显然是由于使用不当（比如说，因为孩子骑自行车时用鞋跟当刹车）造成的。在这种情况下，我们不想让客户失望并失去他们，可我们也不想让他们养成退换其实没有问题的商品的习惯。所以，我们就发明了一个"对你公平——对我们也公平"的政策和方法。

我们会对顾客说，"我觉得这种情况并不是由于这双鞋的问题造成的。据我观察，这似乎是因为穿着不当造成的。不过，你把它们送回来也挺麻烦的，所以，为了对你公平，我们会给你换一双。可是，为了对我们也公平，我必须得告诉你，如果这样的事情再发生的话，我们就不会再给你换了。"

一般顾客对这样的解决方案都会很满意，因为他们如愿把鞋换了。我们也满意，因为他们理解我们破了例，而这样的事情我们也不会再做了。这项政策已被证实在重获顾客的善意方面，以及使这些顾客成为回头客上很有帮助。

问题六：我们需不需要寻求妥协？

如果你需要寻求妥协的话，请记住，你并不需要一直都"让步"或"折中"。妥协往往会导致任何一方都不觉得他们获胜了——还很有可能感觉他们都失败了。所以，问题的关键就是找到双方都满意的解决办法。通常被人们称作双赢办法，双方都觉得自己得到的比预期的多。

你可以通过一个办法达到这个目的，为顾客提供他们真正重视的优惠或补偿，但也不能让自己太破费。大多数企业如果找找的话都会发现这样的优惠或补偿，所以，我建议你也在自己的企业中找找。

有一个很好的例子来自酒店业。他们常常会在出问题时为客户提供免费住宿或房间升级作为妥协或补偿。这样做的价值对客户很高。因为他们知道订这样的房间要花多少钱。可对酒店来说，这笔花费却很低。大多数酒店大多数晚上都会有空房。所以，提供免费住宿或升级房间对酒店来说没什么实质性的花费，因为房间就在那儿，反正也没人住。双赢。而且，如果客人在酒店里购买了食物或饮料的话，酒店还有机会从他们身上挣回额外的利润。

你的企业中可能也有类似的东西，它对你来说几乎没有什么花费，可是对客户来说却价值不菲。当和专业投诉者寻求妥协之道时，你应该利用这些东西作为讨价还价的工具或补偿。

大多数企业都不得不处理这些专业投诉者，尽管这样的事情很烦人，如果你的同事们掌握了上文中的建议，并因此能够很专业地应对这些人的话，那当他们需要去应付时，他们的压力就会小得多、也不会那么生气了，企业也就不会在此过程中遭受经济损失或名誉损失了。

在第九章中，我会列出我们建立客户忠诚度需要知道的对事件的衡量方法。在这章中，我会建议征集来自客户的各类评价，包括他们的投诉，这非常重要。显然，当我们不知道哪里出状况时，我们就不能处理它。是的，就像我提到的，我遇到的很多企业的制度都刻意或不经意地让客户难于反馈他们糟透了的体验，或让员工无法记录这些反馈，又或者纵容他们在得知这些事情正在发生时几乎不会太在意。希望读过这章内容后，你能够保证自己的企业不是这些企业中的一员。

糟透了的体验的后果

当我们提供了糟糕的客服体验却不擅长进行补救时,大多数后果其实都在我们的预料之中。你们可能也会这样做。研究显示,这些后果包括:

- ◆ 他们不再购买了。当客户有了糟糕的体验,哪怕他们还有很多东西要买,这种糟糕的体验也往往会促使他们离开。
- ◆ 他们不会再回来了。顾客往往都不太喜欢回到给他们留下糟糕体验记忆的地方。
- ◆ 他们告诉别人不要购买。不满意的顾客喜欢通过阻止其他人成为你的客户来进行报复。(你自己可能也会这么做。)
- ◆ 他们希望你能降价。一个不满意的顾客可能更期待打折或特卖,如果你想让他们再次成为你的客户的话。
- ◆ 他们会夸大问题。当讲述糟糕服务的经历时,夸大糟糕体验的趋向时有发生。(你自己可能也会这么做。)
- ◆ 他们随时可能被撬走。在一个厂商那儿有过糟糕体验的客户都渴望找到替代者,他们更容易被你的竞争对手吸引走。

补救和精彩补救的技巧

第一章列举的忠诚账户的案例和研究都证明,补救服务是客户印象最深刻的体验之一,同时,它也是客户忠诚的强有力打造者。多年来,我请人们告诉我一些案例,他们将这些案例视为卓越的服务体验。我自己对这方面的体验也支持了这一观点，因为我得到的大多数的案例都不是关于卓越服务的，而是精彩的补救服务。丹尼尔·卡尼曼用科学解释了这个结果的原因，因为一个优秀的补救服务能触碰到所有产生记忆的热点。所以，科学是可靠的，而我的实践经验也证明了这一理论。

然而，似乎大多数企业都不知道补救服务这一主题。就算是在那些了解这一概念的企业中，能把它变得有价值的企业也少之又少。对于极少数充分践行补救服务的企业来说，这显然是个好消息。因为这为他们提供了强有力的竞争优势资源，并帮助他们建立了可持续的客户忠诚度。

当客户有了让他们不愉快和产生抱怨的糟透了的体验时，补救服务就启动了。这些体验可能是糟糕的服务、快递延迟、问题产品、发票错误或任何其他让客户失望、不方便、生气或沮丧的行为。许多企业（或者可能就是他们的某些员工）会把这看作是他们不喜欢或可能憎恶从事的工作的一部分，那么他们也会表现出相应的行为。但聪明的企业和他们的员工都意识到，这些事情为他们制造了机会来向客户证明自己是一家多棒的企业，以及他们有多重视客户的光顾和他们持续的忠诚度。于是，他们也会表现出相应的行为。不过当然，他们的行为会各不相同。

关于补救有一个简单的公式：

$$补救 = 解决问题 + 棒极了的体验$$

这意味着，当客户没有体验到承诺的或他们预期的体验时，等问题得到解决后，再加上棒极了的体验，补救体验就产生了。而补救效果的产生是因为棒极了的体验。

这也可以用图6-1来解释。

在图6-1中，垂直轴是客户现有的体验，最顶端是精彩或棒极了的体验，中间是一般或还不错的体验，底端是糟糕或糟透了的体验。水平区域代表了客户这些体验发生的时间跨度。

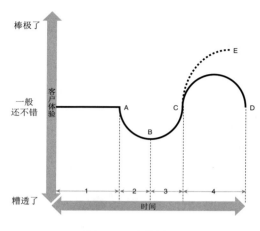

图 6-1　补救过程

在上方达到 A 的 1 区，一切都在客户的预期之中，所以，我们可以将其看作是满意的。可是，在 2 区的 B 点，客户是最不满意的，所以，他们会向厂商告状。这是一家重视客户的好厂商，所以在 3 区就快速、高效、愉快地改正了错误，在 C 点问题就得到了解决。到了这个点，大多数企业会觉得自己的工作完成了，他们已经补救了客户，现在又让他们满意了。

不过，考虑一下这些记忆暗示对这个客户的忠诚度造成的影响。在 1 区一切都还不错，所以不会有什么记忆，忠诚度也不会受到影响。在 2 区，事情出现了问题，引起了不满。这当然会被客户记住，所以也会对忠诚度产生消极影响。在 3 区，问题的根源被消除了。这是客户想要的或期待的。所以，这是几乎不会对客户或忠诚度产生影响的一次一般体验。所以到达 C 点时，唯一被人们记住的就是 2 区的体验，忠诚度尽毁。所以，发生在这点上的事情不能被描述成补救。

为了产生补救效果，还需要棒极了的积极体验才能够掩盖并消除在 2 区产生的记忆。这就是 4 区展示的。深色线代表了一次棒极了的体验，它的影响等同于 2 区和 3 区的体验但却与之作用相反。只有到达 D 点时我们才能说客户得到了补救。

然而，有些企业认为这还不够。他们就是那些践行我所谓的精彩补救的企业。他们不会做 4 区深色实线的事情,他们会做虚线的事情。这就意味着他们不会只提供一次棒极了的体验,这个体验的影响相当于糟透了的体验但作用却与之相反,他们会提供一次超越棒极了体验的服务。

很多企业可能会说这太夸张了,愚蠢且没有必要。不过,很明显,一个得到良好补救的客户可能在问题发生之后比问题发生之前还要忠诚。所以,这是一项很好的投资,一个明智的表现方式,如果你希望培养可持续的客户忠诚度,这是必要的。

这些聪明的企业的典型行为会是什么呢?在大多数情况下,他们会采取以下五步:

- ◆ 第一步:让客户更容易报告他们的问题。
- ◆ 第二步:认真聆听来了解问题。
- ◆ 第三步:承认问题并达成适当的解决方案。
- ◆ 第四步:用达成共识的方式解决问题。
- ◆ 第五步:增加意外的棒极了的体验。

这里值得注意的要点是,直到第五步完成时,有价值的补救才算产生。直到此刻,一切就只是有人报告了问题,然后问题得到了解决。这很好,但还不够。如果我们想想前文的科学研究,最深刻和重要的记忆都产生于问题发生时,所以,只是随后解决问题并不能够消除这份记忆。于是,在解决问题后还必须要跟进一个意想不到的棒极了的体验,恰当且精彩,才能取代消极的记忆,使之成为一个更深刻的积极记忆。

还有一个要点就是优秀的补救服务不需要你挥金如土。它的能量与你做了什么以及做事方式有关,而不是你花了多少钱。有两个简单的规则:

- ◆ 越私人,越有力量。

◆ 你买不到忠诚——只能博得它。

这就意味着列出一张清单，像巧克力、红酒、购书券、鲜花等，这些你的同事们可能会用得上的东西，当他们面临用什么来结束补救服务的挑战时，这些主意可能也不错，不过，这些也不可能是什么太好的主意。

好主意都来自仔细思考客户最看重的东西，然后，行动起来或为他们提供这些东西。当然，这意味着可能最了解客户和最有可能面临服务补救挑战的一线人员们才是决定哪些事情应该做的最佳人选。因此，他们应该得到授权、资源和信赖来处理此事。这也意味着，当同事们从事任何补救服务工作时，他们一定要理解并全力支持他们。

所以，我建议建立一个像这样的企业补救流程。

被推荐的补救流程

想方设法让客户知道你真的很想得到他们的反馈——无论以任何形式和用任何方式。

教会一线工作人员从客户处得到反馈的正确方式。

建立一个企业补救流程，为一线人员提供指导方针，并让后勤人员能够予以理解。

授权一线人员做他们认为对的事情（希望能够遵照指导方针，但也不绝对）并通知所有其他人员支持他们。

为擅长这项工作的员工建立认同和奖励机制。

不管你怎么看，服务补救是建立忠诚度最有力的技巧。所以，我建议你要保证企业中的每个人都能够理解，并得到训练、鼓励和授权，一旦有机会进行任何补救服务时，他们都能够用正确、明智的方式行动起来。

补救案例

汇丰银行旗下直销银行（First Direct）

这个故事是一个客户发送给我的，他告诉了我如下的补救体验：

> 我从一开始就是第一直通的客户，而且还说服了我的大女儿也加入了。几个月后，她的车被撬了，行李箱里的手袋被偷走了。尽管所有人都说不要把密码写在日记本里，可她还是这么做了，还把密码伪装成里程数。可劫匪也不是傻子，还是从提款机取走了1 000英镑[注]。
>
> 等到一切都尘埃落定后，我发现她的日取款限额是500英镑。所以，我写了封邮件询问第一直通，坏人是怎么取走1 000英镑的。我当时是希望能要回500英镑。
>
> 不过长话短说，在警察调查结束后，第一直通把全部1 000英镑都退给了我。这么做本身就已经很棒了，不过这件事还有彩蛋，这就是我为什么一直把这个故事讲给每个关心的人听的原因，他们同时返还进她的账户的还包括丢失的1 000英镑的利息——17英镑！

如上的清楚叙述，这个棒极了的彩蛋并不需要花费太多——可是，它对客户来讲却意味深长。

卢卡斯实业（Lucas Industries）

卢卡斯实业为今天路上的很多款汽车提供开关和电子系统，其中就

[注] 1英镑=8.616人民币。

包括尼桑，他们有一项和厂商建立长期伙伴关系的政策。所以，作为目前现有车型的指示灯开关的供应商，当卢卡斯也被邀请为新车型开发开关时，人们丝毫不感到意外。

经过几个月的开发和测试，这些开关最终全部获批并准备在新车型进入生产时投入使用。尽管如此，当第一辆车在生产线上组装完毕时，它就出现了在测试和获批时没有预见到的问题。这些问题并不是由卢卡斯这部分的产品问题造成的，而是尼桑的另一个重要客户，所以，迅速解决这个问题对尼桑和对卢卡斯来说都一样重要。

因此，卢卡斯雇了一架直升机专门接送往返于桑德兰的尼桑工厂和牛津郡的卢卡斯工厂的工程师，直到问题得到解决。这花销不菲，不过却保证了问题得到了快速的解决，这证明了卢卡斯对这种伙伴关系的承诺，也进一步巩固了尼桑和卢卡斯之间的长期供应协作。

文华酒店（Mandarin Hotel）

香港文华东方酒店是很多次获得过世界最佳酒店大奖的酒店之一，我经常会在研讨会上引用文华酒店的故事。所以，当我妻子和我去香港时，我就很渴望住在这家文华酒店来亲自体会一下他们世界一流的服务。尽管琼（Jean）很希望住在这家酒店，可她也很担心这次到访，因为她知道我会很希望他们出错，因为只有这样我们才能体验到世界一流的补救服务，掌握第一手资料。所以，当我们刚到就立刻出现了一个差错时，她和我都很高兴。

我们订了一间维港海景房，不过，当我们到达房间时，发现并看不到维多利亚港的景色。所以我就给领我们到房间的人看我们的预订确认书，上面清楚地写着海港景色。她为这个失误道了歉并邀请我们到他们顶层的酒吧放松一下，需要什么随意点，在他们的招待中，我们被安排进了正确的房间。

我们一坐到酒吧喝着免费的饮料、欣赏着香港和维多利亚港优美的景色时，就忘记了关于房间的小问题，而此时，我们的维港海景房也已经安排好了。

好妈妈（Mothercare）

还有另一个关于我的客户的故事，这是在好妈妈母婴护理店的补救体验。

他和他的妻子刚生了一个男宝宝。当这个宝宝几周大时，他们决定是时候让他自己在小床上睡觉了，所以，他们就在星期六下午去好妈妈选购了一张小床。为了运输方便，这张床已经平铺包好了，所以，他们到家时，就打开了箱子开始组装。你能想象得到，当他们发现有一张侧面板上标记着一个大大的破损记号时，他们有多失望。

他们直接就打电话给好妈妈反映了这个问题。接他们电话的人道了歉并请他们稍等一下，她查了查看看他们是否还有一个库存。在确定了他们还有一张库存后，她询问了地址。朋友本以为她是想安排快递，可是她没有。她要地址是因为她想要叫一辆出租车立刻把换的床送到朋友家。

半个小时后，她到了大门口。然后，她亲自为他们组装了这张新床并检查好，还确认了朋友他们对这次换货很满意。一切完成后，她还送了朋友一张好妈妈的优惠券以便下次他再为儿子消费时使用，再次表示歉意后，她就离开了。

朋友告诉我，那时的他不堪一击。他对这次惊人的服务真的是印象深刻。对于好妈妈来说，他们并没有花多少钱。不过，他们的信誉却得到了宣传，他和他的妻子无数次地向人们推荐这家店，这个员工一定很骄傲能够成为这家公司的一员，因为公司授权她提供了这么不可思议的服务，让顾客的家庭终生都愿意在这里购买婴儿和儿童产品。

斯莱特男装（Slater Menswear）

我在曼彻斯特的斯莱特男装买了一件新的晚宴服。因为是在临近圣诞节的一个星期六，所以，虽然他们通常都能够在购买时就提供必要的修改服务，可那天他们真的很忙，我同意这周改天再来取货。

那周我妻子去了曼彻斯特，所以，她就帮我去取晚宴服。而当我看到这件衣服时，我很失望地发现他们没有把我喜欢的带子绕在裤脚内侧。所以，第二天早晨，我又把它送回了店里。

当我给他们看并解释我为什么很失望时，他们直接就把这条裤子拿到了修改部去改。然后，他们请我在店里选一条真丝领带，我等待时，他们边服务我边为给我造成的不便而表达歉意。

于是，这段时间我就边挑选我的"免费"领带边愉快地度过了。同样，我还愉快地挑选了一两件配这条领带的衬衫。我很高兴，你看，得到补偿的顾客立刻就又开始在这家店消费了。

英国乐购（Tesco）

我的一个客户给我讲了这个乐购补救体验的故事。他总是在家存一箱乐购的红酒以便随时有人有兴致喝一杯时用。

一天，他新开了一箱酒，尝过之后，他觉得这些酒达不到以往的高标准。所以，他就致电乐购通知他们这件事，乐购请他把酒退回来。

当他退酒时，酒水部的一个女员工品尝了这箱酒，他认同客户的观点，觉得这些酒没有以往的好。所以，她立刻就换了一箱，还额外赠送了一瓶很好的酒作为给顾客造成的不便的补偿。

顾客很高兴，也得到了补救，而乐购也又得到了一位终生顾客。

加勒比酒店（Caribbean hotel）

作为一份送给女儿的新婚礼物，我朋友在加勒比预订了一家豪华酒店给女儿度蜜月。不过，当女儿和她的新婚丈夫到达那里时，迎接他们的经理却解释说预订时出现了差错，所以，他们预订的蜜月套房得到第二天晚上才能使用。

作为补偿，他为他们安排了另一间他们酒店最好的房间来度过第一晚，并为他们在酒店的餐厅提供免费赠送的晚餐，附赠免费香槟。当他女儿把这件事告诉我时，我问她能否原谅他们的过错。她说不能，不过到了第二天，她就原谅他们了。

第二天发生的事情是这样的，他们依照承诺搬进了他们的蜜月套房。当他们参观房间时，他们发现工作人员在卧室的床上用玫瑰花瓣写了一个词"抱歉"。

这很容易，花费不多但却很用心，这个非常私人化的举动让朋友的女儿原谅了他们。

设备制造商

一家大型制造商拥有一个"补救团队"，只要为客户造成不便，这个团队就启动了。他们的工作就是代表客户处理事务并确保采取必要的行动，不只是解决问题，还要用精彩的方式进行补救，从而建立客户忠诚度。他们还有一项政策，就是任何进行补救工作的工作人员的求助都必须得到满足。

补救体验的结果

你可能会从补救中期待好的结果，它们确实也能带来好的结果。这些是我在曾共事的企业中看到的主要结果。正如你所见，它们与棒极了的体验的结果相似，但此时，它们的作用更强大：

- **他们想要尽可能多地在你这里消费**。补救体验让顾客想要从你这里购买更多的东西。他们也时常会想着还能从你这儿买点儿什么，并开始从你这儿买些他们过去在你的竞争对手们那里买的东西。
- **他们不断购买**。补救能创造出让客户想要不断回来的极度忠诚。
- **他们变得很难被撬走**。竞争对手几乎不可能从你这里把这些客户吸引走。
- **他们很乐意原谅你的任何失误**。体验过补救服务的客户都知道你总能解决问题并为他们做得更多。所以，他们时刻准备着原谅你的错误，因为他们知道，你能够专业地处理这些问题。
- **他们会保护你不受攻击**。忠诚的客户一般都会在你面对其他不满意的客户、竞争对手或媒体的攻击时为你辩护。
- **他们变成你的实力倡导者**。这些客户变成了肯·布兰卡德所谓的"狂热粉丝"。一有机会他们就会为你唱赞歌并努力说服别人也成为你的客户。

结　　论

　　没有一家专业的企业想让客户失望并引起投诉；这些会造成忠诚度的潜在流失。不过，就像上文中指出的，一次处理得当的投诉可以让客户变得更加忠诚。并且，如果补救措施实行得好的话，那客户的忠诚度就会大大提高。所以，要保证所有和客户接触的人以及接收客户投诉的工作人员都受到良好的训练，全副武装并有权专业地处理此事。

　　还要记住，大多数企业都不知道补救服务是怎么回事，就连那些有这种行为的企业，他们中的大多数也还是做不好。所以，如果你能让你的企业精于此道的话，那么，这就会变成你们与众不同的源泉和获得客户忠诚度的竞争优势。

行动清单

1. 想办法记录和监督所有投诉和糟透了的体验。通常，你列表中的前十可能都会被考虑在内，行动起来从源头消灭它们。

2. 采用六西格玛技巧作为永久消灭投诉之源的方法。

3. 保证你的企业对投诉是"敞开"的，给自己机会消除它们、改善并建立忠诚度。

4. 教会所有可能从客户那儿收到投诉的一线工作人员用"SMILE"技巧来处理投诉。

5. 考虑一下你们应对"专业投诉者"的方法。你们是否用一种专业的方式来应对他们，以保证没有浪费宝贵的资源或失去能创造利润的客户呢？

6. 教育所有面对客户的员工使用补救服务的工具和技巧。授权他们利用他们所学到的东西。鼓励他们提供他们认为合适的精彩的补救措施。

推荐书目

Blanchard, K and Bowles, S（1993）*Raving Fans: A revolutionary approach to customer service*, William Morrow, New York

Daffy, C（1996）*Once a Customer, Always a Customer*, Oak Tree Press, Dublin

Shaw, C（2007）*The DNA of Customer Experience*, Palgrave Macmillan, Basingstoke

推荐网站

△ On YouTube

McKain, S (nd) [accessed 6 November 2018] Customer Loyalty Lesson from a Wrecked Rental Car [Online] https://www.youtube.com/watch?v=SW1rv_9AT2s

Breakdown (nd) [accessed 6 November 2018] Breakdown: A Movie About Customer Experience [Online] https://www.youtube.com/watch?v=gk0eZqVpl2c

第七章

创造并管理影响客户忠诚度的记忆

本章包括以下内容：

- 创造记忆。我们大脑的脑力带宽有限，这意味着我们一生中的大多数经历都会被忘记。我们怎么才能保证客户永远记住我们的企业希望他们记住的那些事情呢？

- 记忆是如何运作的。大多数人对记忆的运作方式都有一种错误的观念。本章中，我们会学习到记忆的真相。

- 记忆的类型。记忆有不同类型。都有哪些类型、它们是如何运作的，以及我们怎么才能利用它们建立忠诚度呢？

- 心理学家已经指出记忆是如何形成并存储的。现在我们知道，最强大的记忆是由变化、重大事件和结局造成的。如何将它们转化成能够建立忠诚度的体验呢？

- 记忆的操作和管理。记忆可以得到管理、操作或规划。我们怎样做才能利用这些创造客户的忠诚度呢？

- 利用客户记忆规划图。这张图能够帮助你把注意力和行动都放在能够创造我们想要的记忆的事情上？

- 把积极的记忆转化成忠诚的习惯。忠诚是一种习惯。我们如何从客户那儿创造出我们想要的忠诚习惯呢？

- 利用客户习惯形成规划图。这张图能帮助我们把注意力和行动都集中在能够创造客户忠诚习惯的事情上。

创造记忆

我在我的研习班中,常常请来自各公司的代表完成这个关于记忆的句子——"我永远都不会忘记……",而他们常常会分享他们的人生体验,那些植根他们记忆中难以磨灭的经历。我们都有这样的记忆;那些我们永远都不会忘记的关于过去经历的生动记忆。对我来说,它们都是类似这样的经历:

- 我婚礼那天——那是一个双重婚礼,因为我妻子的双胞胎姐妹也在那天结婚。
- 我三个儿子出生的那天。
- 我在漆黑的冰面上打滑,我的车报废了,我差点害死我自己。
- 一个朋友的70岁生日庆典举办在一艘独一无二的小游船上。
- 乘坐一架由世界级的特技飞行员驾驶的小型特技快机飞行。
- 和我的妻子、儿子和朋友们度过的各种各样的假期。

这些都是非常与众不同的体验,有些愉快、有些不愉快、有些兴奋、有些惊悚。所以,是什么让我记住了这些特别的经历呢?为什么在我的研习班人们回忆起的那些经历让他们印象这么深刻呢?

这些经历为什么会扎根记忆而大多数其他的却被人们忘记了呢,通常它们都会有些共性的原因。它们是如何运作的呢?我们如何才能为客户创造出能够给他们留下持久印象从而让他们对我们的品牌、我们的员工和我们的产品或服务忠诚的体验呢?

记忆是如何运作的

伊丽莎白·洛夫特斯（Elizabeth Loftus）教授是加利福尼亚大学尔湾分校的认知心理学家和记忆专家。她说："我们的记忆具有建设性和毁灭性。记忆的运作方式就像是维基百科的网页；你可以进入并修改它，不过，其他人也能。"可是，这并不是大多数人心中的记忆运作方式。我们往往认为我们的体验记忆是像电脑存储或影像制品一样运作，它们精确且永久地储存在我们的大脑中。有些人的记忆力确实很好（这通常指的都是像"过目不忘的记忆"），不过，这样的人是很罕见的，对于我们这样的大多数人来说，我们的记忆形色各异，也远没有那么精确。

在音乐剧《金粉世界》（Gigi）中，有首歌叫"我记忆犹新"（I Remember It Well）。这首歌的歌词是以一对男女的对话为背景的，在对话中，男士回忆了他们初次相遇时的情景，不过却与女士印象中的截然不同。这是一首很好听的歌，讲的就是我们现实生活中时常发生的事情。不同人对同样的体验往往会留下截然不同的记忆，或者，他们在同样的体验中会记住不同的事情，再不然，就像《金粉世界》里那首歌唱的一样，同样的事情给他们留下了不同的印象。

所以，记忆并不是我们通常以为的那样，它可以是对的也可能是错的，它可以得到管理也可以被改变，或者，就像犯罪心理学家和记忆专家茱莉娅·肖（Julia Shaw）博士在她的书《记忆错觉》（The Memory Illusion）中说的那样，"记忆可以被非法入侵"。这就意味着，记忆中的内容可以被消除或增加。记忆也会随着时间的推移而渐渐淡化，这就导致我们只零星记得某些真实发生过的事件。

记忆也时常会出错，所以，我们认为发生的事情可能实际上并没有发生。因为记忆还可以被加以修饰，随着时间的推移，我们的记忆可能会改变，直到变得完全失真，和真实发生过的事情毫无相似之处。当我们试图管理客户忠诚度时，这些都很重要，因为就像我们从丹尼尔·卡尼曼的作品中了解到的，对未来决策乃至忠诚度影响最大的是我们对过去类似体验的记忆。

客户忠诚度最有意思的一点就是它可以被管理或操纵，这样的话，我们记住的就可能是我们制造或者经过处理的记忆。所以，建立忠诚度的挑战就是植入关于过去体验的持久记忆，这些记忆在客户眼中足够积极，能让他们想要持续地一次又一次地在我们这里消费。

记忆的类型

当我们储存记忆时，我们就是在储存信息。不过，这些信息是什么，我们会记住多久，这都取决于我们所采用的记忆类型。记忆的两个主要类别就是短期记忆和长期记忆。

短期记忆

就像这个名称暗示的那样，短期记忆就是在废弃前被短时间保存的信息。如果我们希望后来能够想起来的话，那我们就必须要仰仗长期记忆。短期记忆的废弃过程用不了一分钟就能完成。比如说，短期记忆现在正在帮助你储存这句话开头的信息，这样你就能在读完这句话时理解这句话的意思了。

心理学家丹尼尔·卡尼曼说，我们的大脑是在3秒意识"衔接"下运作的。这意味着，在一分钟内有20个衔接，一小时内有1 200个衔接，在每天平均清醒16小时的情况下，就有1.9万个衔接。我们永远都不会记得体验中所有的这些记忆小"衔接"，所以，绝大多数人都经过短期记忆，然后，就迅速把它们废弃掉并永远忘记了，或者就把它们变成长期记忆供日后回忆。

长期记忆

长期记忆是大脑的存储、管理和检索的系统。长期记忆比短期记忆更加复杂，不同类型的信息（程序、人生体验、语言等）储存在不同的记忆系统中。主要分两个类型：

- **明确记忆**。这是一种需要有意识地思考才能想起来的长期记忆。当我们试图想起过去的某些经历时，比如说我前文中列出的那些难忘的经历，我们就会使用这类记忆。
- **内隐记忆**。这是不需要有意识的思考的一种长期记忆的不同类型。这类记忆让你能够不经意地做事，或者是通过死记硬背做事。如果你曾经沿着常走的线路开车回家但却对沿途的一切毫无印象的话，那你采用的就是这类记忆，你随后可能还会忘记你到底是怎么到的家，谁开的车？

为了能够建立可持续的客户忠诚，我们必须植入未来能影响客户让其变得更忠诚的难以忘怀的积极的长期记忆。这意味着，我们必须保证某些短期记忆"衔接"足够有影响力，以便它们能够被转化并留下变成长期记忆。这些长期记忆将会是比较理想的内隐记忆，只有这样，忠于我们的行为才能变成一种不需要有意识思考的无意识的行动或反应（一种习惯）。

记忆的操作和管理：创造能够建立忠诚度的记忆

丹尼尔·卡尼曼说，我们记住的不是经历，我们记住的是关于这些经历的"故事"。所以，如果想要记住些事情，那这些事情中就必须得有故事。他还解释了，印象最深刻的故事一般都来自三个要素，也就是他所谓的"变化""有意义的时刻"和"结局"。如果我们在此基础上补充茱莉娅·肖博士告诉我们的大脑喜欢多感官记忆的话，那这就表明，如果我们希望植入那些能建立客户忠诚度的体验的持久记忆的话，那这些记忆就必须是基于多感官、积极体验的，同时是和变化、有意义的时刻或结局有关的故事。

变化（惊喜和惊吓）

变化是在某种程度上不同于预期的体验。因为它们的目标是建立忠诚度，所以，这些变化必须得朝积极的方向变得与众不同，这就意味着，它们必须以一种意想不到的方式超过预期才行。所以，我更愿意将这些体验称为"惊喜"。我觉得这个名称更清楚地表明了它们的核心目的。

科林·肖在他的书《客户体验的DNA》中所做的研究证明，这些体验能够带来能建立忠诚度的情感，和像高兴、愉快、重视、关心、信赖、关注和安全这样的感受。（这在第五章中的创造棒极了的体验中有所涉及。）

不过，我们也可能会经历比我们预期糟糕的变化，而这些变化更容易毁掉忠诚度。所以，这些变化被称为"惊吓"。同样的研究也证明，这种消极情感或最容易毁掉忠诚度的感受是失望、沮丧、有压力、被忽视和着急。所以，保证客户永远都不会体验这些感受中的任何一种是至关重要的，不过，如果他们有了这种体验，那么，就要追溯到引起这种体验的根本原因并消除它们。（这在第六章中的消除糟透了的体验中有所涉及。）

有意义的时刻（奇妙瞬间或痛苦瞬间）

在任何体验中，常会有丹尼尔·卡尼曼所谓的"有意义的事件"，这些事件能够被深锁在一个人的记忆中。这些事件是那些突出的并因此能被人记住的事件，这通常是因为它们包含了能触发积极或消极情感或感受的感情巅峰。为了能够建立忠诚度，我们显然想要消除那些制造消极情感的事件，并关注那些能引发积极情感的事件。我更倾向于称这些积极事件为"奇妙瞬间"。我认为这个词也更清楚地表明了它们的核心目的。

《马戏之王》中的著名马戏团经理 P·T. 巴纳姆（P T Barnum）曾说："最高贵的艺术就是能使他人快乐的艺术。"他当时想到的是娱乐，不过"使他人快乐"在建立客户忠诚度中也发挥着重要的作用。我前面曾提到过科林·肖的书《客户体验的 DNA》，这本书中的研究显示，最容易建立忠诚的那些最积极的情感或感受都是"高兴的"和"愉快的"。所以，提供能让客户更高兴或更愉快的奇妙瞬间应该能让他们变得更加忠诚。

尽管如此，那些能够制造消极感受的有意义的事件也能够毁掉忠诚度。我愿意把这些事件称作"痛苦瞬间"。这显然必须得避免或消除。

结局（最后——最持久的印象）

为什么儿童和有些成人会把他们一顿饭中最爱吃的那道菜留到最后吃呢？为什么巧克力盒子里的最后一块巧克力总是最好吃的呢？以前甚至有一个 Rolo 巧克力和太妃糖的广告里说，你会不会把你的最后一块 Rolo 巧克力给别人。以此推断，如果你愿意把你的最后一块给这个人的话，那这一定是你真的很在意的人。所以，这些最后一件东西和结局为什么会有这么大的影响呢？

"你只有一次机会能留下第一印象。"这是一句我们都很熟悉的话，也是真理。不过你应该还记得我在第五章中的替换句吧："你有很多机会能留下良好的最后印象。"意思就是说，尽管第一印象很重要，可最终印象更重要。事实上，它们才是关键，因为丹尼尔·卡尼曼指出，它们是所有元素中最有实力的记忆制造者。这是因为，在任何体验的合集中，深刻的最后体验都能够覆盖在此之前的所有体验，成为唯一被人们记住的事情，也因此它成为能够影响未来忠诚度的任何体验的关键组成部分。所以，我们仔细琢磨一下每次体验的最后部分是至关重要的，而且要使它们尽量积极。为了能讲清楚我们此时到底是在做什么，我倾向于将其称之为"制造最后（最持久）印象"。

然而，这只是整个客户体验中的一部分，而且很少得到应有的重视。这也是常常被人们误解的部分，因为人们都以为这个最后（最持久）印象就是厂商与客户的最后一次接触。但实际上，在任何体验的整个过程中存在着很多创造最后（最持久）的印象的机会。

比如说，你可能会认为到访一家酒店的最后（最持久）印象就是办理退房的过程。不过，在整个到访过程中，有很多其他机会创造最后（最持久）印象。比如说：

- 在门童欢迎你们的最后。
- 在办理入住的最后。
- 在客房服务的最后。
- 在餐厅就餐的最后。
- 在去做水疗的最后。

所有这些个人体验都提供了能够制造最后（最持久）印象的机会，这些印象结合起来就成为了整个这次到访的真正印象。同时，设计并提供在未来能够对客户行为产生积极影响的令人印象深刻的最后印象真的很简单。比如说：

- 一家办公家具的供应商为所有的来访者都准备了一个"外卖"包，里面装着各种各样方便访客带在路上的东西（例如水、巧克力、水果、纸巾等）。

- 一家香水和护肤品的制造商发明了一套店内包装工艺来为每一件在店里购买的商品进行包装，这就为产品创造了些观赏性并增了值，也提供了让人印象深刻的最终印象。
- 有一家苏格兰的宾馆在每位客人付账后都会附赠一个写着"伴你旅程"小盒子，里面装着两块我们本地生产的酥饼，这样，客户的最后印象就不是付账单，而是收到了一份伴手礼。

制造多感官的体验

你还记得在第三章中，在我们考虑综合创造整体体验的诸多"线索"时，有一个类别的"线索"是感官线索。它们是与以下内容有关的体验线索：

- **视觉**。迪士尼设计主题公园时，他们就力求保证无论你在公园里的哪个角落，都能够看到远处妙趣横生的事物召唤着你，让你想要去一探它们的究竟，比如未来世界、太空飞车或灰姑娘的城堡。沃尔特·迪斯尼（Walt Disney）将它们称为"魅力召唤"。
- **声音**。声音对我们的感觉和行为有巨大的影响。比如说，如果我在一架飞机或一列火车上能听到其他乘客耳机漏音的音乐的话，那我就会非常生气。大多数人在听节奏感很强的音乐时，都往往会把车开得更快；如果他们听舒缓的音乐的话，那吃东西也会比较慢。
- **气味**。气味有令人愉快和令人不愉快之分。我知道有一个汽车特许经销商，他们力图让他们的展示厅总是散发着令人愉快的气味，他们通过为客人准备皮质座椅、用蜂蜡给家具抛光、每天摆放鲜花，还有随时可取用的现煮咖啡和现场烤制的点心来彰显他们的品质。
- **味道**。有些人喜欢全熟的牛排，而我更喜欢四分熟的。每个人的口味都不一样。就是因为这样，就算今天最高级的餐厅也得要保证让他们的厨师知道怎么把牛排做好。

- **感受**。只有枕着两个柔软的枕头时,我才能睡得最香。我们都是只有在感觉更好时,才能在不同的床上枕着不同的枕头睡得更香。这就是现在很多酒店都会提供可供选择的"枕头功能选择单"的原因。这也是英国自行车队派人遍访环法自行车赛线路沿途的每家酒店来更换每个房间的床品,以保证每个运动员都能够与之完美匹配的原因。

关键是感官会影响行为。它们同时也会影响记忆。所以,我们应该始终考虑我们怎样才能让我们为客户创造的体验尽可能是多感官的,这不仅是为了影响他们的行为,也是为了让他们更容易记住。

利用客户记忆规划图

计划给顾客植入我们希望他们保留的记忆是有可能的。显然,并不是我们计划的所有记忆都能让所有顾客难以忘怀。可如果我们处理得好并充分利用科学的话,那我们在相当程度上都能做得到这件事。但如果我们不努力管理客户的记忆的话,那客户就还会保留这种记忆,而我们则会失去一个宝贵的机会,一个能够创造我们想要的记忆来建立忠诚度的机会。

图 7-1 展示了我们是怎样做到的。我建议把这张图放大成挂图(A0 尺寸),这样整个团队的人就能聚在一起,用便利贴去探索、开发并标记出他们各种各样的创意了。

最顶行是我们开始详细讨论我们希望创造的总体品牌体验。这可能就是我们的商业目的、使命或客户体验的总体目标。比如说,以下都来自知名企业:

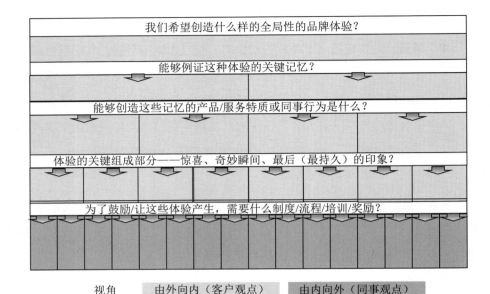

图 7-1 植入记忆

- 病人的需求必须放在第一位——妙佑医疗国际（Mayo Clinic）。
- 为客户创造价值并赢得他们一生的忠诚——英国乐购（Tesco）。
- 只要始终照顾好客户，生意自然就能得到照顾——美国雷克兰（Lakeland）。
- 让人们快乐——迪士尼（Disney）。
- 成为世界顶级的私人银行——第一直通（First Direct）。

下一行我们要写下我们认为客户必须有的关键记忆，这些记忆能够例证或概括该品牌的体验。例如：

- 和公司员工打起交道很愉快。
- 客户毫不费力就能得到他们想要的。
- 客户的问题总是能够快速、有效和愉快地得到解决。

下面一行我们列出能创造出这些记忆的产品或服务的特质或必须具备的员工行为。例如：

- 客服人员总是令人愉快、友好并无所不知的。
- 客服流程既迅速又简单。
- 员工受过培训，并得到鼓励和授权解决任何客户问题。

再下面一行我们就要考虑怎么能把这些产品或服务的特质或员工行为转换成记忆，采取的手段就是惊喜、奇妙瞬间或最后（最持久的）印象。例如：

- 客户在很多接触点都会有棒极了的体验。
- 客户注意到客服人员花在应付公司流程上的时间少之又少，大部分时间都是花在了解他们的需求并为他们的需求做好准备方面。
- 所有的一线客服人员都具备适当的技巧和可用的资源，能供他们有效为客户提供精彩的补救体验。

到目前为止，我们在图表上看到的都是客户看待企业和他们所提供的服务的由外而内的角度。再下一行也是最后一行，我们倒过来考虑一下企业内部的需要，怎样做才能制造出所有那些能给客户留下印象的体验，这是一个由内而外的角度。这应该涵盖如下内容，比如说：

- **环境**。在这个地方工作愉快吗，同事们是否都很快乐并乐于为客户提供很棒的服务呢？
- **制度**。现有技术、报告或授权制度当中，有没有哪些需要为了能提供这些体验而被替换掉或重新设计呢？
- **流程**。现有的客服流程能不能满足需要，或是否也需要被替换掉或重新设计呢？它们的设计是站在客户进入界面的角度（这很好）还是站在我们内部需求的角度（这不太好）呢？
- **培训**。是否有同事需要学习和发展来教会他们怎么才能最好地完成必要的工作呢？
- **奖励**。现有的认同和奖励制度是否能够鼓励同事们采取提供这些体验的必要行为呢？
- **交流**。全体员工是否定期的交流来保证大家能持续得到建立客户忠诚度的正确信息呢？

你会发现，这张图表是一个非常有用的工具，它能让我们把注意力和活动都集中在能够创造客户记忆的体验上，这些记忆是我们为了建立持久忠诚度所希望他们能够记住的。

永远要记住，记忆是会褪色的，所以，我们今天让客户认为是棒极了的体验，随着时间的推移其影响力会渐渐减弱，然后，它就会被看作是普通或者还好的体验。还要记住，竞争对手一直都会盯着你的一举一动。如果他们发现了某些有效的举动，他们可能就会模仿或者做得更好。因此，你必须要一直不断开发并提供能让你保持与众不同的新体验和竞争优势，并创造能够建立忠诚度的棒极了体验的记忆。

把积极的记忆转化成忠诚的习惯

大多数星期五晚上，我和我的妻子都会到本地的餐厅就餐。以前，我们总是去同一家餐厅，不过，有一次我们在那里就餐的体验让我意识到，我们的忠诚并没有得到珍惜，所以，尽管我们偶尔还是会去，可我们现在也会去很多其他的餐厅就餐。星期五晚上在外就餐的日常惯例保持了这么多年，现在已经成为了我们的一个习惯。

我有一个习惯，就是在开办研习班和研讨会时总是尽量在同一个地点。这让我觉得很方便，因为他们都认识我，能把我和我的客户们都照顾得很好，他们所提供的服务就是我所预期的。所以，我知道会发生什么，我不需要考虑他们会做什么，并因此能够将注意力都放在保证我的客户们能有一次棒极了的体验上。这也是我多年来的一个习惯，所以，每当他们偶尔不能提供我规划日期内的住宿而我因此不得不到别处去时，我都会感到极其失望。

我们都有某种或其他形式的习惯。比如我之前提过的，我们开车上下班的习惯方式。大多数人每天都会采用同一路线。这变成了一种令人感到很舒服的习惯，此时我们采用的是内隐记忆，所以，这几乎不需要有意识的思考。可如果有道路在施工而我们不得不绕过我们常走的路线时，此时，我们就必须要有意识地思考，那我们就会感到很生气。还有些其他类似的习惯或日常惯例，比如我们每天的着装方式，或者我们工作中完成日常任务的方式。

客户忠诚也可以成为一种习惯。一位客户或多位客户无意识地选择某个专门的厂商时也是一种习惯，可能是因为他们过去这样做时，他们对收到的产品或服务（就像我使用同一个开会地点一样）总是感到很满意，所以，再次选用它们就变成了一个简单的"不需要思考的"决定。

所以，怎么才能在客户中培养忠诚的习惯，让他们能够按我们希望的那样尽量不断地回来呢？如果客户常常选择我们的竞争对手的话，我们怎么才能打破他们未来可能会有的那些习惯呢？想要做到这点的话，我们就必须要明白习惯是如何形成、打破或改变的。

《纽约时报》有一位叫查尔斯·都希格（Charles Duhigg）的记者做过些关于习惯这一主题的精彩研究。他在《习惯的力量》（*The Power of Habit*）一书中解释了他的发现。他说有三个元素可以结合在一起创造习惯："暗示或起因""行为或惯例"以及"回报"。当这个循环重复的次数足够多时，它就会成为我们内隐记忆的一部分，习惯也因此就形成了。

暗示

暗示或起因能让我们开启行为或惯例。都希格提出，有五个主要的暗示能够触发我们惯例的行为：

- **时间**。时间诱因会发生在一天、一周、一个月或一年中的不同时刻。有一个很好的时间引发的例子就是我和我妻子星期五晚上的在外就餐："今天是星期五，我们今晚去哪里吃饭呢？"还有一个时间诱因就是每个月的月底，当很多企业支付当月所有单据时。

- **地点**。发现自己在某个地方能够触发习惯。这种地点诱因可能在你上车的一刻就发生了。你现在要开车回家或去上班，所以，走你常走的路线的习惯就发动了。还有一个地点诱因就是住宾馆。在家里你通常会吃一顿健康的早餐，可是，在宾馆你只能吃全系列可供选择的熟制品，这时，一套英式全早餐的习惯可能就被触发了。

- **人员**。别人或某些人的出现是触发习惯的一种诱因。比如说，同事们清晨在咖啡机旁的聚集可能就会触发吃曲奇饼干、薯片或蛋糕配咖啡的习惯。还有一个例子就是当有人来我家时，如果他们可能要待上一会儿的话，无论他们是家人、朋友还是工作伙伴，我们都会下意识地给他们提供点心。

- **感受**。我们的感受可能会成为触发习惯的暗示。现今比较常见的就是当人们感受孤独时，很多人都有拿起手机才能感受到和别人有联系的习惯。另一个例子就是，当我们感到有压力时。这种感受导致很多人要用酒精或尼古丁才能将其缓解。

- **事件**。习惯也可以由某些事件触发。有一类这样的事件可能就是假期。许多人都有个习惯，他们在假期会拍许多照片，可他们回家后并不会去看这些照片。还有一个事件可能就是去看医生或牙医。按照我的经验，他们都几乎不会按照预约的时间准时到达，所以我有一个习惯就是带着当天的报纸,这样我就能够在候诊的时候试着玩玩填字游戏了。

行为

行为就是由暗示触发的惯例。被以上的暗示例子触发的行为可能是:

- ◆ 星期五晚上和我妻子去餐厅就餐。
- ◆ 每天开车回家的日常路线。
- ◆ 上班时早晨喝咖啡的同时吃点心。
- ◆ 当感到孤独时拿手机。
- ◆ 假期常常拍照。

对于一种已经形成的习惯,一旦有暗示触发它,我们每次就都会采取同样一种常规的行为。如果这种行为每次都不一样的话,那它就不可能成为一种习惯。

回报

回报会出现在我们喜欢或重视的行为的最后。以上行为案例可能会得到的回报是:

- ◆ 我和我妻子有机会一起共度一段黄金时光。
- ◆ 不用在开车路线上费神,所以,全程就不会感到太大的压力。
- ◆ 吃曲奇饼干让我血糖上升。
- ◆ 手机能让我觉得和别人有联系。
- ◆ 度假照片中包含的幸福记忆。

我越喜欢或越珍惜这份回报,我就可能会越想要重复这种行为,并因此更有可能形成一种习惯。

建立、打破或改变习惯

从暗示开始

如果我们想要创造、打破或改变一个习惯，我们首先就要考虑的就是触发这种习惯的行为的一个或多个暗示是什么。如果我们知道这些暗示的话，那么我们也许就能够要么：

- 创造能够将我们的希望变成习惯的行为的新暗示，要么……
- 截断诱发我们不想要的行为的暗示并且用一种我们更想要的行为替代它。

时间暗示

如果我们知道哪个客户可能需要我们提供产品或服务的触发点的时机的话，那我们就能利用我们的知识来提供暗示，让他们在此时使用我们的产品或服务。关于触发习惯性行为的时间暗示的例子有：

- **当一份保险合同到期要续保时**。大多数保险公司，如果他们知道续保日期的话，他们都会自动给你发送续保文件，让你能够和他们轻松续保。如果他们这方面做得好的话，并且客户和他们的续保次数足够多的话，那么自动续保的流程可能就会变成一种习惯。作为竞争对手的保险公司也可以利用这方面的信息，如果他们知道你的续保日期的话，他们也会给你发送可供选择的替代文件，希望你能够换掉你的保险公司。
- **当预计换车时**。一个聪明的经销商会记录下客户打算换车的信息，从而在他们临近日期前为他们提供试驾最新车型的服务。如果他们因此获得了又一个销量的话，这个过程重复几次后，客户就会下意识地回到同一个经销商那儿，把提供新车型的第一个机会给他们，可能就会成为这个客户的一个习惯。这里还是，如果竞争对手获悉了同样的信息，他们也会利用这些信息努力把客户吸引到他们那里去。

- **当一家新公司成立时**。很多企业会搜集新公司的注册信息，因为他们知道新公司往往会需要购买例如文具、技术、保险等东西。然后，如果他们始终都能够提供对的产品或服务的话，那么，成为这家公司的供应商就会变成一个习惯。

- **当一个新的建筑获得规划审批时**。大多数在新楼建筑过程中提供承保服务的企业都会寻找新的规划审批。这样，他们就能够适时地联系主要的承包商并为他们提供产品或服务了。如果他们常这样做的话，并持续不断地从同一个承包商那儿得到订单的话，那么未来，这些承包商就会下意识地在他们这里订货，这就会成为一种习惯。

地点暗示

当人们来到某些地方时，到达这些地方就会成为触发某些行为的暗示。触发习惯性行为的地点暗示的例子就是：

- **到达宾馆**。大多数远离家乡住宾馆的人都需要找地方吃饭。因此，一家聪明的宾馆都会在客户登记入住的过程中提供晚餐预订的服务。我曾去过一家旧金山的宾馆，他们不仅提供他们一家餐厅的预订服务。而且还提供他们推荐的本地餐厅的挑选服务。因为他们知道，他们的客人在这些餐厅会有很棒的体验。所以，每晚我们选择到宾馆外就餐时，总是习惯性先问问他们的推荐。

- **在加油站**。大多数加油站都已经意识到，当人们加油时，有很多东西都可以卖给他们。所以，大多数加油站现在也都提供食物、饮料、点心糖果、杂志等。我认识的有些人会在本地的加油站买早报，这是他们每天的习惯。

- **在购物中心**。我妻子和我常去一家本地的主要购物中心。我们去时，总会想要把车停在同一个位置或者这个位置的附近。除了那是我们经常停车的地方外也没什么别的原因。不过，这已经变成了一种习惯。

- **在家**。很多孩子和成年人都有一个习惯，当他们到家时，他们会迫不及待地走到电脑前，打开某类线上游戏。目前最受欢迎的似乎是《堡垒之夜》（Fortine）。

人员暗示

某些人的出现可能会成为习惯行为的暗示。触发习惯性行为的人员暗示的例子如下：

- **家里有访客出现**。我前面提到过，我们一直有个习惯为到访我们家的客人提供小点心。

- **公司同事的出现**。几年前，我是一家旅游业公司的非执行总裁。我注意到，每次我会见高级管理团队时，我的同事们都有坐在同一个位置、挨着同一个人的习惯。我知道这对创意或团队协作并不好，所以，我每次开会都会安排每个人，包括我自己，坐在不同的座位上、挨着不同的同事。这改变了每次会议的动态，结果，我们变得不那么正式、更有创意，也变得更多产了。

- **客户的出现**。如果你选择了对的人做客服的话，他们会有一种习惯，只要有客户走来，不管他们在做什么，他们都会停下手里的活儿，全神贯注、一心一意地关注客户。

- **陌生人出现**。当陌生人出现时，不同的人会有不同的习惯。我平常是个挺爱交际的人，所以我习惯打招呼并想要认识陌生人。其他保守些的人，当有陌生人在周围时会觉得不舒服，所以他们就会努力避免与陌生人接触，而更喜欢待在他们认识的人们当中。

感受暗示

大多数人都会有能够触发特定行为的某种感受。能够触发习惯性行为的感受暗示的例子如下：

- **感到有趣时**。非口头交流的学生会知道，当人们对某事感兴趣时，人们会有某种共同的习惯来暗示这点。他们可能会向前探身，或者点头，或者把头偏向一边，或者可能把他们听到的内容记录下来。这些都是我观察到的，当我在研习班和研讨会发言时，每当讲到人们感兴趣的事时，就会得到这些暗示。
- **感到无聊时**。当人们感到无聊或不感兴趣时，他们往往会表现出与上文相反的行为习惯。人们可能会靠后坐或没精打采、视线离开发言人、看手机或电脑屏幕、或者和别人聊天。这些事情也是我观察到的，因为这些暗示告诉我，我失去了人们对我的兴趣。
- **感到兴奋时**。当人们兴奋时他们往往会语速变快。他们也可能会提高声调。
- **感到紧张或有压力时**。人们感到紧张时的共同习惯就是摸脸、搓脖子或搓手、轻敲手指和呼吸加速。当你紧张时，你的身体会认为你会受到攻击，并会转换到已知的"战斗或逃跑"模式。还可能有些人磨牙、或结巴口吃。其他人可能会嘴唇发抖、口干或手心出汗。
- **感到生气时**。生气的人有个共同习惯就是双臂交叉、让他们的身体远离你、看别的地方不直视你、吹气或叹气、答话简短并且在你说话时打断你。

事件暗示

一个事件的发生可能会成为触发特定习惯性行为的暗示。触发这种行为的事件暗示的例子如下：

- **在商业会议中**。企业文化总是反映在人们的行为方式和他们在商务会议中展现出的习惯上。在一个正式的、专制的文化中，人们总会关注高层人员，对他们极度恭敬和顺从，几乎不会挑战他们说出的话；在一个非正式、民主的文化中，人们会对每个人都表现出同样的兴趣和尊重，无论他们的职务或头衔是什么，他们都会公开质疑任何他们不理解或不赞同的事情。
- **在电影院**。我猜电影院里卖出的爆米花比其他任何地方都多。很多人都有在看电影的时候买一大袋爆米花使劲儿嚼的习惯。
- **在生日会上**。我不擅长唱歌，实际上，我唱得难听极了。尽管如此，在人们的生日会上当需要唱"生日快乐"歌的时候，就连我也有跟着一块唱的习惯（尽管我可能会尽量让我的声音淹没在其他人的声音中）。
- **在贸易展上**。我总是很惊讶于很多在贸易展的展位工作的人们的习惯，他们就站在展位边上、看着参展的客人们经过。这样做的结果就是，他们看上去像是一队保镖，站在那里阻止人们进入他们的展位。

行为的进展

找到可能会触发某个特定行为的暗示后，下一件事就是考虑一下行为本身。我们想要触发的理想行为是什么，我们想要改变的讨厌行为是什么呢？

这里考虑的关键是我们怎么才能让我们想要的行为变得可取和容易，或者比那些讨厌的行为更加可取和更容易。我认识到，我们越了解我们的客户，我们就越有可能认识到这点。同时，我们和客户之间的关系越好，当我们问他们时，他们就越有可能告诉我们什么才是更可取和更容易的。所以，能够评估出我们最有可能形成理想行为的关键就是彻底理解并真正贴近客户。

考虑最终回报

大多数由习惯驱动的行为的最终目的就是要得到回报。所以，最后考虑的就是，如果客户按照我们希望的行事，那么，我们能够为他们提供什么回报呢。

此处还是，你越了解你的客户或潜在客户，你就越容易为他们提供他们会真正重视的回报。简单的办法就是，为每位客户提供同样的"一揽子服务"。这可能会起作用，尤其是在大型市场中。尽管如此，还有更成功、难度也最大的一种方式，就是为每位客户提供的每个回报都是个人化的，因此也是他们真正重视的。不过要这样做，你就必须把你的客户都看作是个体，而不仅仅是一个市场部门中的一部分。

记住，要形成一个习惯，暗示—行为—回报的循环就必须要重复无数个来回。不管中途会发生多少次变化，显然暗示越多，触发行为的次数就会越多。行为越可取、越容易，就越有可能成为被人们选择的行为。回报越令人愉快、影响越大，就越有可能成为下个暗示出现时人们希望得到的回报。

永远要记住这句话：客户的忠诚一定是争取来的；买是买不到的。这就意味着你也许能通过低价、赠品或优惠活动吸引客户，并让他们下次也来你这里购买，但这并不能让他们忠诚。他们是被优惠活动吸引到你这儿来的，所以，你的竞争对手用同样的或更好的特惠活动就有可能把他们吸引走。想要让他们忠诚，你就必须在他们还是你的客户的时候证明你的产品或服务有多好，和你的竞争对手比起来，你有多重视他们。

这就引出了最后一点——回报，最终行为本身也许就能提供所有必要的回报。例如，为了能让一个潜在的新客户试用的你产品或服务，你可能需要在他们下第一单时为他们提供些额外的赠品。可如果你的产品或服务的质量好、和你做生意很自在、你招待客户的方式很棒、你带给他们的感受等都明显比他们在之前的厂商那里的体验好的话，那么，他们未来也需要继续使用你的产品可能就会成为全部的回报。

利用客户习惯形成规划图

至于管理记忆，我们必须能够把习惯形成的理论转换成有效的实践。为了达到这个目的，图 7-2 中的图表应该能帮上忙。

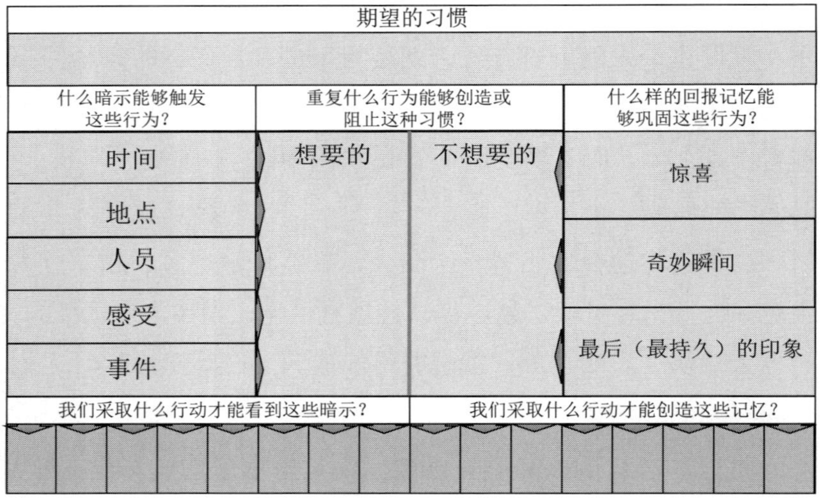

期望的习惯			
什么暗示能够触发这些行为？	重复什么行为能够创造或阻止这种习惯？		什么样的回报记忆能够巩固这些行为？
	想要的	不想要的	
时间			惊喜
地点			
人员			奇妙瞬间
感受			
事件			最后（最持久）的印象
我们采取什么行动才能看到这些暗示？	我们采取什么行动才能创造这些记忆？		

图 7-2　客户习惯形成规划图

这张图表经证实是帮助人们解决如何创造出他们想要的客户习惯的一个很有用的工具。它的最佳使用方式如下：

先在最上方列出你希望创造的一个或多个习惯。举个例子：

◆ 让我们成为客户所面对的所有厂商中的第一选择。

◆ 服务在我们的行业中被认可。

◆ 擅长客户服务就像擅长提供高品质的产品一样。

接下来，完成中间的部分，列出所有能创造出这种习惯的你想要的客户行为或你想要阻止的不想要的客户行为。此处的例子如下：

◆ 可能想要的行为：
　—客户总是第一个联系我们。
　—客户告诉别人我们的服务是最好的。
　—客户对我们服务的评价就和他们对我们的产品质量评价一样高。
◆ 可能不想要的行为：
　—客户一般都会先联系竞争对手。
　—客户对竞争对手服务的评价比对我们的评价高。
　—客户告诉我们，我们的服务不像我们的产品质量那么好。

现在，考虑一下可能触发你所列出的客户行为的所有可能的暗示，并完成左手边的区域。此处的例子如下：

◆ 时间暗示——客户下一次需要我们能提供的产品或服务会是什么时间。
◆ 地点暗示——客户来我们的店面时。
◆ 人员暗示——当客户和同事们相聚或参加商业活动时。
◆ 感受暗示——当客户不满意他们目前的厂商时。
◆ 事件暗示——当客户在贸易展会上参观我们的展台时。

接下来，考虑一下，你为客户创造什么样的回报记忆才能让他们想要不断重复某种行为，从而使之成为一种习惯。举例如下：

◆ 惊喜——意想不到的额外服务或产品。

- 奇妙瞬间——你和你的同事们周到和用心为客户做的事。
- 最后（最持久）的印象——发生在客户体验最后让他们印象深刻的事情。

至此，我们已经考虑过客户的行为和体验了。最后，我们需要考虑下我们必须做什么才能促成这一切。所以，在图 7-2 左侧区域的底部，我们可以记录下我们创造上面列出的所有暗示能采取的所有行动。此处举例如下：

- 时间暗示——时时精确记录客户通常购买我们产品的时间。
- 地点暗示——获悉客户什么时候最有可能到访我们的店面，以便全体人员都能做好准备。
- 人员暗示——保证我们企业中的工作人员在他们自己的店面接待到访的客户并出席客户参加的所有商业活动。
- 感受暗示——搜集所有现有和潜在客户的即时反馈以获悉他们对他们目前的供应商是否满意，以及何时产生不满。
- 事件暗示——掌握我们的客户们都参加哪些商展。

在右手区的最下方，我们可以记录我们创造以上列出的所有记忆能采取的行动。此处举例如下：

- 惊喜——培训并授权所有的客服人员为客户提供计划中的和偶然的附加服务。
- 奇妙瞬间——聘用天生就对他人具有同理心的客服人员，并鼓励他们在服务客户（和同事）的时候能够始终利用这个优势。
- 最后（最持久）的印象——培训并授权所有客服人员和客户进行计划中的以及偶然的最后接触来结束客户的体验。

关于记忆制造方面，你应该能发现，这张图表也是一个非常有用的工具，它能帮助你把注意力和活动都集中在能帮你创造暗示和回报的方式上，而这些都能够创造那种你想要客户产生的行为和记忆来建立持久的忠诚习惯。

本章的重点就是要确保你能够理解，记忆和习惯在客户忠诚度方面是十分有力的武器。如果我们知道如何充分利用科学、工具和技术的话，它们都是可以得到管理的。

结　　论

记忆并不是大多数人想的那样，它比我们普遍认为的更具可塑性。所以，创造客户忠诚的关键就是，记忆总是由体验创造并改变的。所以，尽你的全力确保我们的客户对我们的产品或服务留下的记忆是我们希望他们保留的，能够建立忠诚度的积极记忆是很有意义的。

我们也都有习惯。它们是我们简化生活和解放思想思考其他事物所采用的常规行为。所以同理，如果我们的商业目标就是建立客户忠诚度，那我们就必须要培养我们为自己的客户创造这种习惯的技能，这能够让客户忠于我们的产品或服务。

行动清单

1.考虑一下是什么改变了客户的体验（惊喜或惊吓）。你怎么才能把它们都变成惊喜呢？

2.考虑一下客户可能经历的有意义的时刻（奇妙瞬间或痛苦瞬间）。

你怎么才能把它们都变成奇妙瞬间呢？

3. 考虑一下所有客户体验的结尾——最后（最持久）的印象。

4. 你怎么才能通过多种感觉让客户的所有体验都变得尽量印象深刻呢？你是否充分利用视觉、声音、气味、味道和感受了呢？

5. 练习使用记忆规划图直到能够熟练掌握。

6. 练习使用习惯形成图表直到能够熟练掌握。

推荐书目

Duhigg, C（2012）*The Power of Habit：Why we do what we do and how to change*，William Heinemann, London

Luftus, E F（1980）*Memory：Surprising new insights into how we remember and why we forget*，Addison-Wesley, New York

Shaw, J（2016）*The Memory Illusion*，Random House, London

推荐网站

△ On TED Talks

Doolittle, P (2013) [accessed 8 November 2018] How Your Working Memory Makes Sense of the World [Online] https : //www.ted.com/talks/peter_doolittle_how_your_working_memory_makes_sense_of_the_world

Kahneman, D (2010) [accessed 8 November 2018] The Riddle of Experience vs. Memory [Online] https : //www.ted.com/talks/daniel_kahneman_the_riddle_of_experience_vs_memory

Loftus, E（2013）[accessed 8 November 2018] How Reliable Is Your Memory? [Online] https : //www.ted.com/talks/elizabeth_loftus_the_fiction_of_memory

△ On YouTube

Shaw, J (nd) [accessed 8 November 2018] Memory Hacking: The Science of Learning in the 21st century [Online] https : //www.youtube.com/watch?v=ZU4suR_uXbg&t=443s

第八章

经过验证和实践的客户忠诚度战略实施工具和技巧

本章包括以下内容：

>> 改革就是挑战。企业的改革是至关重要的，但却也是很难实现成功的。如何采取最佳措施来着手做这一切呢？

>> 改革的时机。选择正确的时机开始改革对人们参与的意愿以及企业的成本都会产生巨大影响。

>> 成功的信仰。信仰影响我们所做的一切。所以，它对改革项目的结果也有巨大影响。

>> 由内而外的改革方式。大型企业最有效的改革方式就是从内部开始，并努力将其传达给外部的客户。

>> 组织一致性的力量。团结一致的企业能够实现的目标远大于混乱的企业。

>> 选择宇宙大爆炸式还是野火燎原式。有两种基本的改革方式。哪种方式才最有利于你的企业，什么样的环境才是企业最需要的呢？

>> 经过验证的8步实施计划法。研究和实践均已证明，有序地开展并实施改革能够为实现成功创造出最佳时机。

>> 关于改革的进一步思考。学者们和改革开拓者们最后几个有助于改革成功的想法和建议。

改革就是挑战

在《物种起源》(On the Origin of Species)一书中,查尔斯·达尔文(Charles Darwin)写道:"能够幸存下来的并不是最有智慧的物种;也不是最强壮的物种;而是在自己不断变化的生存环境中最有适应能力并不断调整自己的物种。"商场上也恰恰如此。为了能够蓬勃发展,企业必须不断改革以适应不断变化的商业环境。

对大多数企业来说,实施客户忠诚战略就意味着需要做出改变。不过,说起来容易做起来难。充分有效地实施改革能够带来价值不菲的投资回报、提高整体士气、建立员工间更牢固的纽带,并让人们都热衷于展开下一步改革计划。然而,糟糕的实施情况就可能会浪费资源、在各个执行团队间引起怀疑和失望、摧毁同事们的士气、甚至削弱和客户的外部联系,以及他们的忠诚度,因为大家都不得不把精力转向努力解决失败的改革计划带来的问题上。所以,正确地实施改革计划是至关重要的。

改革的时机

人们常说,绝大多数人都对改革有抵制情绪。然而,这不可能是真的,因为绝大多数人都很乐于到不同的地方或国家去旅行;如果可能的话,他们甚至会定期更换自己的车;很多人会选择去不同的餐厅试吃不同种类的食物。只是,这些改变都是人们自己选择做出的。如果要把改变强加给他们的话,那他们的反应可能就截然不同并可能会提出质疑了。

为了能够顺利实施客户忠诚度管理项目,每个企业需要做出的改变都各不相同，不过，这些改变通常都会包含以下一项或几项实践：

- 领导的侧重点和风格
- 聘用原则和入职培训
- 学习和发展
- 激励和奖励
- 措施和掌控
- 制度和流程

这往往会导致大规模的必要改革，而这些改革实施起来对任何企业来说都是挑战，所以，大多数改革项目都没能达到他们想要的成果，这也不意外。在欧洲工商管理学院的布莱克（Black）和格雷格森（Gregerson）教授的《从1开始》(Sart with One) 这本书中，他们的研究报告指出，大多数（70%-80%）企业的改革项目都没能实现他们预期的成果。美国的客户所思公司（CustomerThink Corporation）2018年的研究显示，大多数（还是70%-80%）企业发起的客户体验项目既没有证明自己的与众不同，也没能获得卓有价值的投资回报。所以，问题是，你怎么样才能为自己创造机会成为改革成功的那20%-30%的企业中的一员呢？

大家改革需求的触发点可能都各不相同。不同的境遇往往需要不同类型的改革方案。尽管如此，改革还是可分为关键的三类，每一类都对应着不同的实施措施。如表8-1所列。

表 8-1 改革措施的不同类型和实施方案

改革类型	可能遇到的改革阻力	改革成本
预期改革	高	低
被动改革	中	中
危机改革	低	高

预期改革

这种改革发起的原因是，人们认为有必要让企业处于一种他们未来某个时间必须要实现的状态中。这往往很难得到支持，所以，来自同事们和投资人的反对声音也许会很高。他们可能会有种想法，就是"我们现在做得很好，所以，没有必要做出任何改变"。人们常常会引用一句老话"不要没事找事"。尽管如此，如果在企业运行良好的情况下启动这些改革的话，那么，相关资源的准备应该都比较完备，企业的整体成本也会因此相对较低。美国通用电气公司前执行总裁杰克·韦尔奇（Jack Welch）就极其擅长预期改革。美国通用电气公司在他掌舵期间是一家非常成功的企业，不过，他也知道企业中充斥着官僚主义，这让企业效率低下、举步维艰。所以，他启动了一波全公司的改革举措，很多人都觉得这些举措没有必要，所以就顽抗抵制，不过，杰克·韦尔奇力排众议，并因此清除了企业中的许多官僚行为。这让企业变得效率更高、更灵活、利润也更高了。（这在《赢》（Winning）这本书中都做了详细的介绍，杰克·韦尔奇专门写了这本书来解释他的改革举措。）

被动改革

这种改革的起因是针对某种情况的反应，这种情况正在市场上发生或者已经发生了。可能比较典型的情况就是，例如新技术的发明、立法改革或可能是新的具有杀伤力的竞争对手的出现。当这种情况发生时，大多数人都会理解这种改革的需求，所以，反对的声音通常会比预期改革的声音要小。尽管如此，实施这类改革的企业的整体成本通常会比较高，因为这不是预期的，所以，准备不可能那么充分。

当德国的奥乐齐超市、利德尔和廉价超市耐托（Netto）进入英国后，英国的廉价超市就不得不对此作出反应，从而引发的改革就是这类改革。英国乐购预料到了它们的到来，并将高档商品移出了他们过去的"货源足，价格低"策略，这让他们能够与那些新晋竞争对手直接竞争。不过，像英国一家折扣连锁超市（Kwik Save⊖）和萨默菲尔德（Somerfield）这样的市场同类竞争者，他们努力想要在这些新来的、杀伤力最强的竞争对手中保持领先。不幸的是，他们的进展并不顺利，他们在这场战役中失败了，所以现在都不得已离开了。

就在我写这本书时，类似的事情还在发生，随着优步（Uber）进入到出租车行业和爱彼迎（Airbnb）进入到住宿业，很多现有的企业都努力试图与这些新来的竞争者对抗，比如说，伦敦的黑色出租车和一些旅游企业。从长远的角度看，我认为他们不会胜利，所以，观察这一切上演会变得很有趣。

危机改革

这种改革是企业被迫进行的，因为此时他们已经发现自己身处危机之中了。这种改革对于参与进来的每个人可能都非常不愉快。在这种改革中，反对的声音都不会太多，因为大多数人如果意识到了问题的存在和不实施改革的隐患，他们都会支持的。尽管如此，企业进行这种改革的成本往往高之又高。这是因为，当危机突然到来时，企业往往还没有准备好，也没有处在一个良好的状态中，所以，他们并没有可用的备用资源来执行改革。

受"9.11"事件的余波影响，很多航空公司都不得不进行这类改革。大多数企业都陷入了这种突如其来的巨大经济困难中，他们不得不迅速裁员，或者安排新的资金来帮他们渡过难关。于是，有些航空公司就此出局了！

我有一个客户，他也不得不进行这种改革，当新引进的软件系统出现了巨大故障时，他们就开始以惊人的速度失去顾客。我们努力设法帮

⊖ Kwik Save 是在英国威尔士成立的一个折扣连锁超市，它在英国各地都开设有商店。——译者注

助企业渡过难关、阻止客户外流并设法再把他们吸引回来。不过，这项工作也历时了几个月、耗费了大量的投资并且在对待同事、客户和厂商的行为上都需要做出很多改变。

反思一下这三种形式的改革，你可能会说，睿智的领导都会选择预期改革，有些会实施被动改革，而剩下的就不得不进行危机改革。我经历过所有这三种改革的应对，我发现，它们每类都有自己的挑战和回报。

成功的信仰

如果一个人或一个团队认为他们无论付出任何努力都不会取得成功的话，那他们很有可能就会不成功。这就是大多数企业和团队聘请思维教练来帮助他们建立成功必需的积极心态的原因。亨利·福特[⊖]（Henry Ford）曾说过："无论你认为自己能不能做成一件事，你都是对的"。

这在企业的改革项目中也是同样的。因为，如果一个项目想要取得卓有价值的成效的话，那至关重要的就是要保证参与实施的人们坚信他们一定能够使之奏效，只有这样才能够实现所期待的成果。为了了解这种运作机制，我们必须要从考虑核心原则开始，而这些原则对我们采取任何措施并取得成功都是十分关键的；我常听人们称其为"事物的自然秩序"。

我很幸运地在许多场合下都遇到了约翰·科特（John Kotter），主要是在我担任主持的场合和我也要发言的场合。他是松下幸之助（Konosuke Matsushita）集团的领导能力教师、哈佛商学院的名誉学者，广泛被人们看作是世界上知识最渊博的专业学者，以及领导力和企业改革这些课题的开拓者。我从他那里学到一件很重要的事，就是信仰的重

⊖ 福特公司创始人。——译者注

要性和它对企业改革的影响，这在图 8-1 中用几个简单的词语渐进地就能表达清楚。

信仰 ➡ 思想 ➡ 感受 ➡ 行为 ➡ 结果

图 8-1　信仰影响企业改革

这表明，我们相信什么会决定我们对所有体验的思考方式；而我们对体验的思考方式会随之决定我们对这些体验的感受（我们的士气）；我们对这些体验的感受会对我们随后的行为产生巨大的影响；而我们的行为方式显然会影响我们行为的结果（业绩或成果）。

我相信这就是为什么这么多培训项目都没能实现预期愿景目标的原因吧。很多企业都取得了短期的进步，不过这些进步往往被证明只是结果的一个瞬时迹象，一切很快会又回到它们培训前的轨道上。这是因为很多培训课程只教授行为（应该怎样做事），而别无其他。如果影响力巨大的感受、思想和人们的信仰不在他们取得可持续成功的需求之列的话，那么，只一味改变人们的行为是毫无意义的。所以，为了能够实施一个成功的改革项目，我们就必须从企业上下现有的信仰（共享有价值的目标、价值观和原则）出发。

一个企业持有的信仰一般都来自企业的领导，所以，领导的信仰就尤为重要。如果他们的信仰是错误的或不一致的，那任何改革项目都可能会失败。麻省理工学院斯隆管理学院的埃德加·H. 沙因（Edgar H Schein）教授在他的书《组织文化和领导力》(*Organizational Culture and Leadership*) 中解释了对企业文化设定影响最大的六个关键领导行为，它们从而也影响了企业的信仰、思想、感受、行为和结果。他将其称之为企业的"氛围"。这些行为是：

◆ 领导们最感兴趣的事，并因此而不断采取的措施和管控。

- ◆ 领导们对关键事件或企业危机的反应。
- ◆ 领导们选择把有限的资源分配到何处。
- ◆ 领导们任何刻意的角色塑造、教导或训练。
- ◆ 领导们选择给予同事奖励或职位变动的方式。
- ◆ 领导们聘用、选举、升职或排斥企业成员的方式。

所以，领导的信仰、思想、感受和行为对任何企业的举措或改革项目的成功都是关键。此外，还有几个需要考虑的问题，以及因此对企业改革项目的实施所产生的影响是：

- ◆ 领导是否相信改革项目能够实现有价值的战略目标呢？
- ◆ 领导是否相信实施改革必要的资源准备是能够带来丰厚回报的明智投资呢？
- ◆ 领导是否准备好完善自身对企业改革以及如何实施改革的知识了呢？
- ◆ 领导是否准备好以身作则为他人树立改革榜样了呢？
- ◆ 领导是否向和企业有接触的所有人都传达了关于改革项目的一致积极信息呢？

同样重要的是，所有人都站在同一战线，大家都理解企业改革的需求。领导团队中只要有一个人不完全肯定改革，只要他将这个信息传达给他人，而此时，他人并没有表现出太大的质疑，这样做就足以对努力实施改革的人们的信仰和士气造成严重的破坏，也因此会让改革更难成功。所以，领导团队的总指挥要让整个团队清楚地知道，必须在改革项目中站在同一战线、统一口径，这也是十分重要的，此时，任何不同的声音都是不能容忍的。

由内而外的改革方式

我听说过这样的说法,"如果用外力打破鸡蛋,生命就此被扼杀;如果用内力打破鸡蛋,生命就此翻开新的篇章。所以,一切伟大的成功都是从内部开始的。"电影《独立日》(*Independence Day*)就采用了一个这方面的例子。地球被外星人入侵了,他们搭载着巨大的宇宙飞船。他们不友好的意图很快就显露无遗,所以,人类不得不对他们发起攻击。尽管如此,人类所有的尝试,包括核武器在内,都无法穿透外星人飞船外的隐形防御盾牌。随后,有一个科学家想出了一个聪明的办法:就是利用一台他们俘获的较小的外星人飞船,让人类飞行员驾驶这艘飞船进入到外星人的主体飞船中并上传电脑病毒,从内部侵入到外星人的防御体系中,使他们的防护罩瘫痪,只有这样,人类的武器才可能穿透。这招奏效了。

当我们试图在一家现有运转模式成熟的企业中实施改革时,我们所面临的挑战可能就和毁灭外星人的飞船所面临的挑战差不多。这种情况在成立时间较长的大型企业中尤为突出,因为他们已经形成了具有自己风格的外星人防护罩,我常常喜欢把它称为"企业自动免疫系统"。它的作用就像是血液中的白细胞,它们包围、攻击并抵御任何外来入侵。这往往会导致一个结果,就是人们会尝试通过无数次培训课程来实现改革,可这些课程都是外部提供者供应的,这种行为就像是用武器攻击那些外星人宇宙飞船却无法突破他们的防护罩一样。这些课程花费不菲,可能看似动静不小,就像"宇宙大爆炸",不过往往都会被建设完善的改革防护罩弹回来,起不到什么持久有价值的作用。

所以,尽管这些改变最初看起来似乎真的发生了,可看不见但却坚不可摧的"改革防御系统"却在某种程度上能够击退任何多余的入侵,一切很快就会又回到入侵前的样子。在历史文化悠久的企业中,人们有着根深蒂固的工作方式,事实上,改变"我们在这里一贯的做事方式"

可能是相当困难的。

尽管如此，我的经验告诉我，《独立日》中的方法可能会是一种处理和克服这种状况的真正有效的方式。这种方式背后的原理就是，基于我们在本部分开头所引用的那句话。我们的目标不是从外部攻击文化从而引起抵制，而是利用积极的病毒从内部削弱并瓦解它。如果这一步完成了，那么之后再采用外部策略的话，它就更有可能奏效并通常会创造出大得多的影响。

这种方法的起点就是要找到一群为了让企业更好发展对改革开诚布公的人，他们能够做好准备，帮助企业有效推进改革。一开始，这些人可能很难找，因为这些人为了能过平静的生活往往会决定委曲求全，避免和同事们发生冲突。不过，我的经验是，如果你观察得足够仔细的话，你应该能够认出最初那少部分愿意改革的人。然后，一旦他们确认站出来也是安全的，那么，其他人也会陆续开始站出来的。

这些人都是内部人员，他们能打开企业文化的后门，为积极的改革病毒的注入开启一条通道。他们通常需要些培训来在他们需要做的事情上建立知识、技术和信心。可如果你已经选出了适合的人选，那整个改革应该不会那么困难或花太长时间。伪装改革病毒也是个好办法，可以通过把这些人员接受的培训和他们接下来所做的工作归类来实现，不要让任何人质疑他们的所作所为是不利于企业的。其中一些例子就包括：

- 卓越运营。
- 不断进步。
- 卓越服务。
- 客户忠诚。
- 安全保障。

这些都是没有人能够明确反对的、很棒的、有价值的目标。不过，经验告诉我们，它们也是向企业注入积极改革病毒的很棒的途径。

自然总会选择阻力最小的那条路，面对这样的挑战时，这是一条很好的参照原则。所以，按照最初的培训，从这些人、在更可能做好准备接受新思想的部门或在阻力最小的部门开始改革项目是非常明智的。他们可能在早期很需要鼓励、支持和保护自己不受攻击。这都是企业领导或项目负责人或领头人的工作。不过渐渐地，随着他们开始传播这种思想，一个人接一个人、一个项目接一个项目、一个成功接一个成功，病毒会不断壮大，直到最后变成一种新的"我们在这里做事的方式"。

研究和经验都证明，尽管这在早期举步维艰，但只要创造出积极的成果，通常都会有一个临界点，在此之后就几乎不可能阻止病毒在整个企业的蔓延了。这个临界点到底在哪里，实际上它在每个企业都各不相同，不过，通常是在"支持"的员工和正面支持者达到10%到20%之间时。所以，在早期保持势头向上是明智之举，只有这样，才能尽快到达这个临界点。然后，随着反对方的倒台，在全公司开展必要的培训以获得外部支持就是可行的了，这应该能为改革成功赢得更大的机会。

就如前文所说的，高达70%到80%的企业改革项目都不能实现他们的关键目标。其中的原因很多，不过，企业现有的强大的和极具回弹力的文化可能是最主要原因之一。所以，就算是这种方式，也像所有改革措施一样，不能确保改革的成功。可是，它当然能够提高你20%到30%的胜算，所以，至少在我看来，这值得一试。

人们都会保护自己的成果

多年来，我和一个打造员工参与度领域的专家一起完成过很多项目，他叫马克·格里高利（Mark Gregory）。我第一次见到他时，他正在负责管理英国宇航系统公司的大部分制造工艺。几年后，他决定成立自己的公司，公司的名字就叫"释放与参与（Unleash and Engage）"。现在，他已经拥有了一家很成功的企业，带领着一支技术高超的团队，他们为数不清的企业打造了让员工们各尽所能的工作环境。

我从马克身上学到了很多，他说过一句话和企业改革这一主题息息相关。这就是我用作本部分标题的那句——"人们都会保护自己的成果"。

许多改革措施失败的原因就是因为这些措施都是那些随后不会参与进来的人们凭空想象出来的。这常常会导致这些措施不像人们原以为那么奏效。参与实施这些措施的人们很快就会意识到这点，可如果改革是"老板"或某些"昂贵的顾问们"提出的，那当问题出现时，人们可能很难对他们倡导的举措的有效性提出质疑。这就会导致这些问题得不到纠正。

不过，如果实施改革的人们参与到方案设计中的话，那么这些措施开展起来一般都会实际得多，实施过程中突然出现的任何方案上的缺陷通常也能在这个过程中被轻易顺利地改正。

所以，保证一线工作人员始终参与到改革方案的开发过程中是个好办法，因为他们是最接近问题或需要改革的流程的人。

组织一致性的力量

毫无疑问，就像领导们需要达成一致一样，团结一致的企业也比组织松散的企业能实现的成就更多。按照我的经验，往往多得多。组织一致性能够保证一个企业上下的员工都把他们的努力专注在实现和其他所有同事一样的目标上。换句话说，他们都往一个方向努力。显然，如果人们都往不同的方向努力的话，那想要取得进步是很艰难、很缓慢，甚或是不可能的。所以，尽管这是一个需要决心和时间才能正确实施的操作，但却始终值得人们为之努力。待到一切就绪，重复起来就花不了那么多时间了，回报通常也巨大。

我的经验和能找到的绝大多数研究都证明，要想在工作中站在同一战线就要有一个全体（或者至少绝大多数）人员都感到值得努力一试的焦点或目标；这个目标是让人艳羡并值得托付的。这通常被称作目的、远见卓识或使命。（记住，远见卓识是主要的领导特质之一。）我特别喜欢"崇高目标"和"值得追求的目标"这样的词，因为它们传达的都是值得赞扬的信息。

不过这类目标找起来很困难，尤其对一家历史悠久的企业来说。比较适合作这类目标（如果有的话）的都几乎不会集中在商业目标上；让人变得富有并不是什么崇高的目标。不过，它可能是一种实现目标的必要手段和成功的有益成果。所以，人们通常关注什么才最好呢？

答案很简单，就是那些每当人们想到或说起自己努力为之奋斗的目标时都会感到很骄傲的事情，一些例如：

- 把人类送上月球。
- 让世界摆脱癌症。
- 建设不寻常的建筑（比如说大教堂）。
- 建立一流的团队或企业。
- 给有需要的人提供干净的水和食物。
- 用科技让生活变得更轻松。
- 延长人类寿命或改善生存质量。
- 帮助别人成为他们能力所及最好的人。

这些都是大体上通用的例子，不过它们也给了我们一个线索，就是这类目标可以被描述成"值得追求的"或者"崇高的"。还要注意，它们都很短。简短的目标往往更难创造，但通常它们都比那些冗长、啰唆的目标有效得多。

关于一个崇高目标或值得追求的目标到底有多强大的作用，其中很棒的例子就蕴含在下面这些故事中。比如：

崇高的目标

1962年，在一次去美国宇航局太空中心访问的过程中，时任美国总统约翰·F.肯尼迪(John F Kennedy)遇到了一个清洁工。总统中断了他的参观，径直走向这个人并说道："你好，我是杰克·肯尼迪。你在这儿做什么？""哦，总统先生，"清洁工回答道，"我正在帮忙把人类送上月球。"一般人都会认为这个清洁工只是在这里打扫卫生的。可是，一旦意识到并相信他周围的人们都在为了崇高的目的努力着，那他也就会意识到自己也是这个团队中的一员，正在协助大家创造历史！

值得一试的目标

还有一个类似的故事是克里斯多费·雷恩爵士(Sir Christopher Wren)一次到圣保罗大教堂的施工现场巡视时发生的。他问一个普通工人他在做什么，得到的回答是"向全能的上帝献礼"。

这些故事也许都不是真的，但这不要紧。无论这个人的职位多高或多低，无论别人如何看待他的工作，只要他认为自己正在为值得的事情做贡献，那他就会为自己的工作、自己的企业和自己努力为之奋斗的一切感到骄傲。当整个企业的员工都拥有这种态度和信仰时，那他们能取得的成绩将是不可思议的。

⊖ 约翰·F.肯尼迪(John F Kennedy，1917年5月29日—1963年11月22日)，通常也被称作杰克·肯尼迪，美国第35任总统。——译者注

⊖ 克里斯多弗·雷恩爵士(Sir Christopher Wren，1632年-1723年)，英国天文学家、建筑师。他是伦敦大火后的主要重建者，他设计了52座伦敦的教堂，其中很多以优雅的尖塔顶闻名。著名的圣保罗大教堂也由雷恩在1675-1710年指导重建。——译者注

一致性也需要生动的描述

目的或目标如果短些最好了,可为了能够让它更好地奏效,通常也需要我们所谓的"生动的描述"。也就是详细地描述值得追求的目标或崇高目标的意义,以及实现它们后会有怎样的收获。在这里,应该详细解释一下目的的意义,以保证全公司的每个人都能切实了解它意味着什么,最好能让他们自己弄懂,他们必须做些什么才能有助于这一切的实现。

吉姆·柯林斯(Jim Collins)在他的书《基业长青》(Built to Last)中举了一个关于这方面很好的例子。在这本书中,他引用了索尼公司的盛田昭夫(Akio Morita)写的一段生动的描述。在20世纪50年代,索尼还是一家小型晶体管生产商,那时,人们普遍认为日本制造的产品质量差、不经用,于是,他就为公司设立了一个目标——"要让公司闻名世界并因此改变日本留给世人粗制滥造的印象"。他用一个生动的描述扩充了这个目标:

> 我们制造的产品会遍及全世界。我们会成为第一家进入美国市场直销的日本公司,我们会成功完成美国公司没能完成的创新——比如说晶体管收音机。从现在开始的50年内,我们品牌的名字会在全世界家喻户晓,我们所代表的创新与品质会超过世界上任何一家最具创新精神的公司。日本制造将会意味着高品质,而不是粗制滥造。

我想这一定提起了人们的精神头、鼓舞了那时在索尼工作的所有员工的士气。而且,他们确实也做到了!

所以,找到正确的目标并创造出关于这最终目标的令人振奋的生动描述是最具价值的实践。

价值观的作用

价值观在站在同一战线中起到了关键的作用。它的目的就是要清楚地描述那些人们接受（和不接受）的日复一日的行为，而这些行为是人们在努力实现目标的过程中必须采取的。

像"专注""奉献"或"有义务"这样单独的一个词几乎起不到最佳效果。相反，意味深长的句子通常效果更好，例如：

- 我们厌恶任何形式的浪费。
- 我们都是一个团队。
- 了解你的产品。
- 建立相互信任的关系。

记住，价值观是为企业内部的员工设立的。这不是用于企业外部的广告标语。所以，使用的语言越简单、表达得越明确，它们就可能越有效。

领导的结盟宣言

一旦具备了远见卓识和价值观，随后领导就必须为追随者们树立榜样。他们必须要保证在人们眼中，他们的行为和价值观是一致的，他们正亲自致力于实现他们所说的目标。

对他们来说，达到这个目的最简单的办法就是亲自写结盟宣言，然后和同事们分享。写结盟宣言有很多种方法，不过，参照如下的范本也许是最容易的：

- 我愿意一直……
- 我永远都不会……

◆ 我的目标是……

如果每个领导在这三个主题的每个下面都能写出许多重点的话,那每个人都应该很容易就能理解他们日复一日的行为是怎样联合起来共同实现这些目标和价值的。写好并分享他们的宣言后,领导就有权鼓励全公司所有其他人员站在同一战线了。

图8-2中的图解表明了这一切是如何奏效的。它指明了配合公司目标(崇高的目的)的部门目标、配合部门目标的团队目标,以及配合团队目标的个人目标。这显然需要时间才能实现,但毫无疑问,这都是十分值得的。

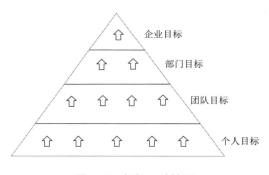

图8-2 组织一致性图

请注意,如果单以从上到下的视角执行这一切,那恐怕效果不会太好。换句话说,这一切操作起来不应该是总裁命令经理,然后经理向团队中的工作人员下达关于他们的目标的指令。反而,这最好是一个双向的过程,双方都要付出和索取,这才能实现所有人信奉并为之努力的切实可行(但却有延伸意义)的目标。

建立实施行动小组

最好的实施办法就是成立一个由领导带领并能得到最高呼应的实施行动小组。这个小组最好是由来自企业各部门的人员组成的。(小组规模最好是 4 到 12 个人，依据企业规模来定。）

这个小组需要一个行动方案来声明一下关键事项：

- 多长时间之内完成？
- 项目各部分都由谁负责？
- 需要几个推广阶段？
- 每个阶段的内容是什么？
- 每个阶段如何完成？
- 如何监督现行进展？
- 对于不配合、不能配合或不愿配合的同事应该怎么处理？
- 应该如何传达现时状况和现行工作？
- 如何使之成为企业 DNA 各部分中的日常活动？

一旦这个计划被制定出来，那么指挥站在同一战线的活动的领导们就需要签字确认并整合资源。

还有些需要被纳入行动计划中的事项，这些事项经证实也是很有帮助的。以下是几个关键事项：

- **速战速决**。从容易完成和预计能提供迅速有价值成果的活动开始。这能够鼓舞实施小组的热情，并为他们散布信息提供正面素材。
- **选择阻力最小的途径**。在初期不要担心有人反对，不要管这些人，和愿意合作的人共事。等你取得些成绩并有些经验后，你就可以再把注意力转到这些反对者身上了。
- **定期总结**。这能保证实施小组的全体人员了解项目进行到哪个阶段了、那些活动是有用的以及哪些活动是没用的，还有必须怎么做才能保证大家都在成功的轨道上。
- **交流所有的收获**。建立各种沟通渠道来保证每个人都能知道所有的好消息。

- **只看成功，不看失败**。关注奏效环节并广为传颂。不要太在意不奏效的，努力改正就好。你可以后来再抽时间考虑这些事情，不过在初期，还是要保持积极性，把注意力放在成功上。
- **制造紧迫感**。紧迫感能够产生能量。所以，保证前线小组有他们需要的足够的时间和资源，鼓励他们尽他们所能一步步尽量继续向前推进。

你知道这会奏效的，不是在这一切偶尔顺利地被注意到和被人们讨论时，而是在它偶尔不顺利地被人们注意到并进行调查找出它出错的原因时。当这一切发生时，你就会知道，站在同一战线的行动已经成为了企业的一个习惯。

这个过程可能历时很长，不过我相信这值得我们付出努力。当一切就绪，每个人都会向着共同的目标努力，并知道如何让他们日复一日的活动对目标有所贡献。这些结盟宣言也能够为设立培训、业绩总结和日常的进度监控提供一个基础。

选择宇宙大爆炸式或野火燎原式

我发现企业改革有两个基本方式，我称它们为"宇宙大爆炸"式和"野火燎原"式。这两种方式我都经历过，它们的实施方式截然不同。

宇宙大爆炸式

就像这个名字一样，宇宙大爆炸式的目的就是要产生巨大的影响，而起效速度也往往很快。这种方式常常被用在危机改革的情况下，这是可以理解的，不过，它也会被用在很多其他改革中。基本的思路就是，经过仔细调研、规划和准备之后，企业开展遍及各个部门的大爆炸式的改革措施，让每个人都在促成改革的过程中发挥自己的作用。

我之前提到过美国通用电气公司的原总裁杰克·韦尔奇，以及他利用预期改革来处理他认为正遏制公司发展的官僚主义现象。他就常会将它与大爆炸式的改革方式相结合。他首先说服自己和资深的同事们相信，他所要实施的所有改革措施都能够实现他们期望的成果。然后，他把这方面的专家们都召集到了一起，商议最佳的实施方案。接下来，在经过认真规划和准备之后，他就在全公司启动了改革方案，并用现行的成功举措、定期的新进展交流，和对所有参与人员丰厚的奖励来为方案的进一步实施设定延伸目标。

在美国通用电气公司的 18 年执行总裁任期中，他发动了一波又一波这类大爆炸式的改革举措。这些举措都有助于革新企业运作的方式和企业所实现的业绩。就在他退休前不久，他还被《财富》杂志推举为"世纪执行总裁"。

野火燎原式

这是一种十分不同于宇宙大爆炸式的方式。它是基于传播成功的原则，就像一把大火就能迅速蔓延整个森林一样，一个成功也能够孵化出更多的成功。这是我供职的大型跨国公司最常采用的方式。

这种方式首先是在企业中找到热衷于尝试新想法的一组人员或一个部门，然后培训他们，和他们共同努力并支持他们让新的工作方法取得成功。然后，当其他人也都看到了积极的成效并想要分享这份成功时，这份成功就也随之散布到了其他部门，直到达到最终遍及整个公司的目标。

这种方式的一个优点就是人们会主动参与其中，而不是被强加在他们身上的。还有一个优点就是，随着成功的散布，改革的创意也能得到发展和改善，也因此会变得越来越完善。这种方式的一个缺点就是，和宇宙大爆炸式的方法比起来,它要花费更长的时间才能对全公司造成影响。还有一个缺点可能就是,无论企业中的某些部门改革有多成功,有些其他部门还是会抵制改革。而此时,反对者们就被迫参与到其中了。

经过验证的 8 步实施计划法

我之前提过,哈佛商学院的约翰·科特教授是享誉世界的关于企业改革这一主题的专家。在他的书《领导变革》中,他推荐了一个 8 步法来帮助人们规划和实施改革举措。现在,这个 8 步法被全世界很多企业采用(我的大多数客户都用这种方法),如果按照推荐的方法实施的话,那么,它就极有可能使你成为那 20%-30% 改革成功企业中的一员。

这个 8 步法建议是:

- ◆ **制造紧迫感**。这是第一步,却也是大多数企业做不到或做不好的一步。这些企业很容易就陷入一个误区,那就是告诉自己"我们很好","我们干得还不错"和"我们是大公司,而且这种事很耗费时间"。这就大错特错了,也是很多改革措施在大企业失败的根本原因。正因如此,约翰·科特后续又写了一本书,叫《紧迫感》(*A Sense of Urgency*),来让领导们都意识到这个问题,并提出了克服这个问题的方法。

- ◆ **创造领军人物联盟**。这需要一队人,最好是来自企业各部门的,由他们全权负责调研、规划、准备、资源筹备、发起和监管整个改革项目。

- ◆ **开发构想和战略**。构想要回答的问题是——"我们的目的是什么?",可能还有"我们为什么要这么做?"战略回答的问题是——"我们怎么才能达到目的?",可能还有"如果中途出错,我们该怎么做?"随后,这些问题的答案就可以为我们提供在下个阶段向企业各部门传达信息的范本。

- **交流构想**。开发出构想和战略后，需要做的就是在企业更大范围内进行有效的传达。传达的目的就是争取人们的理解。这意味着这种传达必须是双向的。几封电子邮件、企业内部邮件或店面的宣传海报是远远不够的。传达的目的就是要人们建立对改革计划的总体"认同"，人们在理解并因此而认同之前需要认真思考并提出质疑。

- **授权每个人采取更广泛的行动**。一旦实现了普遍的认同，这些措施奏效的责任感就必须要落实到企业中的每个人身上，他们既可以在改革项目中发挥关键作用，也可以支持那些发挥关键作用的人们。这通常要从关键人物的培训和拓展工作开始，同时，需要现行领军人物联盟的支持和鼓励。

- **创造短期胜利成果**。这是实践中边缘收益的集合。聚沙成塔、集腋成裘。尽管每件小事都几乎达不到产生巨大改观的效果，可是它们汇聚起来就能够制造出很大的改观。所以，在这个阶段，鼓励每个人想方设法尽量创造小的成果，并将这些成果记录和汇报出来是十分重要的，这些成果会更广泛地散布到企业的其他部门中，在那里被复制，同时得到赞扬，并以此证明我们正在取得的巨大进步。

- **巩固成果并继续前进**。很多改革项目失败的另一个原因就是人们在改革过程中迷失了或厌倦了。这就像孩子们在长途旅行中常会问的问题一样："我们还没到吗？"人们必须要知道他们进展到哪一步了，以及他们距离总体目标还有多近（或多远）。所以在这个阶段，巩固所取得的进展就变得很重要，只有这样一切才不至于倒退，所有人都会得到鼓励、继续坚持并完成改革项目。

- **让新方法扎根企业文化**。最后一步就是要确保所采用的新的工作方式成为新的"我们在企业中的做事方式"。这意味着要在新引进的培训中对其进行讨论；要进行培训，只有这样，大家才能够了解做事方式；要建立监督机制检验是否一切照章进行；还可能需要关联表彰和奖励机制。

就像我在这部分引言中说的那样，这是一种我的大多数客户都使用的方法，这种方法帮他们实现了成功。所以，我强烈推荐大家也采用这种方法作为你的企业所有改革项目的基础。

关于改革的进一步思考

除了哈佛大学商学院的约翰·科特，我也是欧洲工商管理学院商学院的J·斯图尔特·布莱克（J Stewart Black）和哈尔·B.格雷格森（Hal B Gregersen）、斯坦福大学的奇普·希思（Chip Heath）和他的兄弟、杜克大学的丹·希思（Dan Heath）提出的补充观点的忠实支持者。

布莱克和格雷格森写了一本关于企业改革的书，书名叫《从1开始》。在这本书中，他们提供了一些最具价值的关于改革流程的想法，而这些建议在实施科特的8步法改革项目过程中最好能够被了解并应用起来。这本书之所以叫《从1开始》是因为作者认为有价值的改变每次只能发生在一个人身上。人们一个接一个地"选择"改变，并采用新观念或新工作流程。让人们做出这种改变需要他们的理解，作为个体，他们必须经历的心理阶段如下：

- ◆ 阶段一：我知道我现在做的是对的，因为：
    —我受过这方面的培训。
    —我擅长用这种方式行事。
    —我几乎不假思索就能够以此法行事。
    —我这样行事很舒服。
    —我这样行事很自信。

——我每次都能做对。

——我这样行事被人们称赞"干得漂亮"。

随后，发生了一些事情触发了改革的需求。所以，过去做对的事情现在变成了错的事情，必须要引进新方法才能做对。不过，我们都知道，当我们尝试新事物时，我们第一次几乎都做不对。我们需要时间和练习才能学会所需的新技巧。并且这个过程可能会造成压力、让人沮丧，有时甚至很痛苦（只要问问随便哪个尝试过改变高尔夫球挥杆方式或网球拍握拍方式的人就知道了）。所以，个体就进入到下一阶段：

◆ 阶段二：努力做好新的正确的事情。这很难，因为：
——用这种新方法做事时，我需要培训和支持。
——我并不很擅长这样做事。
——这需要格外注意和小心。
——这样做事我还不太习惯。
——这样做事我还不太自信。
——我一直在出错。
——我知道我"必须做得更好"。

可如果个体得到了他需要的支持和培训的话，那么，他们只需要时间去练习和训练所需的新技巧，最终就会到达下一阶段：

◆ 阶段三：我知道我现在做的就是正确的事情。因为：
——我得到了新的行事方式的再培训。
——我越来越擅长用这种新方式做事。
——我发现用新方法做事更好。
——我渐渐开始几乎不用多想就能完成。

——我越来越习惯用新方法做事。

——我越来越有信心用新方法做事。

——我几乎每次都能做对。

——有人因为我用新方法做事赞扬我"干得漂亮"。

人们需要渡过所有这三个阶段。不过，企业和管理者总是希望并期盼员工们能直接从阶段一过渡到阶段三，而这几乎是不可能的。所以，当我们实施一项改革项目时，很重要的一点就是要记住，要给人们他们所需的时间和支持来帮助他们渡过这所有三个阶段。

奇普·希思和丹·希思有一本叫《瞬变》（SWITCH）的书，是关于企业改革的。当我经营我的"客户忠诚度管理大师拓展项目"时，我总会在项目结束前问问这些公司代表哪本书是他们最喜欢的。《瞬变》总会在他们的提名之列。这可能是因为这本书很容易读懂，并且里面的重点内容都是用真实案例来阐述的。

在使用科特的 8 步法计划时，同时记住这本书中的几个重点是非常有帮助的：

- ◆ **直指终点**。向所有员工清楚地描述目标和达到目标的全部好处。我记得有一次和英国化学工业公司的前总裁——已故的约翰·哈维·琼斯先生（Sir John Harvey Jones）一起开会。他以前常说，很多领导都以为他们需要一座"燃烧的巨桥"（那些正在发生或已经发生带来可怕后果的糟糕事件）才能够启动并让每个人都支持有价值的改革。可如果你用"燃烧的灯塔"（通过改革能够在未来实现的壮举）也能够达到同样的目的。这座燃烧的灯塔就是需要我们直指的那个终点。

- ◆ **为关键举措撰写脚本**。在大多数改革举措中，有几个需要所有人关注并推动前进的关键举措。所以，不要让这些关键举措碰巧发生。撰写一个简单的脚本，明确指出这些关键举措。这个脚本应该叙述简洁、目标明确、或提出些能够有助于实现目标的行动。有几个来自我所合作的企业的例子如下：

——客户服务仅次于安全。（建筑材料制造商）
——争取净推荐值在9分以上。（谷物和种子商）
——成为客户的首选。（跨国经销商）

- **使用和参与感**。约翰·科特的第二本关于改革的书叫《变革之心》（The Heart of Change）。他写这本书的初衷是因为，他在调查改革举措失败的原因时发现，一个普遍的诱因是领导都把这看作是一次学术演习。他们并没有准备好用心去做这件事，并且对改革项目或者目标也没有表现出热情。所以，要保证你发起的任何一项改革项目都能够吸引人们全情投入，并保证你自己要全心全意投入。

- **把改革缩小到易控的几步内**。想象一下你正经受着酗酒的折磨。你希望自己能够摆脱这种糟糕的疾病，不过，一想到生活中再也没有酒精饮料这就让你觉得恐惧，这似乎是不可能的。嗜酒者互戒会（Alcoholics Anonymous）的创立者意识到了这一点，所以，他们就只建议你今天不要碰酒精；然后再建议你明天也不要这样做，以此类推。这是一个很棒的例子，告诉你如何能够将改革缩小到可控的几步内。这样，你就能够想办法完成你发起的改革项目了。在几小步之内完成能够完成的内容，然后再吸引人们加入其中。

- **寻找并散布亮点**。亮点就是有效的事情。就算整体计划不奏效，也总会有些部分是奏效的。所以，找到这些亮点，在不奏效的部门散布这些亮点。你会发现它们能更迅速地创造出更多的成功，这比费劲解决不奏效来的部门问题要快得多。

结　论

　　成为改革项目成功的那20%~30%企业中的一员并不容易。不过，在生意中值得一试的事情没有哪些是容易的。成功需要决心、严谨和奉献。就像美国领导力研究的先驱之一沃伦·本尼斯（Warren Bennis）曾说过的："生命中的变革是必然的；企业中的改革是必要的。"所以，如果你下定决心把建立客户忠诚当作是企业战略中关键一环的话，那你就必须严格利用这些可靠的工具和技巧，让你自己和企业都全身心致力于完成任何成功所必需的改革。通过遵循本章中提出的建议，你应该能够实现并维持任何你认为实现成功途中所必要的积极改变。

　　迈克·泰森[⊖]（Mike Tyson）曾经说过："每个人都有计划……直到他们脸上挨了一拳！"我并不是说你会受到迎面一击，我说的是，就算最好的计划也会遭遇意想不到的情况和问题。所以，要保证你的计划的灵活性，以便在新的意外事件出现时你能够做出改变。建立一个反应灵敏的企业的关键就是，要有能力对所发生的任何情况作出迅速、正面的反应，并有能力始终不偏离实现最终目标的轨道。

行动清单

　　1. 努力尝试预期改革。这是最难启动但却最明智的选择，成功的概率也最大；被动改革就比较容易，可是成本更高，成功的概率也更低；危机改革是最容易开展的，不过可能代价很高，成功的概率也最小。

⊖ 美国著名职业拳击手。——译者注

2. 保证你自己对于任何你发起的改革项目的成功都具有坚定的信念，保证将这种信念传达给所有的同仁以便用这种信念感染他们。

3. 用由内而外的方式启动你的改革项目，瓦解内部的抵制。要保证用有价值的目标和崇高目标记它。

4. 努力让在负责实施的人员参与到设计流程中来。他们会随后尽其所能让改革奏效。

5. 花时间建立同一战线，首先，在全体领导团队中，然后，遍及整个公司。

6. 要决定最适合你的是宇宙大爆炸式改革还是野火燎原式改革。

7. 通过利用科特的 8 步法企业改革计划让自己赢得最大的胜算，再加上布莱克和格雷格森以及奇普和丹·希思的补充观点。

推荐书目

Black, S J nd Gregersen, H B（2008）*It Starts with One : Changing individuals changes organizations*，Pearson Education, Upper Saddle River, NJ

Collins, James C and Porras, J I（1998）*Built to Last : Successful habits of visionary companies*，Random House Business Books, London

Heath, C and Heath, D（2010）*SWITCH : How to change when change is hard*，Random House Business Books, London

Kotter, J P（1996）*Leading Change*，Harvard Business School Press, Boston, MA

Kotter, J P（2002）*The Heart of Change*，Harvard Business School Press, Boston, MA

Kotter, J P（2008）*A Sense of Urgency*，Harvard Business Review Press, Boston, MA

Schein, E H（2010）*Organizational Culture and Leadership*，Jossey-Bass, San Francisco

Welch, J with Welch, S（2005）*Winning*，HarperCollins, London

推荐网站

△ On YouTube

Black, S J and Gregersen, H B(nd) [accessed 8 November 2018] It Starts With One: Changing Individuals Changes Organizations [Online] https：//www.youtube.com/watch?v=1klZD0nKOF4

Collins, J (nd) [accessed 8 November 2018] Drucker Day Keynote [Online]https：//www.youtube.com/watch?v=7qZP4kaYcXU

Heath, D (nd) [accessed 8 November 2018] How to Change When Change is Hard [Online] https：//www.youtube.com/watch?v=zWWh16A0x4U

Kotter, J (nd) [accessed 8 November 2018] Our Iceberg Is Melting [Online] https：//www.youtube.com/watch?v=Gh2xc6vXQgk

Kotter, J (nd) [accessed 8 November 2018] The Heart of Change [Online] https：//www.youtube.com/watch?v=1NKti9MyAAw

Schein, E H (nd) [accessed 8 November 2018] Culture Fundamentals from Edgar Schein [Online] https：//www.youtube.com/watch?v=4Fw5H7GWzog

Welch, J (nd) [accessed 8 November 2018] Why Winning Matters [Online] https：//www.youtube.com/watch?v=TEbXOOjlb4M

第九章

衡量和监控对客户忠诚度重要的事情：体验与满意度

本章包括以下内容：

>> **衡量重要的事情**。曾有人说，衡量什么完善什么。可能确实如此，不过如果你衡量的是错误的事情，那这就可能将一切引向错误的方向。所以，要提高客户忠诚度应该衡量些什么呢？

>> **衡量预期、体验、记忆和忠诚度（非满意度）**。如果我们衡量的是正确的方面，那这些方面就能够帮助我们建立客户忠诚度，我们必须知道这些方面是什么以及如何对它们进行衡量。

>> **持续跟进正在发生的改善**。这指的是利用衡量手段来从客户处获悉该如何进步。保持进步是一件意义非凡的事情，只有这样，你才能够在客服交付时成为井井有条的领先者。本章会概述如何着手去做。

>> **衡量的频率**。大多数企业都不会尽可能按需频繁地收集客户的反馈。本章会解释为什么这样做这么重要。

>> **奖励重要的行为**。奖励必须和有利于成功的重要行为联系起来。然而，尽管很多企业中选择把建立客户忠诚度视作实现当前和未来成功的关键，可是，奖励却并没有和能建立客户忠诚度的行为联系起来。

第九章
衡量和监控对客户忠诚度重要的事情：体验与满意度

衡量重要的事情

英国乐购的前执行总裁特里·莱希先生在他的一本精彩绝伦的书《赢的真相》（*Management in 10 Words*）中写道："企业都真的很不擅长面对真相。按照自己的想法定义你对现实的看法并判断成功和失败要容易得多。不过，我的经验是，真相对于创造和维持成功都是关键性的。"我发现这在很多企业中都适用。领导们选择性地了解他们想要知道的事情，而这不一定是他们需要知道的事情，然后，他们会对感兴趣的事情展开调查。随后，在意料之中，这些调查会给出他们想要的答案，他们想要用它来判断他们眼中的现实的答案。

很多市场调研都在做这样的事情。他们调查的内容是公司领导们规定的。然而，这些内容却往往不是客户希望反馈给你的内容，他们也从未被问及此方面内容。如果不去挖掘那些建立持久的客户忠诚度所需的信息，那么，从客户那里搜集这些信息几乎是没什么价值的。关键是，如果你的问题不怎么样的话，你也可能会得到很好的答案，只不过这些答案不是你做出明智决策需要的罢了。

在很多企业中还有一个趋势，他们说他们想要为客户提供卓越体验，可他们却不去衡量那些真正能够告诉他们是否履行了这样的服务的事件。更糟的是，他们声称客户体验很重要，可是却没有认同和奖励那些恰恰创造了这种体验的人和事。认同和奖励通常只与那些和销量还有利润有关的事情挂钩。如果你不建立衡量客户忠诚度行动的方式，并随后认同和奖励那些为此付出最多努力的行为的话，那光说什么客户忠诚度很重要这样的话真的几乎没什么意义。

所以，在本章中我想要做的就是，列出有可能搜集到有意义的客户反馈的各种方式——尤其是那些能够告诉你建立和维护客户忠诚度必须要知道的反馈。

衡量预期、体验、记忆和忠诚度（非满意度）

2014年，在阿姆斯特丹召开的美国产业工会联合会日间会议上，福瑞斯特（Forrester）研究机构领导小组的副主席——克里斯汀·奥弗比（Christine Overby）说："许多传统的市场调研工具都没什么用。它们太片面、太耗时、太不准确、还常常制造误导。"作为世界上最受敬重的研究机构——福瑞斯特研究机构的副总裁，能说出许多市场调研都是没用的这样的话，这就值得引起所有企业领导的注意。然而，很多企业却没有。他们还在把大把的钱不断地浪费在错误的市场调研上，就像乏味的客户满意度研究。

客户满意度研究处处可见。它们是市场调研公司销量最大的产品之一。不过我认为，大多数的客户满意度调研都没能揭示那些值得了解的问题。我之所以得出这个结论，是因为调研和与我共事的那些不惜将重金投入在这方面的企业的经验都提醒我注意到了这点。

所以，我们就从调研说起。我很喜欢的一个调研是我在前几章中提到过的。这是与伦敦商学院合作的，他们代表一家叫作超越哲学的企业，随后，他们的执行总裁科林·肖在他的书《客户体验的DNA》中汇报了调研结果。这个调研的完成是建立在这样一个基础之上的，也就是，当客户和我们打交道时，他们的体验感受和忠诚度的获得或流失，以及最终所创造或毁掉的商业价值之间是否有直接关系。在这个调研进行之前，人们直觉上一直都觉得它们之间有关系，但是却没经过学术研究的验证来证实这一点。所以，这个研究就受到了那些从事这方面工作的人和像我一样会给出这方面建议的人们的赞赏。

最终证明，它们之间确实有联系。研究识别出20种客户体验感受可能与他们当前和未来的行为有直接关系。这些感受从打击忠诚度和摧毁价值的最糟糕一端的"有压力"和"气愤",到提高忠诚度和建立价值的最优秀一端的"高兴"和"令人愉快"变动。

可是,这里却有一个明显的疏漏,就是满意感。不满意名列忠诚终结者之列;可是,满意却不见踪影。他们发现满意感和能影响忠诚度或商业价值的任何因素都没有关系。所以,问题就来了,如果它不能帮你揭开有助于你建立忠诚度或商业价值的奥秘的话,那花钱(浪费钱?)做这些研究的意义何在呢?

再来看看我和那些与我共事的将大把钱散在客户满意度调研上的企业的经验吧,我的整体经验就是花钱最多的项目回报却最低。所以,我就想到了创造一条达菲定律,也就是:"你在客户满意度调研上花的钱越多,它对你的用处就越小。"我能想出很多例子,不过,有两个最突出。

一个就是办事处遍及全球的一家美国超大型设备制造商。他们雇佣了一支美国最大、最有声誉的专家研究团队。他们用了这支团队很多年,而且每个季度都会花上好几个小时来研究调研结果、逐条分析,然后向所有感兴趣的人汇报结果。可尽管他们做了这么多,这些调研所带来的改变和这些改变对客户忠诚度所带来的影响都微乎其微。

第二个就是一家大型的英国制造公司,他们在全世界也都有工厂和办事处。他们雇佣了英国最有经验、也是很受推崇的一家调研公司。他们也用了这家公司很多年,而且每年都会分析和汇报调研结果。然而,在对企业文化的影响、提高客户忠诚度或者增加企业收益方面,他们看到的成果也微乎其微。

这方面的例子还有很多,这些例子都告诉我一个结论,那就是客户满意度调查不会提供我们需要的信息让企业改革并创造有价值的成果。当然,这就带来了一个问题:什么能够提供这些信息呢?

我在本章开头提到过,如果你的问题不怎么样,就算你得到了很好的答案,那这些答案中也不会包含能让你做出正确决策的信息。所以,关键就是要提出正确的问题。关于这方面也有很多研究,这些实践研究的结果告诉我们，能让我们提出正确问题的是：那些能够引出我们需要的答案的问题——从这些问题中得到的正确答案能让我们做出正确的决策。

问正确的问题

此时，有很多问题都可以加以利用，不过我的经验建议大家，最有用的五个关键的主题领域是：

交付服务 vs. 预期

我在第四章中解释过，为什么客户预期会影响忠诚度以及如何管理客户预期。所以，研究一下客户的预期和他们认为我们提供的服务和预期的差距就显得很有意义。

有几个能帮你找出答案的典型问题是：

- 你所体验的和你所预期的有没有在哪方面有差距？
- 有没有哪些预期没有达到？
- 你所受到的待遇是你所预期的吗？
- 有没有哪些超出预期的体验？

体验感受 / 感情

经证实，我们为客户创造的感受或感情和它们会带来的忠诚度和价值之间有直接关系。所以，在这个范畴提出问题是很重要的。

能帮助你揭示答案的典型问题是：

- 你觉得……怎么样？
- 哪个时刻让你感觉到作为顾客受到了重视？
- 当……时，你的感受如何？

- 哪些词最能够表达你对……的感受?

还有一个方法能够达到这个目的,就是利用《客户体验的DNA》中描述的20种感受,把它们随意或按字母顺序列出来,然后让你的客户圈出他们有的感受。然后,你很轻易就能够把他们的答案和调研结果联系起来了。我试过很多次,我发现这很有意思,结果差不多都和净推荐值的答案直接相关,这我在下文会提到,以防有人提出质疑。

和你做生意的便捷度

《哈佛商业评论》2010年7月或8月刊中有一篇文章报告了英国商业和经济研究中心的一项调研结果,其中指出:客户努力得分与净推荐值比起来,在预测客户未来消费和他们对你的价值方面显得更准确。所以,发现客户想在你这里消费时的容易或困难程度就变得十分重要。

有助于你揭示这一点的典型问题是:

- 你发现与我们做生意便捷吗?
- 我们的网站/下单流程/等等使用起来便捷吗?
- 你能便捷地得到你需要的信息吗?
- 你能便捷地达到某个目的或实现某个目标吗?

你创造的记忆/故事

在第六章中,我解释了记忆在创造客户忠诚度方面的重要性。同时,为了能够形成持久的深刻记忆,我们需要有与其相关的故事。所以,我们必须知道客户从他们的体验中会得到什么样的故事和记忆。

帮助你揭示这方面信息的典型问题有:

- 你在体验中印象最深刻的是什么?

- 是否有让你难以忘怀的事件？
- 你随后会告诉你的家人/朋友/同事你的经历吗？
- 如果有人问你，你会怎样向你的家人/朋友/同事描述你的体验呢？

未来忠诚度的可能性

贝恩咨询公司（本章末尾有详细的引用）的弗雷德·赖克哈尔德（Fred Reichheld）创造的净推荐值是现在衡量未来客户忠诚度可能性使用最多的调研问题。我在本章的后半部会详细解释它的工作原理，不过有个基本问题必须要问：

- 以你的经验，你把我们推荐给你的家人/朋友/同事的概率有多大？

当客户被问到这个问题时，他们可以打分，从代表"我不可能推荐你们"的 0 分到代表"我极有可能会推荐你们"的 10 分不等。稍后我会解释如何利用这些分数来计算净推荐值。

我知道有些企业甚至更进了一步。他们总是能得到很高的净推荐值，所以，他们还会再问一个与众不同的问题：

- 你曾把我们推荐给你的家人/朋友/同事过吗？

随后，这会提供一个关于过去推荐度的真实数字，而不是未来可能的推荐度。

如果你问了这样的问题，你会得到极具价值的信息，了解你的客户对你们所提供的产品或服务的看法和感受到底如何。如果你按照所学习到的知识采取行动、做出任何你认为必要的改变，你会发现你已经发掘出了一条不断提高客户忠诚度和它所带来的商业价值的有效途径。

搜集反馈的方法

有很多搜集客户反馈的方法。不同的方法适用于不同类型的反馈。以下列出了几种主要的搜集办法。

方法一：每次向客户提供产品或服务时都搜集反馈。

有很多企业无论何时向客户提供产品或服务都会搜集即时的反馈。例子如下：

- 宾馆房间中的卡片。大多数宾馆在房间或前台都有客户可填的反馈卡。
- 发问卷调查表。很多企业在服务客户时会发给他们问卷调查表。我坐火车旅行时就遇到过这样的例子，还有等候牙医和登机时。
- 餐厅桌子上的卡片。餐厅也开始把反馈卡片放在餐桌上了。
- 收据上的电话号码。很多零售商现在都把他们的电话号码印在收据上以便客户提供反馈。
- 发票上的问卷调查。我的一些客户现在会把问卷调查印在发票上来寻求反馈意见。
- 交通工具尾部的电话号码。现在很多交通工具的尾部都会有电话号码可以用来征集乘客乘坐后的反馈意见。
- 发货单上的评论区。我有些客户会把反馈区域印在发货回执单上。有一个客户让配送员在配送过程中分发反馈卡。
- 付账时的简短问卷调查。有些企业会在客户付款时发给他们简短的问卷调查。
- 道路援助公司的手提电脑。道路援助的工程师们手里总是拿着一个电脑，在他们离开前请客户提供反馈。

- 维修工的手提电脑。维修电脑、办公设备、厨房设施等的师傅们也会给你看手提电脑，让你在他们离开前提供反馈。
- 顾客随处可见的卡片。像航空公司和购物中心这样的企业常会把反馈卡放在他们店面比较显眼的地方。
- 电子反馈终端。很多企业都安装了电子反馈终端供客户离开前用来提供反馈意见。
- 事件驱动反馈收集。越来越多的企业会在客户体验过程中利用专门的事件发起对该事件的反馈请求。有一个例子就是在投诉后或服务走访后。

方法二：在网上搜集反馈。

随着网络成为联系客户和供应商的一种越来越普及的方式，它也变成了搜集客户反馈的一种越来越普遍的方式。以下就是用网络搜集反馈的几个例子：

- 专门的反馈网站。有些企业建立了专门用来收集客户反馈的网站。这样，客户就可以直接给出他们的反馈了。
- 非专门的反馈网站。还有些企业让客户能够通过普通的商业网站来进行反馈。
- 管控下的博客网站。有企业会定期在自己的或别人的博客主页上写文章，邀请客户通过这些博客提供反馈。
- 非管控下的博客网站。有些客户（通常都是有不满情绪的）会用他们自己的博客评论某些厂商，他们会利用任何能够搜得到的可用的网站。明智的企业会找到这些网站并尽可能地作出适当的回应或评论。

方法三：通过邮寄问卷调查搜集反馈。

尽管现在互联网已经成为了大多数企业选择的主要媒介，可还是有一席之地留给了邮寄问卷调查，使之成为了搜集客户反馈的一种手段。这样做成本较高，不过现在，如果收到这样的问卷调查还是很新奇的，所以，如果这些问卷调查经过精心设计的话，那它就能够吸引人们更多的注意力并得到更多的回复。

- 普通调查问卷。给客户邮寄普通的调查问卷，其中包含的问题可以规定回答方式，比如说从 1 分到 5 分，或者从非常不赞同到非常赞同，也可能是从极不可能到极有可能。这些问题都能发挥作用，它的一个优点就是这样的设计便于分析。然而，这样的问题看上去都没什么意思，也不太吸引人们想要完成，所以，这类问卷的回复率会很低。因此，使用下文建议的与众不同的、更不同寻常的问卷风格就很值得考虑一下。
- 不同寻常的问卷调查。记住，我们的大脑是靠图片运转，而不是靠语言运转的。所以，制作一个栩栩如生不是只有文字的问卷就能够刺激我们的大脑与众不同的回复区块。这有很多实现办法，不过以下的例子是我在我的一些客户中发现的最成功的案例。

（图片/图表/图解反馈）不同于普通反馈选项，你可以利用一张图表或一个图形来吸引调查对象完成。图 9-1 到图 9-5 就展示了这样一些例子。

图 9-1　把图上这张脸画完来表达你的感受

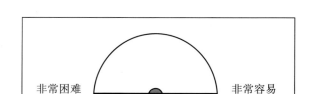

图 9-2　浏览我们的网页有多方便?

图 9-3　你对我们的服务速度评价如何?

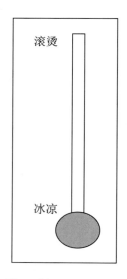

图 9-4　我们对你所需的所有产品的热情程度如何?

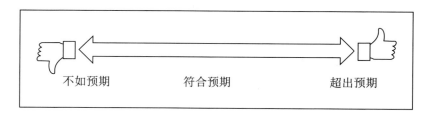

图 9-5　我们提供的服务符合你的预期吗?

第九章 衡量和监控对客户忠诚度重要的事情：体验与满意度

我的一个客户使用了一个简短的、只有两个问题组成的反馈问卷，让司机在顾客离开之前交给顾客完成。不过，尽管只有两个问题，可还是没有什么顾客愿意完成并返回这张问卷。所以，我们就尝试着把手写的问题改成了插图，就类似图 9-1 到图 9-5 这几张图一样。这个小小的改变让这张问卷变得更有吸引力，客户完成起来也变得很容易、快捷。结果，完成问卷的数量翻了四倍多。

挂图问卷 我发现了一张类似图 9-6 的图表，这张表在收集客服企业员工反馈上表现得很成功。

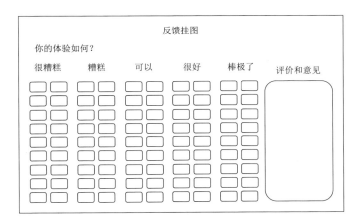

图 9-6　挂图样例

这张印刷图表通常是 A0 纸大小，它会被挂在员工们经过的地方，比如说走廊，或员工聚集的地方，比如说食堂。然后，他们会邀请员工对和他们有关的厂商作出评论，可以用便利贴，也可以直接写在图表上。

因为这张图表要在公共场合展示，所以同事们都能看到这些评论，因此，这些评论可以是匿名的。这是一种获得反馈的很成功的办法，而这些给出反馈的人通常都没有机会提供这些反馈。

一旦这张图表被填满，或者过了协议时间，它就可以被取下来进行分析了。

方法四：通过电话搜集反馈。

电话仍旧是一种从客户处收集反馈的有效途径，尤其是当你需要的信息量很大时。大多数顶级的市场调研机构都会利用电话访谈的形式来代表委托人获得详细的市场或特定客户的信息。

我的许多客户都有自己的电话反馈团队，他们不光处理客户打进的电话，同时也处理出于调研目的而打出的电话。

以下就是关于电话使用的几个例子：

- 提供产品/服务后。这会用来检验客户是否对所提供的产品或完成的服务感到高兴。例如，很多人在给自己的车做完保养或维修后就会有接到车商这类电话的体验。
- 称赞/评价/投诉后。这些电话是为了感谢客户的称赞或评价、解决投诉或核实客户的投诉被解决的是否让他们完全满意。
- 日常接触（每月/每季度/每年）。许多企业会定期给客户打电话核查他们的服务感受。最好联系到正确的人并在定期致电前预先得到客户的许可。

我记得在2000年初，我曾听美国管理实践方面的作家和演说家汤姆·彼得斯（Tom Peters）于一次我在伦敦主持的欧洲会议上说过，每个企业中的高级管理人员都应该"每日服一剂现实的补药"，每天可以随意电话访问一个客户并问他，"我们为你提供的服务怎么样？"这个想法很棒，可是却几乎没有人这样做。

方法五：搜集面对面的反馈。

在所有的反馈搜集途径中，我认为这个途径是最好的。我认为没有什么能比得上和客户面对面，聆听、观察并感受他们对你所提供的产品和服务的看法，所产生的作用了。这很耗时，也可能成本不低，不过我相信，这样的投入始终是值得的。以下就是如何操作的例子：

- ◆ 例行会面
    - —在销售走访过程中。对于销售人员来说，从他们走访的客户那儿得到反馈是很容易的。关键是要做记录以便自己和同事们能够找到并在必要的时候采取行动。
    - —在服务走访的过程中。客户更愿意对客服人员进行反馈而不是销售人员。所以，客服人员应该经过培训，企业应该鼓励他们搜集和记录在这方面有价值的信息。

- ◆ 点对点会晤
    - —你的用餐怎么样？大多数像样的餐厅都会指定他们的接待人员询问顾客在进餐过程中或对享用过的菜肴是否满意。有些餐厅的主厨甚至会亲自出来询问。
    - —你在这里住得愉快吗？好的宾馆总是会询问你是否住得舒服。他们也会为顾客处理他们入住时到离开前的各种问题。
    - —你认为我们的产品或服务怎么样？好的企业中的管理人员都会利用每个机会找到客户并寻求他们的反馈。我听说这叫"无孔不入的反馈"。

- ◆ 有组织的会晤
    - —客户走访。很多企业会安排定期的客户走访，或客户邀请，为的就只是搜集他们最新的反馈。
    - —分组座谈会。还有一个办法就是找几个客户来安排一次分组座谈会，收集他们的共同反馈。

方法六：通过客户群收集反馈。

很多企业都会设置客户群，他们会选择一些客户组成客户群，定期给管理团队提供关于企业表现的反馈。

例如：

- 超市经理每周的客户会晤。
- 英国乐购每周的客户反馈会议。
- 雷克萨斯的"客户之声"小组。
- 英国维珍航空公司的客户群。

方法七：通过专业调研公司搜集反馈。

有很多搜集客户和市场信息的专业调研企业。不同企业使用的调研方法也各不相同，他们的专长都在不同的市场领域。比如说，有些公司专注于零售业市场，还有些公司在工业或制造业产品领域更有经验。我知道一家公司，他们专攻英国的房屋建造市场。有些公司只在本国营业，而另一些公司的办事处则设在国外并接受国际业务。有些公司通过电话来完成调研，还有些则通过邮件或网络完成调研。

所以，关键是要找到那家在你所从事的市场领域有经验的调研公司，因为他们最了解搜集你所需要的信息的方法，他们所使用的调研方法也是最适合你的市场和客户的。

使用外部企业可能是最有帮助的途径，其中的原因很多：

- 他们是专业的，所以他们最了解搜集你所需要的信息的方式。
- 他们的员工受过专业培训，他们在发掘你所需要的信息方面的技术都很熟练。
- 客户往往更倾向于和第三方团队分享某些关于你和你的竞争对手的信

息，而不是和你。
- 他们也为其他企业提供类似的服务，所以他们有条件把你们的调研结果和该市场上的普遍状况进行对照和比较。

因此，我通常会推荐雇佣外部机构来调查一些所需的信息。

所有这些不同的反馈搜集方式都是为了达到一个目的。你最好选择不同的方式来搜集不同类型的反馈。表 9-1 应该能够帮助你做决定，为了能够达到不同的目的，使用哪种方式才是最适合的。比如：

- 最初的总体调查。这通常会在项目最开始时采用，目的是对客户如何看待企业的产品或服务有一个总体的印象。这同时也是定期搜集客户的看法以及他们如何看待某家企业和他的竞争对手相关信息的一种手段。
- 重点深入调查。这些调查往往会跟在总体调查之后，用来收集特定客户或市场区域或某个产品或服务的特定方面的详细信息。
- 事件驱动的实时反馈。这通常会在针对特定的客户体验改革实施过程中使用；目的是创造或增加积极的体验，也可能是减少或消除消极的体验。在此过程中，对于这些改革所产生的影响有一个清晰的认识是十分重要的。获得这些反馈最好的办法就是通过事件驱动的实时反馈。也就是某些能够提供给客户某种体验的专门事件所引发的反馈；比如说，快递、客服回访、参观店面或者可能是发票查询。反馈要么在事件过程中（实时）收集，要么就在事后尽快收集，只有这样，这些体验在客户脑海中才是记忆犹新的。然后，可能就是要适当将改革调整或转到正确的方向，让它们尽可能发挥作用。

表 9-1　各种反馈方式对比图

反馈	相关成本	标准回复率	详细度	补充评论
每次购买或服务	低	低	低	简单快速反馈的理想方式
通过邮寄调查问卷	中等	中等	不一定	给重要客户写信是个好办法，比如说每年一次
通过电子邮件	低	高	不一定	这种方式的运用迅速增长，可能每个企业都在用
通过博客	低	不一定	不一定	就算你没有自己的博客，你也应该定期监控网络，看是否有人发起关于你的信息
通过电话	中等	高	高	最好每年至少一次联系到你的每一位重要客户。同时，最好调查一下他们对你每项服务改革的反应
亲自，面对面	高	高	高	这是这里所有方式中最好的反馈方式，不过很耗时，成本也高
通过专业调研机构	高	高	高	你有时需要专业的公司来帮你完成调研，有些客户会告诉他们一些不会告诉你的东西
通过其他可用方式	未知	未知	未知	创造新的搜集反馈的方式总是值得一试

◆ 现行趋势追踪，短暂却很频繁。就像上文所展示的，搜集反馈的方法有很多。所以，如果你不断开发出方法并尽可能多地使用它们，同时记录和汇报你所学习到的东西的话，那么，你就能够非常精确地掌握一种方法来追踪现有客户对你所做的一切的最新感受和反应了。

持续跟进正在发生的改善

要检验你现在所取得的进展是否正将你引向通往经久不衰的客户忠诚这个目标的话，那么建立不断发展的衡量手段就显得十分重要。有很多方法都可以帮你进行衡量。这里有几个我的客户们采用的方法。

提升 / 重复 / 推荐

忠诚的客户们会做很多一般或不忠诚的客户们不会做的事情。有三件关键的事情就很值得我们留意。它们就是忠诚度提高或下降的很好的线索：

◆ **提升**。客户有没有提高在你这里的日常消费，并想方设法每次都在和你打交道的时候尽量多消费呢？这方面很容易监控，如果他们的日常消费增加了（随价格上涨调节），这就暗示着他们的忠诚度提升了。

◆ **重复**。客户是否在你这里消费得更加频繁了呢？消费频率是又一个很好的忠诚度追踪指标。如果客户在你这里的消费更频繁了，那么，不如说他们的忠诚度正在提高。如果他们购买的频率降低了，这应该就是一个信号，警告你他们的忠诚度正在下降。

◆ **推荐**。客户是否也建议他人到你这里购买呢？推荐是忠诚度的一个很好的线索指标。它们也是你和很容易就能成为你的潜在客户的人们开展业务的一个很棒的方式。就像你稍后会学习到的，偏爱推荐是净推荐值的基础。所以，持续跟进你被推荐的次数和来源是非常值得的。

> **对所有推荐你的人都要表现出感激之情**
>
> 在推荐这方面，我要讲一些让我十分震惊的事情。以我的经验，大多数推荐都无源可寻，它们往往被低估，也可能得不到感激。这里我指的是，大多数企业似乎并不会对推荐的真正价值加以重视，所以，他们也不会大费周章调查是谁推荐了他们，就算他们调查了，他们也不会进而感谢最初这样做的人。
>
> 这让我十分震惊。如果你仔细想想，倘若你推荐了某企业，却没有人特意为此而感谢你，那你自然而然地就会得出一个结论，那就是根本没人在乎你的推荐，所以，你也应该不会再这么做了。可如果你得到了这家企业某种形式的"感谢"的话，那你就会知道他们很重视你的推荐，所以你就会继续推荐他们。
>
> 要保证你的企业以某种方式对所有推荐你们的人表现出感激之情。

消费份额

忠诚度的另一个线索可能就是客户在你们的某类产品或服务上总体消费的百分比了。在消费者市场中，这通常指的是你的"钱包占有率"。我有一次还听一家快餐企业提到过"胃口占有率"这个说法，不过我不太喜欢这个词。

这个数值通常都需要通过外部机构来获取。客户一般更愿意把某些信息告诉第三方机构而不是直接告诉特定的厂商。如果你雇佣了外部调研机构的话，那就让他们来获取这个很有价值的数字吧。

显而易见，总体消费的百分比越高，客户可能就越忠诚。

下面解释一下"伪忠诚"的含义：

尽管如此，我在这里还是要提出一个警告。有些客户似乎很忠诚，因为他们在你这里总体消费的百分比很高，可他们这么做也许并不是出于忠诚。我记得我称他们为"人质客户"。图9-7的图解能帮你弄清这点。

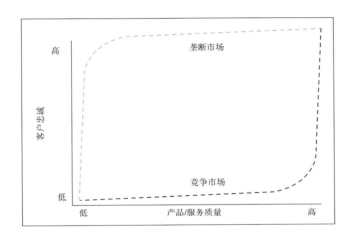

图9-7 客户伪忠诚

纵轴是客户的忠诚度。最上方是他们忠诚度的最高值，最下方是最低值。横轴代表着客户对收到的产品或服务质量的总体评价。左侧代表评价低，右侧代表评价高。

两条曲线代表了两个极端。在竞争激烈的市场中，通常，只有当你的产品或服务的质量在客户眼中远高于你的竞争对手时，忠诚度才会提高，而且往往是直线上升。然而，在垄断市场中，尽管你提供的产品或服务的客户评价非常差，可因为客户别无选择，所以，他们的忠诚度就会呈现出一种虚假的高。这些客户都是"人质客户"，只要有更好的竞争者进入到市场中，他们很容易就流失掉了。

我知道这会造成的直接影响，以我和英国、波兰、罗马尼亚和希腊的电信供应商共事的经验来看，他们过去都是国有企业，拥有很多"人质客户"，可当市场向竞争者开放后，他们经历了客户的大规模流失并对此感到震惊不已。他们发现改变自己在垄断时期累积的坏名声、阻止客户大规模流失和重新赢得客户非常困难，成本也极高。

所以，如果你在垄断市场中的话，而且你的客户看似很忠诚，那你就要保证自己不要愚弄自己。一旦你的市场开放，你就会像大多数工作不努力又似乎赢得了貌似忠诚客户的垄断企业一样，你也可能会遭受非常沉重的打击。

改变感受和感情

我在上文中已经解释过客户的感受对忠诚度所造成的影响有多重要了。这就使我们追踪客户感受的改变变得非常有价值，同时还包括他们如何和为什么对你所提供的产品和服务的不同部分感受不同。如果他们的感受有所提升，那么忠诚度和利润也会随之而来；如果他们的感受变糟的话，那企业就必须要行动起来了。同理，如果他们对你产品某些方面的感受超过了对其他商家的话，那么考虑一下，是产品的哪些方面提升了他们的感受，并用掌握的信息来改善那些不太好的方面。

净推荐值

在短短几年间，净推荐值成为了全世界使用最广泛并最受认同的评估客户忠诚度的手段，这十分值得注意，但却并不令人吃惊。我们要感谢原贝恩管理顾问咨询公司的弗雷德·赖克哈尔德先生的发明创造。

弗雷德·赖克哈尔德一直以来都被认为是在忠诚度方面的世界一流的权威专家。他也写过两本关于这一主题的精彩作品,《忠诚的价值》(The Loyalty Effect) 和《忠诚法则》(Loyalty Rules)！不过，他从贝恩管理咨询公司退休后，仍有未尽之志。那就是为一个简单问题找到答案：怎么才能为客户将来忠诚度的可能性提供一个精确的暗示呢？显而易见，他在贝恩公司期间参与过无数调研项目，然而，他感到这些项目中并没有哪个能够揭示这一重要问题的答案。所以，他决定用他的退休时光继续探索这个问题的答案。

第九章 衡量和监控对客户忠诚度重要的事情：体验与满意度

解决这一问题的主要突破口就是：大量安排和企业领导们的会晤，尤其是那些以高质量服务而著称的企业，邀请这些领导们为这个问题提供经验线索。最终，他在和汽车租赁公司的执行总裁安迪·泰勒（Andy Taylor）的会面中找到了他一直寻觅的答案。安迪·泰勒声称，多年来，他一直在利用一个简单的问题，他们发现这是衡量未来客户忠诚度的一个很精确的手段。所以，弗雷德·赖克哈尔德就开始在各种不同的市场中测试这个问题，然后制定评分系统来供企业使用以跟进自己客户的忠诚度，同时还用它将自己和其他企业进行比较。

所以，净推荐值就诞生了。随后，弗雷德·赖克哈尔德在全世界无数的会议上解释过他的发现，并鼓励各个企业自己尝试一下。他还写了一本书《终极问题》（*The Ultimate Question*）来解释评分的目的以及如何充分利用这个得分，这本书于2006年首次出版。

这是个十分简单的问题："你把这家公司推荐给朋友或同事的可能性有多大？"客户们会得到一个回答区间，从10——客户极有可能推荐，到0——客户极不可能推荐。

后来，这个区间被分成了三个部分：

- 推荐者（9–10分）。这些人都是忠诚的客户，他们会尽可能地从你这里购买商品并主动推荐其他人也同样在你这里购买。
- 被动客户（7–8分）。这些是满意的客户，不过他们并不会推荐你，他们很容易就会被你的优秀竞争对手吸引走。
- 贬损者（0–6分）。这些人是不满意的客户，可能就像上文中提到的"人质客户"一样，他们被困在了和你这种不满意的交易关系中。

这些得分随后会被累加到下面的净推荐值计算公式中：

$$净推荐值 = (\ )\% 推荐者 - (\ )\% 贬损者$$

在《终极问题》这本书中，弗雷德·赖克哈尔德给他用来做研究的几家企业打了分，比如说：

- 哈雷·戴维森（Harley-Davidson）82%
- 美国好市多连锁超市（Costco）79%
- 亚马逊 73%
- 易贝（eBay）71%
- 斯堪的纳维亚航空公司 66%
- 苹果 66%
- 联邦快递 56%
- 美国运通 50%
- 戴尔 50%

但这是 2006 年的得分。从那以后，各家企业就一直通过这个净推荐值公式致力于改善能够影响忠诚度的事件。现在，更多的企业都提供了最新的数字，包括像英国旅行顾问公司或美国福乐鸡快餐（Chick-Fil-A）在内，他们目前的得分都在 95-99 分之间。

就像你所想的，能得到这么高的分数实属不易。事实上，很多企业最开始被衡量时都是负分。不过这也没关系，因为这只是个起点。关键是要定期被衡量，我的建议是至少每月一次，以此来跟进你的企业在强烈的客户忠诚度方面所取得的进展。

值得一提的是弗雷德·赖克哈尔德讲了一个故事，在做这项研究时，他拜访了哈雷·戴维森公司——一家因以客户忠诚度基数而举世闻名的公司。在这次拜访中，公司的执行总裁告诉他，他们并不用这种方式来判断客户对品牌的忠诚度；他们采用的方法是统计客户在他们的身体上纹哈雷戴维森品牌的文身的数量。这才是对品牌真正的忠诚！

> **净推荐值追踪的附加值**
>
> 　　我共事的企业中有很多都利用净推荐值来跟进他们客户的忠诚度。几乎在每次完成时，他们也会同时跟进经营业绩，于是，他们发现了两者间的直接关联，也就是企业的财务业绩（销量和利润）会随着净推荐值的走向波动。当净推荐值增高时，经营业绩很快也会随之上涨；而当它下降时，经营业绩也往往会停滞或下降。所以，这也是一个衡量未来财政业绩的好方法。

衡量的频率

　　想象一下你在玩一个游戏，要用保龄球打倒十个球瓶，不过这次游戏规则和以往不同。你有一次机会看下面的球道，判断它的长度和宽度，并看清球瓶的位置，然后幕帘就会挡住球道，所以你既看不到球的走向也看不到它会击倒哪些球瓶。可是，你能看到计分板。而且，每隔几局比赛，幕帘就会偶尔升回去一次，这时你就能够再看看球道和球瓶了。很显然，判断你的保龄球的精确度并在它的前进轨迹中做必要的调整是不太可能的。

　　这就是大多数企业搜集客户反馈的方式。他们并没有按照他们应进行的频率做。一般都是一年一次，有些半年一次，我知道有些企业甚至两年或者更长时间才做一次。所以，其余时间，幕帘都是放下的，他们对他们的所作所为对客户忠诚度所产生的影响一无所知。想象一下，他们也是用同样的方式搜集财务信息或产品质量数据的。这样做，公司很快就玩完了！但出于某种原因，尽管客户的反馈能为未来企业的健康状况提供短暂的一觑，可人们却普遍没有把它看作是投资和严谨保价的手段。在我看来，这真是蠢透了！

我曾听人把这描述成开一辆风挡不是玻璃而是一面大镜子的车，你只能看到你后面的车辆，就像大多数企业定期就会拿出历史财务报表一样。然而，这个司机偶尔会有机会向前看一眼，就像大多数企业偶尔会做一下客户反馈调查一样。我可不希望是这辆车上的乘客。然而，这却是很多企业的管理方式。

如果你是认真想要建立一个企业品牌并获得极高的客户忠诚度的话，那你就得不断想办法了解客户对你的所有行为的看法。这就意味着，要充分利用上文列出的所有适合的衡量和监控工具及技巧，然后迅速分析结果，只有这样，他们才能通知工作人员把好的做得更好，并尽可能减少或消除糟糕的体验。

奖励重要的行为

几年前，我参加了一个房屋建造商的项目。他们是中型企业，想要在两年之内得到提高和扩大，并把自己的企业出售给一家较大的房屋建造商。他们决定要为卓越服务建立声誉，这并不仅仅是为了让他们建造的房子溢价而获得短期效益，而是为了能够更加吸引潜在的收购企业。所以，这就是我和他们共事的核心战略的一部分。

他们的执行总裁完全相信我们所努力打造的服务信誉能带来巨大的价值，因此，他也做好一切准备来切实地帮我们建立这种信誉。我建议他迈出重要的一步，就是把每个主管和经理获得的奖金百分比的相当一部分，和他们实现卓越服务的目标，以及我们为整个公司建立的服务举措联系起来，其中也包括他自己。我们知道会有些人反对，因为他们觉得这几乎和他们无关，可是，我说服了他。如果每个主管和经理都知道这些业绩和他们的奖励有关的话，那他们就会全情投入来保证这个战略的关键部分取得成功。因此,他同意了这样做,并在短短三个月内通告了所有人,所有主管和经理奖金的 33% 都与此相关。

事实证明,这是一项巨大的成功。所有的主管和经理很快就开始对现行的服务举措产生了不小的兴趣,并时刻准备着保证他们和他们的部门尽其所能来支持这项举措。他们也对新委任的客服主管在董事会上的陈述表现出了极大的兴趣。这样做的成果的就是,随着现行其他项目的推进,他们的改革举措对他们的信誉产生了巨大的正面影响。这让他们建造的房子的价格不但上涨了,也更容易售出房屋了。同时,他们的企业得到了迅速发展,利润也变得更高了。而他们得到的终极回报就是,他们找到收购企业的速度比他们预想的要快得多,而他们被收购的价格也远远高出了他们的预期。

这个例子的重点就是,企业所选择奖励的工作内容对员工们的关注点、表现和业绩会产生巨大的影响。就像这个例子一样,奖励不一定是财务方面的,也可以是一种认同和赞扬,这同样具有影响力,不过结合是关键。如果像大多数企业一样,业绩奖励太过于偏重短期销量和利润的话,那么光说卓越服务和客户忠诚度是未来成功的关键是几乎没什么意义的。

关于这点,有一个英国大型汽车经销商的例子。我曾协助他们提高英国丰田汽车的服务水平,我们开发出了一种新的服务方式,这种方式可以通过邀请全国的经销商负责人来参加启动会议而大面积铺开。和他们见面之后,他们就会把这种实施理念带回到他们的经销点。在这些启动会之后,我走访了几个返回经销点的分销商负责人,看看效果如何。

在这些走访中有一家,我坐在它家经销商负责人的办公室里,他接了一个集团财务总监的电话。我听他提到了他参加的丰田启动会,以及他对我们所陈述的内容的关注。后来,他告诉我,集团财务总监在后来给他的回电中告诉他,别管我们说什么,不管他们的境况如何,就赶紧把车卖了。因为他月底必须要完成目标、拿到奖金。后来得知这个集团再也没能达成其他人完成的服务目标时，我丝毫不感到惊讶。

你的企业是什么情况呢？如果创造客户忠诚度是你们的关键战略目标的话，那么，对员工们的认同和奖励是否直接切实地与实现这个目标的成功联系起来了呢？如果没有，你能做点什么来确保它们之间有联系呢？

结　　论

我相信，源源不断的、定期的、精确的客户反馈是企业成功的关键要素。不过，我也相信，单单询问客户满意度的那些老套的问题并不是搜集我们所需要的、有价值、可行的反馈意见的正确方式。除了我在本章推荐的这些类型的工具和技巧，还有很多其他能够帮助你更有效地进行这项工作的方式。

同时，要记住，让人们知道企业中的哪些行为是重要的，是所有领导们都应该关注的事情，也是形成奖励的基础。所以，保证你所奖励的是正确的事情——那些有助于成功建立客户忠诚的重要事件。

行动清单

1. 保证你所衡量的都是重要的事件。当然，你必须要跟进企业的财务业绩，同时也要从那些提供收益的人的角度——你的客户的角度，对企业的表现给予同等的评价。

2. 保证在你评价客户的观点时，要问正确的问题，得到你需要得到的信息。万不得已再询问满意度，你应该问的是客户的预期是否得到了满足或是否没得到满足，你所创造的感受和情感如何，客户得到他们想要的东西是否方便或困难，他们的体验给他们留下了哪些难以磨灭的记忆，以及他们未来还忠于你的企业的可能性有多少。

3.尽可能利用各种渠道多搜集客户的反馈。记住，短暂却频繁是搜集反馈的一种很棒的方式。

4.跟进不断发展的客户反馈趋势。你的目标是持续不断的进步。

5.要让人们知道，做对企业最重要的事才能获得奖励。所以，要保证可观的奖励和客户忠诚度，以及人们为建立客户忠诚度在现阶段所付出的努力挂钩。

推荐书目

Leahy, T（2012）*Management in 10 Words*，Random House Business Books, London

Reichheld, F F（2006）*The Ultimate Question : Driving good profits and true growth*，Harvard Business School Press, Boston, MA

Shaw, C（2007）*The DNA of Customer Experience*，Palgrave Macmillan, Basingstoke

推荐网站

△ On YouTube

Leahy, T (nd) [accessed 9 November 2018] Tesco's CEO Sir Terry Leahy Talks Business [Online] https : //www.youtube.com/watch?v=rq9zZyhF8CE

Reichheld, F F (nd) [accessed 9 November 2018] Turn Customers into Promoters [Online] https : //www.youtube.com/watch?v=xr5EzwfiQdM&t=26s

Shaw, S (nd) [accessed 9 November 2018] DNA of Customer Experience: How Emotions Drive Value [Online] https : //www.youtube.com/watch?v=Y7i3IL3Q2qQ&t=16s

第十章

将伟大的忠诚度战略思想转化为有价值的行动

本章包括以下内容：

- 不付诸行动的创意是毫无价值的。现在面临的挑战就是有效利用你所拥有的诸多创意来提高我们所期望的客户忠诚度。

- 在流程与激情之间获得恰到好处的平衡。高效和有效的流程对不断实现成功是至关重要的，可是，缺少了同样程度的激情的流程在建立忠诚度上是永远都不会奏效的。

- 刺猬法则。刺猬在一件事上很聪明——自卫。这在商场上也是一条很有效的原则。

- 不断增加的人工智能的使用。人工智能已经慢慢进入到很多日常活动中，从和手机的智能语音助手 Siri 和人工智能 Bixby 聊天，到命令谷歌（Google）或 Alexa[⊖] 找食谱。那么，在建立客户忠诚度方面，它们能做点什么呢？

- 踏着制胜节奏贯彻执行。节奏是不断取得成功的关键。为什么会这样，以及如何建立制胜节奏，在本部分都会得到解释。

- 久经考验的企业方针。有很多办法能把创意转化成行动。经验告诉我们，有一个方法是最有可能不断实现成功的。

[⊖] 一家专门发布各大网站在世界上的排名的网站。——译者注

不付诸行动的创意是毫无价值的

引用托马斯·爱迪生○（Thomas Edison）的一句话："一个创意的价值就在于使用它。"这是最后这一章中要讲的伟大思想。我希望这本书在如何不断提升客户忠诚度方面能够给你贡献出大量创意。现在的挑战就是要把这些创意想法转化成能够创造价值的行动。

我有幸多次参与筹划并主办了各类考察团，而我们拜访的企业都是在英国、欧洲以及美国享有世界级卓越服务盛誉的企业。在 2000 年年初的一次去美国的考察中，我们访问了联邦快递在孟菲斯市的主要网点。在那次拜访过程中，我们有幸和联邦快递的创始人弗雷德·史密斯（Fred Smith）先生进行了一次简短的交谈。期间，他说了一件事，至今仍让我铭记于心。

其中有一个代表问他，在他心目中，联邦快递取得如此巨大成功的关键原因是什么。他列举了几个原因，不过有一个让我始终记忆犹新的原因："你们知道你们在商学院和书本上学到的那些东西都很棒吧？好吧，我们不光要学习这些知识，我们还要把所有我们认为有助于企业的知识都付诸实践。"

他很礼貌地指出，大多数企业中的大多数人都不会这样做。从我个人的经验来看，我也了解这一点。我知道，很多参加过我的研习会和研讨班的人离开时都心怀伟大创意并踌躇满志，可他们中的大多数却从来都没学为所用。其中的原因有很多。有一个就是，当他们回到自己的企业中时，面对着日复一日的压力和例行公事，这些他们在培训中带回去的好创意就不得不被排在所有这些必须完成的工作的最后，然后，这些

○ 托马斯·爱迪生（Thomas Edison，1847 年 2 月 11 日 –1931 年 10 月 18 日），出生于美国俄亥俄州米兰镇，逝世于美国新泽西州西奥兰治。发明家、企业家。——译者注

创意就往往再也得不到实施。还有一个原因就是，那些没有学习经历的人往往"不知其所以然"，因此，他们也不会全力支持你所推荐的行动，这些行动在他们当中就很难、甚至不可能得到实施。

可是，就像本部分的标题一样，"不付诸行动的创意是毫无价值的"。所以，我希望阅读这本书能带给你很多创意，而这些创意都能为你所用，让你的企业做出有价值的改变并实现成功。不过我也希望，这本书能提醒你好好利用这些创意，因为就像我们引用的那句托马斯·爱迪生说过的话一样，你只有使用这些创意，它们才能有价值。

所以，在最后一章中，我会尽量多给你些建议，告诉你如何能把这些创意转化成有效的行动。这些想法也许不适用于所有企业，然而，它们都来自大量的广泛的实践经验，所以我相信，这些创意中会有相当一部分都能奏效，让你的企业发生有价值的改变。

在流程与激情之间获得恰到好处的平衡

多年来，我有机会在企业对企业和企业对客户的市场中与很多企业共事。尽管他们的企业模式各不相同，但我却注意到制造、分销和金融企业中有几个惊人的相似之处。他们所在的市场可能不同，不过他们所采取的方式有许多都惊人地相似。他们有一个显著的相似点就是，他们极为关注流程和他们用来支撑流程的大量技术。

这是可以理解的，显然是难以避免的，因为，没有这些伟大的流程支撑，这些企业是不可能在商场上成功提供他们所能提供的东西的。不过这也往往会导致另一个共同点，那就是当他们把关注点转移到客户服务和忠诚度上时，他们很难作出有价值的改变。因为他们会利用自己在流程设计和实施中的经验来驱动他们的客服方式。而这样做总会让他们遗落客服人员必须具备的一个生死攸关的要素：激情。

第十章
将伟大的忠诚度战略思想转化为有价值的行动

我早些年在与一家跨国制造商和工业气体分销商的共事中有一个这方面的例子。他们充分利用了六西格玛技巧，在很多流程上都取得了持续不断的进步。所以，当我们开始着手开发卓越客服项目时，我们遇到了六西格玛黑带们带来的挑战，这些人认为我们也应该利用六西格玛管理来设计卓越客服项目。就像我在第六章中解释的一样，六西格玛管理的核心目的就是要消除不需要的差异。所以，作为消除不需要的糟透了的体验，从源头上讲，它当然有自己的一席之地。可是，就是因为这样，我们才需要客服人员自发地给客户提供很多令人愉快的惊喜。而在这方面，六西格玛绝对不是正确之道。

在这里，我想说的是计算机、流程、制度等当然都是必不可少的，不过它们并不能够建立人际关系和信任。所以，你还需要人情味。

在第二章中，我提到过史蒂芬·柯维博士和他的书《高效能人士的七个习惯》。他解释道，为了增进信任，你必须既要展示出能力，又要展示出特质。伟大的流程能够通过精确度、速度、稳定性等展现出能力，可他们无法展现出特质。所以，你需要有激情的人，他们能够展现出那种有助于建立持久忠诚度的特质。流程没有激情；只有人有。

在第八章中，我提到过哈佛商学院的约翰·科特教授，他是世界上关于企业改革这一主题最重要的学者，并因此而享有盛誉。他第一本关于这一主题的书就是《领导变革》。随后，还有一本叫《变革之心》。他意识到第二本书十分必要地解释了：如果企业改革想要取得成功的话，那么，改革就不能被看作是一个学术或科学进程。为了成功，领导们必须把他们的身心都投入其中并展现出改革的激情。没有激情，企业的改革项目就很可能会失败。

特姆金（The Temkin Group）集团是世界上在客户体验及其对业绩所产生的影响方面最优秀的调研企业之一。2016年，他们称这一年为"情感年"。他们相信今后企业有必要在他们提供服务的方式上投入些许真情（激情）。这种情感需求是始终不变的。在本章末尾的行动清单中，有一个链接详细解释了原因，同时还附上一个精彩的短视频。

最后，凭借我个人 20 多年来一直在这个领域工作的经验，我也得出了同样的结论。当我回顾和我共事的各类成功企业时，在他们致力于让他们的服务发生有意义的改变时，我总能注意到一件事。那就是，只要他们的改革项目中把感情、用心、充满关怀和同理心作为关键元素，换句话说，也就是有激情，他们随后都取得了杰出的成功。所以毫无疑问，激情是成功的必要元素。

尽管如此，我要解释一下，我并不是建议你总是用激情来取代流程。并非如此，这两点都是成功必需的。这也就是为什么我要把这部分命名为"在流程与激情之间获得恰到好处的平衡"。我认为这种恰到好处的平衡就是差不多一半一半。这两点都很重要，它们会产生相同的影响，所以，它们应该被放在同等显著的位置上，并被给予相同的关注。可如果你在一个极为偏重流程的企业中，倘若你想不断取得成功的话，你就必须想方设法推动激情。怎么才能做到呢？

我已经解释过员工们会效仿领导们的做法这个方法。所以，如果你是领导的话，这就必须从你做起。扪心自问：

- ◆ 你是否就只把自己锁在办公室里对你的员工"颐指气使"？你是不是靠内网、备忘录和电子邮件与你的同事们交流呢？如果是的话，努力让自己走出来，尽量多和同事们、客户们在一起，这样你就能够亲身体会到他们的问题了，他们也能亲眼看到你有多关心他们和这个企业了。约翰·科特将这称之为从传统的"分析—思考—改变"的方式进步到有效的"观察—感受—改变"的方式。（本章末尾有一段约翰·科特解释这点的视频剪辑。）

- ◆ 你是否依靠分析、图表和数据来让员工们相信你的战略和改革计划的有效性呢？如果是的话，转而想想那些他们能够亲眼看到的方式，通过这些方式亲自体会他们创造的体验和感受，让他们知道问题是什么，为什么需要改革。同时记住，我们的大脑对图片的反应远优于对文字的反应，所以，尽可能使用图片。

- 保证你为团队、部门或企业设定的目标对心灵的吸引力和对头脑的吸引力一样大。这就意味着，要保证这些目标在具备分析和逻辑的情况下至少也要具备同等的感情和激情。
- 鼓励企业上下的工作人员多交际碰面，既可以在上班时也可以在下班后，以此来建立相互之间的信任感。

刺猬法则

你可能已经猜到了，我是斯坦福大学吉姆·柯林斯教授作品的忠实粉丝，我已经提到他好几次了。所以，我希望你能允许我在这里再次引用他的想法。我必须要这样做，因为这些想法在我们选择战略和能实现它的有价值的行动时会对我们产生巨大的影响。

首先，少许背景知识。吉姆·柯林斯的所有作品都是基于广泛研究，通过长期的企业业绩比较，通常是15年，所有企业都差不多是在15年前处于相同处境的企业。他最感兴趣的就是，这些企业发生了什么或者他们做出了怎样的改变才让自己取得如此杰出的业绩，而同时其他企业就只是业绩平平或业绩低迷。

他发现了一件事，就是在这些取得杰出成功的企业中，有相当一部分都有一个共同点，他们都利用了他所谓的"刺猬法则"。他之所以称其为"刺猬法则"，是因为刺猬在很重要的一方面非常明智，就是自卫。他发现这些取得杰出成功的企业中，有很多也都选择在一件事上做得很出色，也就是善于处理那些对他们想要吸引和留住的客户们很重要的事。然后，选择了这样做，他们就已经准备好不惜一切代价把这件事做到极致。

想要成功地建立你自己的刺猬，你需要三件事：

- ◆ 第一个必要条件是，无论你选择做什么都必须是那些你和你的同事们都真正有激情的事，必须是你们喜爱做的。否则的话，你就无法为有效完成第二个必要条件所需的一切做好准备。
- ◆ 第二个必要条件是，你必须准备好不惜一切代价把这件事做到极致。第二名永远不会成功，甚至在竞争中都不会被人们认可。所以，为了能够达到效果，你必须要得到客户的认可，成为他们眼中最棒的。
- ◆ 第三个必要条件是，为了能够维持和发展企业，必须要有必要的收入和利润。否则的话，所有的激情和努力都会在一件得不到足够回报的事情上付之东流。

具备了这三个必要条件，你就建立了你的刺猬。它应该是一个可持续的法则，因为你乐于经营它，这让你做好了不断完善它的准备，让你能够永远在竞争对手中保持领先。因为在人们眼中，你是最好的，你有能力在溢价的同时让有需要的客户高高兴兴地付钱，所以，这就为你创造了企业发展必需的收入和健康的利润。

因此，这是一个很有价值的经营方式。所以，如果你还没有属于自己的"刺猬法则"版本的话，那你可能就得好好考虑一下怎么建立一个了。

不断增加的人工智能的使用

在18世纪末到19世纪的工业革命前，大多数人（90%的在业人员）都在农田工作。现在，这样的人只有不到2%。而与此同时，随着世界人口数量增长了四到五倍,土地产出数量也急剧增长。这种越来越少的人员创造越来越多价值的趋势正发生在各行各业。现在,这种状况仍在持续,伴随着计算机软硬件的发展,这种增长速度越来越快。今天,普通智能电话的运算能力甚至超过了1969年人们把尼尔·阿姆斯特朗㊀(Neil Armstrong)送上月球所使用的计算机。计算机正在变得更小、更快、更便宜,同时,它们装的软件也正在变得更智慧,使用起来也更简便,它们已经遍及了在此之前从未被涉足过的领域。人工智能(AI)在客服领域使用的不断增加也因此成为了技术爆炸必不可少的一部分,它的到来也在意料之中。

在史蒂芬·柯维博士的书《高效能人士的七个习惯》中,他写道,世间万物都会诞生两次:首先在脑海中,然后在现实中。他是对的。因为几年前,这些事情中的很多还都只是科幻电影中的想象,而现在,人们都已经理所应当地认为它们是生活的一部分了。正在迅速变得越来越优秀的人工智能软件就是这类事件中的一个。

最近,我的一个客户给我讲了一个鲁斯(Ruth)的客服故事。有个顾客给他写信建议他奖励鲁斯所提供的卓越服务,因为他遭遇了投递问题时,他把这个问题告诉了鲁斯。他解释,鲁斯是怎么用超出他预期的方式解决了这个问题的,就因为这样,她配得上这份特殊认可。而我的客户的问题是,他不忍心告诉顾客其实鲁斯是一个人工智能运行的电脑程序,这会让顾客感到沮丧。

这种经历正在变得越来越普遍。现在,我们有Alexa、Bixby、谷歌(Google)、Siri和许多能和我们对话的电脑程序。我经常向我的电脑口诉命令,然后它就能把我说的话转化成文本让我核对。最新的软件革新太好用了,这让我们很多人现在都能像和人类对话一样和电脑交谈。我就这样做过。在厨房中,我们有谷歌之家,如果我问的问题它回答得不

㊀ 尼尔·阿姆斯特朗(英语:Neil Alden Armstrong, 1930年8月5日—2012年8月25日),美国宇航员、试飞员、海军飞行员以及大学教授。——译者注

恰当，或者给我做了错误的连接，我生气了，就会像骂一个人那样骂它，尽管我知道它不是人。

就像上文那个鲁斯的故事一样，人工智能已经被广泛应用于客户服务了，而最优秀的应用程序表现得真的很棒。据估计，91% 的服务与支持人员都比不上机器人，在未来 20 年内，人工智能就会异军突起。所以，我们应该考虑一下人工智能到底是什么，它能做到什么又做不到什么。或许你也应该考虑一下你要不要在你的企业中使用它，如果使用的话，你要达到什么目的呢。

就在我 2018 年写这本书时，主要有两类投入使用的人工智能客服应用程序，不过我坚信，未来还会有更多。而现在使用最普遍的这两类人工智能如下：

聊天机器人

当你在网站上看到有一个对话框弹出问"有什么可以帮你？"时，有时还会同时弹出某人的画面，大多数人都不知道，电脑另一端的并不是真人。这通常都是电脑操控的机器人。

这就意味着，你其实并不是在和某个人"聊天"，弹出的只不过是程序预设的答案，与你输入了某些关键词或字符串单词相对应。这就是为什么你总会发现自己陷入某些循环中，无论你怎么重申你的问题，却总是一遍又一遍地得到相同的答案。

如果这些聊天机器人程序被很好地写入并持续得到更新的话，那他们就完全可能像我前文中提到的鲁斯一样优秀。然而，它们当中有很多几乎都没有"思考能力""学习能力"，又或者也不"智能"，同时，更新也不及时。它们就只是软件程序，针对大多数的提问就只能产生标准化的回应。所以，它们并不是很智能，如果你问的不是常见问题的话，那么，你就不可能得到你想要的那类回答。

学习型人工智能

这是一种非常与众不同的方式。虽然也是电脑操控的，不过这次列举的计算机却能够向真人学习，所以，它们就越来越擅长给出正确的答案。

这种机器人的运作方式就是，在电脑操控的回答被发送给客户之前，需要客服代理来核对答案。如果答案不正确，客服代理就会修改答案。同时，计算机能从修改和答案中获得信息并用于将来回答类似的问题。随着这个学习过程的不断循环，软件驱动的回应也会随着时间的推移变得越来越好。最后，它就学会了有效处理几乎所有常见的问题，这些问题慢慢就不需要再发送给客服代理检查了。这就把客服代理们都解放出来，让他们能投入到解决更复杂的问题和咨询上。所以此时，和你"交谈"的还是电脑程序，只不过这个电脑程序是一个会不断学习的智能系统，所以，你更容易从这类系统中得到你想要的答案。

我猜鲁斯可能并不是一个聊天机器人，而是这类软件，它已经学习了很长时间，通过客服代表不断地改正答案，它已经知道如何有效处理我们所面对的问题了。

人工智能能够在这个领域驻足，并随着时间的推移变得越来越好，同时，它在客服程序上的运用正快速得到普及。所以，如果你还没有利用人工智能，那你可能就要考虑一下是否是时候调查一下你的企业该如何利用人工智能来改善服务并建立客户忠诚度了。

警示

第一，人工智能正在变得越来越聪明，它们的使用正以指数级速度变得越来越广泛。几十年来，我们的机器（先是手动的，然后是电子的）在数学运算上远比人类更加精确，也更快速。我们现在的计算机在某些专门的任务方面比人类更加聪明。因此，可能未来有一天，计算机在所有方面都会超过人类，这就是人们口中的超级人工智能。到时会怎样呢？

在美国未来生活研究所的一些网页上都有这样一句话："科技正在以前所未有的方式激发生活的潜能——和自我毁灭的潜能。"计算机到目前为止还在服务人类。我认为我们必须得保证这种情况不会颠倒过来，变成人类服务计算机。

这可能就会发生在遥远的未来。不过，我的第一个警示就是建议你，哪怕是从现在开始就要尽量保证把人工智能用于服务人类而不是其他方面。

第二，永远要记住这是"人工"智能。字典中对"人工"这个词的定义通常指的是那些非自然的、假的、装出来的或是伪造的事物。确实就是这么回事。它可能非常接近于模仿一个真人的回应，不过它毕竟是人造的。就像我们越来越不喜欢假新闻一样，我们可能也不喜欢假人类。

第三，引进信息技术和人工智能的几个关键理由就是，要让速度更快、减少对被牵涉进交易中的人员需求，并让客户能够自己完成某些流程。最后这一点必须仔细考虑一下。越来越多的证据表明，客户自己完成过去常由别人来为他们完成的流程越多，他们就越可能会预期他们在这方面的花费越少。所以，请注意：某些信息技术或人工智能的安装启用可能刚开始看上去能够降低成本，不过最终的结果往往是企业也需要调低价格！

第十章
将伟大的忠诚度战略思想转化为有价值的行动

踏着制胜节奏贯彻执行

加里·哈默（Gary Hamel）和 C·K. 普拉哈拉德（C K Prahalad）在他们的书《竞争大未来》（*Competing for the Future*）中写道："战略的精髓就在于更快地建立明天的竞争优势，让竞争对手只能模仿你今天所占的优势。"这对我来说绝对是有意义的。成功，尤其是在客服领域，就在于踏着制胜节奏不断进步。

我猜交管局之所以越来越多地使用平均测速仪一定有很多原因。不过最主要的原因一定是为了实现减速的目标而绝非其他！光是测速照相就能够起到在安装地点让交通减速的作用。路上的减速带也能起到同样的作用。可经过减速带和测速照相后，司机们还是会加速。我也是，我猜大多数其他人也是。尽管如此，平均测速仪能够掌握司机们全程的速度，也就是他们行进的整体速度，并达到让他们全程放慢速度的预期效果。

在任何企业中，努力改善服务和客户忠诚度这类事情也是如此。你可以在你觉得有必要时，随时随地随意实施改革，就像偶尔的测速照相和减速带一样。这会当场起到即时的改善效果，不过仅此而已。所以，就像平均测速仪一样，如果你想要得到有价值的持久的改善的话，那你就必须关注你的整体速度或进步的节奏。

进步的节奏是任何竞争中的关键要素。如果你仔细想想的话，只要你的节奏比其他你想打败的企业快，无论你现在所处的位置如何，无论你是在前领先还是在后跟随，只要总体速度够快，就能保证你留下并最终占据领先地位。所以，如果你的目标是被业界看作是客服的领头人的话，或被你所在的城镇、市场或不管什么认可的话，那取得成功的关键要素就是你客服质量改进的节奏。

你有大量工具和技巧可以用来建立制胜节奏。下面就是几个我认为融合在一起能够产生最大效果的技巧。

技巧一：志向。

一位很受尊重的商业思想家——加里·哈默，他是伦敦商学院的常客，也是很多商业会议中很受欢迎的发言人，他有许多伟大的一句话语录，其中都包含了能够发人深思的真正的智慧。用在本章开头的一句就是，还有一句是"伟大的成就始于伟大的志向。"他是对的。无论人还是企业都几乎不会超越自己设定的理想或志向。如果志向低迷的话，那随后的表现和业绩也都会很低迷。

这个道理几千年前就为人所知了。追溯到 16 世纪，米开朗基罗㊀（Michelangelo）就曾说过："对我们大多数人危害最大的并不是我们把目标定得太高达不到，而是我们把目标定得太低轻易就达到了。"他知道，要创造出伟大的成就，就必须首先要有伟大的志向。

所以，我认为把你的志向定高点儿是很关键的，带着野心不断提高你的目标。比如说：

- ◆ 别就只是擅长客服——而要做到极致。
- ◆ 别就只有一个很棒的员工——而是要把最有才华的员工都吸引过来。
- ◆ 别就只是领先——而要成为世界一流。

这种方式同样也可以用于节奏：

- ◆ 别就只是以快步走为目标——而要尽可能以最快的速度进步，在市场和行业中踏着最快的节奏。

㊀ 米开朗基罗 (Michelangelo，1475 年 3 月 6 日 -1564 年 2 月 18 日)，又译"米开朗琪罗"，意大利文艺复兴时期伟大的绘画家、雕塑家、建筑师和诗人。——译者注

我的一位客户用这样一句话来描述了他们的前进志向——"我们必须进步得够快才能让我们的对手望而却步，就算拼了命也赶不上。"我觉得这精彩极了，我知道这句话对他的员工们来讲一定十分励志。

技巧二：积极性。

我在第二章中首次提到哈佛商学院的心理学教授肖恩·埃科尔。在积极性可以实现非凡成果和它对个人幸福感所产生的影响这一领域，他是世界上知识最渊博的人之一。2018年9月，我最后一次查看他在TED演讲的视频时，发现观看次数已经达到了1 800万。他还有一本关于这一主题的书，叫《快乐竞争力》(*The Happiness Advantage*)。

他所强调的与节奏这一主题有关的关键点就是，我们始终都能够选择我们看待事情的方式。他称之为"透过镜头看世界"。我们总会不经意地在心里决定如何看待事物，要么积极、要么中立、要么消极。大多数人都没有意识到，这些选择不仅会影响我们的成绩和生活，还会影响我们周围的人和我们供职的企业。他的研究表明，如果我们选择了积极的视角，无论是对个人还是对工作团队，我们都能期待看到：

- ◆ 对个人：
  - —少生病，不管得什么病都恢复得更好。
  - —人际关系变得更好、更深、也更持久。
  - —更擅长得到向往的工作。
  - —更擅长保住现有的工作并不断在工作中取得进步。
  - —更容易从外部的压力中恢复过来。
- ◆ 对企业：
  - —倦怠或跳槽的员工变得更少了。

——创造的产量变得更大了。

——实现更高的销量、更快速的发展和更可观的利润。

他将这称之为快乐和积极性带来的竞争优势。这是多么大的优势呀！

所以，在我们所选择实施的行动中都采取积极的态度是十分重要的。出了问题，你不要忽略它们，不过，你的主要注意力还是必须要放在做对的事情上。有些行为不会奏效，这些行为也不能被忽略，不过还是要更专心关注那些奏效的行为。你能够也应该发现错误并去清除它们，不过，你更应该努力发现成功，并想方设法宣传它们。如果你这么做的话，你就向你选择实施的行为注入了积极性，也加速了你们进步的整体节奏。

技巧三：不懈进取。

万事都可更上一层楼。如果你的企业从事的是制造业，不懈进取可能就是你的核心运营原则。你甚至可能聘请这方面的专家。为企业或所有企业的部门服务也是如此。

有一句常被人们引用的谚语，我在第八章中首次提到过，这句话就是："不要没事找事。"在我看来，这句话愚蠢至极，因为它暗示人们事情不可能改进。日本有句更有意义的话：持续改善就是良好的进步。改进服务，无论这进步有多微小，都是良好的进步，因此都应该被企业中的每个员工看作是关键目标。可能还有句谚语更好："如果没事做，就找点事做，再把事情做得更好。"

你改善的事情越多，改善的速度越快，你就能够使你的整体节奏产生有价值的附加值。如果你记得累积边际收益的原则的话，那这种进步只要有就无所谓大小，因为它们累积起来就是巨大的进步。

在不懈进取的概念中，还有另外两个值得一提的很有力的进取类型：

- **显著提高**。这意味着一种客户能够注意到的进步方式——也是他们喜爱的。你要让他们永远都怀有一种"下次是什么"的好奇心。这样，他们就会期待着下次在你这里购买的体验，会兴奋地意识到这居然在某种程度上比上次还要好。
- **具有竞争力的进步**。这意味着用一种你的竞争对手能够注意到的方式取得进步——也是他们憎恨的。你也要让他们永远好奇"下次是什么"。不过站在他们的立场，他们会害怕发现答案，一旦知道你在某种程度上已经领先他们太多，他们就会十分泄气。

技巧四：全员参与。

参与其中应该是每个人的义务。任何个人和部门都不例外，也不允许有这种不适用于他们的想法。如果要以最快的成功节奏实现最大的成功的话，就要孤注一掷。

在第一章中，我提到过服务利润链。把提供服务和建立忠诚度都看作是相互依存的链条上的事件是一种很棒的看待问题的方式。在任何链条中，只要有一点断了，无论这个点在哪里，整个链条就失去了作用。客户对所享受的服务也有同样的看法。如果订单延迟了，客户并不会在意是不是他们没有及时下单、及时发货或按时运输配送，对他们来说，收货延迟就意味着整个企业让他们失望了。

链条会在最薄弱的一环断裂——服务也是。最薄弱的那一点可能不是链条尾端直面客户的那一环——它有可能出现在企业中的任何地方。所以，要保证所有人都清楚，无论他们做什么，他们都会影响到客户对服务的看法，以及随之而来的忠诚度。要保证所有人都想方设法不断改进自己所做的事情，并以此为目标。同时，还要保证他们为自己的同事们也提供了最棒的服务，所以，他们就能把这种精神传递下去，并沿着这条利润链传递给客户。

技巧五：道法自然。

自然是最伟大的老师，它教会我们的东西应该引起企业的注意。我最先想到的就是自然总会选择阻力最小的捷径。比如说，看看河流是如何绕道避开岩石和硬物的。这个原则也适用于企业行动计划的制定。

我记得几年前，我和英国最主要的一家零售银行共事。他们的执行总裁当时给他们的客服主管安排了一个任务，就是让他们成为人们眼中英国零售客服中的佼佼者，客服主管也做到了。我也被选中和他们一起来完成这个任务，在目标实现后，很多企业的领导和管理人员都迫切想要学习他是如何做到的。所以，他和我在很多活动中都讲过这个经历。

那时，这家企业在全英国差不多有2 000个分公司，人们总会问："你不可能同时在这么多分公司中推行改革，所以，你们是不是先选了几个分公司开始尝试呢？"我们对于这个问题的答案始终如一："我们只在需要我们的分公司开展改革。"换句话说，我们像自然一样选择了阻力最小的那条捷径。

我在计划新项目的阶段，偶尔会得到这样的建议，我们就选企业中那些最需要我们的人或部门：服务最差的那些。然而，我总是劝他们不要这样做。在项目的初期阶段，我们需要为别人树立能够让他们注意到并得到鼓励且想要效仿的成功榜样。从最差的开始，我们的阻力往往最大，这会增加难度。和那些真正想要参与的人和团队开启这一切就好得多，他们渴望学习和尝试新观念，他们会成为别人的榜样，告诉大家怎么去做，一旦做了，能实现怎样的目标。

自然教会我们的另一件事就是，你手里有了最优良的种子，那你就有了准备，不管你怎么浇灌它们，他们都会成长，不过，如果土地过于贫瘠的话，那你也得不到好收成。

这里有一个我曾共事的跨国制造商的例子。他们想要快速地在全欧洲宣传他们的思维方式，所以他们就安排了一些从各国来的人参加学习和拓展项目。在这个项目之后，他们都回到了各自的国家去推行他们学到的东西。很快，我们就注意到，尽管有些分公司已经取得了巨大的成功，可还是有些没能成功，所以我们就展开了调查。我们发现，那些回去后取得成功的分公司都具有热衷于学习和进步的领导和当地文化，而那些回去后很纠结的分公司代表，他们面对的人和文化都对这个主题不感兴趣。这就和在贫瘠的盐碱地中播种是一个道理，这样的土地不同于富饶肥沃的土地。

所以，当你规划你的活动时，想想这个道理，尽量想办法走阻力最小的那条路，找到最富饶的那片土地播种你进步的种子。

技巧六：外部标杆。

并不是所有最棒的创意都"产自自家"。你必须不断到外面去寻找最佳的改革创意。

人们总是认为，不懈进取的最好办法就是密切关注对手。在任何行业中，这都不假，掌握你的竞争对手达到了什么水平是十分重要的。不过，我认为这并不是你最应该关注的。就像那句话："看一眼就好，用不着盯着看。"

想想模仿竞争对手能带来什么。如果你能模仿他们，那他们也能模仿你，这时，你们就没什么差别了。所以，你既没有创造出与众不同，也没有赢得竞争优势。同时，如果你模仿了他们，而他们又进步了，那你就把自己置于了一种它们玩儿剩下的境地。所以，你就只能跟在他们身后。无论如何，这都不能让你得到有价值的东西，你就只能紧追不舍。

把太多的时间和资源都花在跟进竞争对手上就会让你忽略或不够关注你应该重点关注的方面：你的客户。我想起了2000年年初，我曾经听英国乐购的特里·莱希在曼彻斯特商学院所作的一次讲演中说过："当我们停下追赶竞争对手的脚步并开始追赶我们的客户时，我们就狠狠打击了竞争对手。"

我觉得这意义重大。当然,你得知道你的竞争对手在干什么,不过这只应该被看作是"背景杂音"。你的主要注意力都应该在你的客户身上:他们的需求、理想、想法和感受。所以,他们才是你应该期望学习的对象,他们决定了你需要做什么、这么做有多重要、这么做有多紧急,以及因此你的进步节奏应该多快。

还有一个能找到改革创意的好地方,就是到其他的市场或领域中去调查那些大家认为最优秀的企业。有一个美国西南航空公司的例子。当他们想要缩短飞机在机场降落后再次起飞的中转时间时,他们并没有从其他航空公司找到什么办法;于是他们就研究了一级方程式的维修站。

所以,考虑一下,在世界一流产业中的那些标杆中去寻找能够促进你进步的最好的实用创意和技术。

技巧七:实验。

我指的实验是一种系统方式,用来开发新的、更好的工作方式必要的反复试错的流程。

在任何体制中,你都会步入未知并尝试以前从未尝试过的,所以,这些尝试都不可避免地会制造出更多的错误,而不是成功。因此,许多企业都会避免这种方式,努力想要让一切"一蹴而就"。不过,通过实验,目标应该会"及时出现"。这就意味着,你一直致力于想方设法把事情做对,但是你知道这会很耗时,你接受犯错,可能不止一次,将它作为要把事情做对的重要步骤。

如果你这样做,坚持下去,全程都要保持积极性;哪怕小小的突破性的成果都能让你为他们经历的所有错误、走投无路和失望变得值得。这也能帮助你激励人们踏着制胜节奏前进。

技巧八:庆祝。

美国哲学家和心理学家威廉·詹姆斯(William James)说过,人性最深刻的本质就是渴望被感激。同样，用庆祝成功来表达感激之情是创造和维持成功节奏的重要元素。

这是很多企业通常不擅长的，尤其是英国的企业。出于某种原因，他们认为这没有必要，或者那些应该做这些事的人都不愿意这样做，所以就尽量避免这件事。可如果你想要保持热情、精力和由此而来的进步节奏的话，那你就必须要发明大量简单的技巧来庆祝所有的成功。

不一定是夸张的宴会，尽管其很适用于庆祝重大成就，这可能是：

- 给取得进步的人亲手写一张"感谢你"和"干得好"的字条。
- 给团队买些比萨、点心或曲奇饼干来"感谢"他们的努力和在某项特别工作中取得的成就。
- 请团队到本地餐厅饱餐一顿一起庆祝成功。
- 给额外加班完成了重要任务的员工放几天假。
- 公开感谢一个人或一个团队的成就，或者在公司的实时通讯或公告栏中特别表扬他们。

记住，一直重复同一件事最后就会变成烦人的老生常谈，所以要不断发明出新的、有趣的和让人兴奋的庆祝成功的方式。

胜利者的目标并不只是要成为最好的；而是要以优于所有竞争对手的频率不断进取。如果你能做到的话，你最后一定会成为最优秀的。这就是为什么我坚信，"保持进步节奏"是我们要采用的一项生死攸关的准则。

久经考验的企业方针

当在多层次构架的企业中试图推行客户忠诚度管理项目时，我发现有三个必要阶段。

阶段一：自上而下。

如果整个领导团队从整体到个体都没能够充分理解并认同预期的成果和要实现这些成果的必要改革的话，那么推行这些改革就真的会十分艰难（不可能）。所以，如果领导们的认可和理解还没到位的话，那这就必须要先被建立起来。

这可以通过很多方式实现，例如说：

- 参加相关会议和研讨会。
- 和已经实行或正在实行改革的企业的领导们会晤。
- 阅读相关书籍。
- 和那些研讨会中最擅长此方面的专家共事。

阶段二：由内而外 + 由外而内。

得不到同事的全力支持就指望一线的客服人员能够完成改革是永远都不会奏效的。下面是两个能够帮助你成功地双管齐下的方法：

由内而外

在第八章中，我提到过电影《独立日》以及内部改变的重要性，在外部进攻前先通过电脑病毒，这才让打击取得了成功。同样的道理也适用于这里。没有企业内部工作人员和制度的坚强后盾，不堪一击的一线优秀客服人员们就没法起到成功所需的持续有价值的作用。任何卓越客服项目的起效都必须要得到全公司人员的充分理解和全力支持。这通常需要对企业中各部门的现有体制或流程进行改革，只有这样，一线的同事们实施起来才会起到最好的效果，客户们也才能感受到。

因此，从跟随领导们参加研讨会开始，在企业中一键启动卓越客服最好的办法就是通过参加一系列专业的客户忠诚度管理的学习和拓展研习班,这些研习班都是旨在为企业制造和传播积极的客户忠诚度"病毒"。这需要一个能够培养出具备世界一流理解能力、技巧和自信(就像六西格玛黑带或系统思维大师拓展班或精益思维)的核心团队的研习班项目,他们全副武装准备培训他人、筹划、实施和控制能够实现预期成果的项目和方案。

图10-1中介绍了一种实现这一目的有效且经过检测的方法。它展示了一个三层构架的企业。你的企业可能不只也可能没达到三层构架,不过这个原则都同样适用。中间较窄的阴影三角代表参与学习和拓展项目理想的人员分配。就像你看到的,图中建议的是高级管理团队中的部分人员(1到2个),中层管理团队中的人员更多,但大多数都是来自主要的员工。最好各部门都要有人员来参与这类项目。这样,各个领域的工作人员就都能有机会为项目贡献想法和新思路,这能够在全公司上下得到更快更有效的宣传。

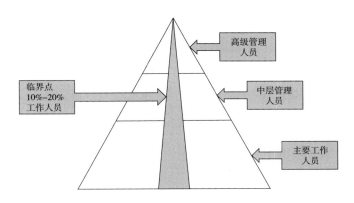

图10-1 在全公司传播新思想

经验表明,随着新思想和观念的传播,会产生一个临界点,通常是大约全体工作人员的10%到20%,超过这个数字就会影响到所有人,只要推广计划能够持续。所以,一旦你全力培训好一群理解改革必要性以及如何能够充分实现成功的工作人员后,他们就会成为在企业中推广项目的最佳人选。他们会建立起支持自己的团队,然后开展各种培训课程、研讨会、交流项目和推进方案，所有这一切的目的都是为了能实现一致的目标。

每个经过培训的人一般都会培训并领导一个不少于 10 人的团队，而团队中的每个人也都会随之组建自己的不少于 10 人的同事团队。这些人会开始"感染"他们的同事，就这样，卓越客服的病毒就能迅速传播开了。通过这种逐层递进式的安排，每个经过全面培训的人都会影响多达 100 人的思想和行为。

由外而内

在学习和拓展项目进行前或进行中，从搜集同事们和客户们的反馈开始通常很有帮助，这些反馈能为我们提供一个对当前局势的清晰认识，这有助于制定改革计划。

然后，在推行阶段，实时和事件驱动的反馈也是必需的，这些反馈能够帮助改革者们追踪他们正在进行的改革的进展。这能够保证"同事和客户的声音"传到改革者的耳朵中，所以，这些都应该被改革者们永远铭记。

阶段三：按部就班。

在按部就班地实施改革项目的阶段，成功的总体目标应该是让企业中的每个人都受到"触动"，这可能是来自卓越客服的，也可能是来自客户忠诚度漏洞的。

在第八章中，我提到过"缩小改革"的概念和嗜酒者互诫会实践成功的"每日一次"的原则。同样的原则在阶段三也能够发挥巨大的功效，按部就班的方式在这儿也同样效果不凡。不同企业、不同项目、不同部门按部就班的方式也各有不同，不过典型方式如下：

- 一个计划接一个计划。
- 一个团队接一个团队。

- 一个人接一个人。
- 一个糟透了接一个糟透了。
- 一个棒极了接一个棒极了。
- 一个制度接一个制度。

然后，如果多个按部就班的改进、交流、推动、认可和奖励计划都在一种紧迫感驱使下逐步完成就位了，而此时，领导还不断推动、鼓励并给予支持，那持续不断的进步节奏应该就实现了。

结　　论

我们都知道一句话，"行胜于言"，可是，行动并不只胜于雄辩。精挑细选并严格执行的行为能把美好的意图转变成价值不菲的成果。我之所以挑选了以上的行动创意，是因为我知道它们是有效的。这是因为它们在我的很多客户的帮助下，都经过了多年的发展、实验和检测。

当然，它们可能不会在所有企业或所有机构中都奏效。从来都不存在无所不能的方案。但如果你准备好要尝试一下你认为最适合你的那些办法的话，哪怕有好几个你都不十分确定，那你一定就能发现许多方法能把你心中的好点子转化成有效且真正有价值的行动。

行动清单

1. 不要扼杀你的好点子。你把这些好点子放在那儿不实施的时间越久，你就越有可能无法实施它们了。所以，尽快行动起来。

2. 记住，没有激情的流程很可能会失败。保证你所有的实施计划都在过程中伴有同等的激情。

3. 坚持刺猬原则。如果你还没有发现你企业的刺猬的话，那就开始猎一只吧。

4. 调查一下你怎样才能用人工智能来提高客户服务。记住，坚持按照指数级的速度进步，所以，如果你今天一无所获，那你明天不妨好好利用一下新方法。

5. 尽一切可能保证你所有实施的努力都注入了制胜节奏。这就是成功和失败间的全部差异。

6. 调查一下哪种公司的实施方式最适合你的企业，然后坚决执行。

推荐书目

Achor, S（2010）*The Happiness Advantage*，Random House, New York

Chace, C（2015）*Surviving AI：The promise and peril of artificial intelligence*，Three C's，London

Hamel, G（2012）*What Matters Now*，Josey-Bass, San Francisco

Hamel, G and Prahalad, C K（1994）*Competing for the Future*，Harvard Business School Press, Boston, MA

Naumov, M（2017）*AI Is My Friend：A practical guide for contact centres*，Lioncrest, London

推荐网站

△ On TED Talks

Achor, S（2011）[accessed 9 November 2018] The Happy Secret to Better Work[Online] https://www.ted.com/talks/shawn_achor_the_happy_secret_to_better_work

△ On YouTube

Chase, C（2017）[accessed 9 November 2018] Is AI a Threat to the Future of Humanity? [Online] https：//www.youtube.com/watch?v=aCM8S9bDEGc

Hamel, G (nd) [accessed 9 November 2018] Future of Mana-gement[Online] https：//www.youtube.com/watch?v=YYaYwCA-FaM&t=284s

Kotter, J (nd) [accessed 9 November 2018] The Heart of Change [Online] https：//www.youtube.com/watch?v=1NKti9MyAAw&t=26s

Naumov, M (nd) [accessed 9 November 2018] Steven Van Belleghem: My Conversation With Mikhail Naumov, Founder of Digital Genius, an AI Customer Experience Company [Online] https：//www.youtube.com/watch?v=BgxIJw0osME

Temkin Group (nd) [accessed 9 November 2018] Year of Emotion [Online] https：//experiencematters.wordpress.com/2015/12/15/11-customer-experience-trends-for-2016-the-year-of-emotion

结　　语

我记得曾读过被誉为"商业大师中的大师"的彼得·德鲁克观点，只有在他和别人分享并讨论了他的思想后，他才能够真正懂得这些思想。写这本书对我也产生了类似的作用。搜集、组织并把我的思想写出来，这有助于我更好地理解这些思想和那些关于建立客户忠诚度的经验。我所写的可能你不都赞同，你也许不能把我写的每样内容都应用到你的企业中，不过现在，你学到的是我20年的研究以及与国内外数百家来自各行各业、各种规模的企业共事的实践经验。在建立持久的客户忠诚度过程中，大部分内容你都能用到。（不过小心，在此过程中不要感染"客户体验（CX）流感"。）

我在前几章中提过一篇美国的客户所思公司创始人鲍勃·汤普森在2018年发表的有趣文章，标题是《难以忽视的真相：93%的客户体验措施都没能使企业与众不同》。这个研究揭示了，只有17%参与问卷调查的执行总裁觉得他们的客户体验战略使他们与众不同，只有23%认为这为他们的经营带来了显著的收益。所以，就算客户体验像流感（CX流感）一样在企业上下传播，也只有20%的项目能够实现有价值的成效。而差不多80%都失败了。这让我感到似曾相识，因为就在几年前，同样糟糕的结果就出现在后来的"客户关系管理（CRM）流感"中。

所以，如果大多数客户关系管理项目都没能通过创造必要的投资回报来证明自己的话,那至少到目前为止,似乎大多数客户体验项目也没能做到,你可能好奇为什么我会写一本赞扬利用客户体验的病毒来建立客户忠诚度的书。可是,当你读到本书末尾时,你应该能够理解我这样做的原因了。

我坚信,大多数项目没能成功的原因是这些项目的关注点都是错的。在客户关系管理中,关注点是软件,这些软件可能是存储、分析和展示客户信息所必需的,可单凭这些数据并不能够对必要的成果产生影响。而客户体验关注的是体验,这是成功的重要元素,不过仅凭体验管理也不能实现成功。现在你知道,想要在投资中收到可观或相当可观的回报,就必须把注意力放在客户忠诚度管理(CLM)上,而这需要的就不只是客户体验管理而已。我认为成功所需的是要理解客户忠诚度管理的发展和它开始蔓延的实际状况。读完这本书后,你就知道在你的企业中应该怎样做了!

你知道,客户忠诚度管理需要三个核心技巧:客户预期管理、客户体验管理和客户记忆管理。你知道,这些技巧中对建立忠诚度作用最小的就是客户体验管理,而作用最大的就是客户记忆管理;你知道,它们都是相互依存的,所以这三个技巧都是必要的、和谐共赢的。

你知道,要在外部为客户提供卓越的服务,首先它就必须要存在于员工内部。这就意味着,想要取得持续不断的成功,你团队中的同事们就必须全身心投入进来,并勇于面对把企业的目标变成现实的挑战。有价值的成效都来自能激励人心的领导能力,把注意力放在让正确的人做正确的事上,发挥他们的长处营造一种文化,来鼓励和培养人们用一种平衡大脑的整体方式来经营企业。

最后,你知道,无论战略多优秀,实施总比制定起来要难得多。不过,你还应该知道,有了一个完善的行动计划,就有可能成为那20%的少数成功者,从同事和客户那儿得到的反馈都是成功的关键要素,带有一种贯穿实践过程的紧迫感的制胜节奏是至关重要的。没有了这一项,就算你有了伟大的实施计划，你也很有可能会面临失败。

我相信这会奏效的，因为我见证了它在我的很多客户身上都奏效了。不过，客户忠诚度管理是一个不断变化的主题，我每周都能学习到关于这方面的新知识。这本书中的思想和创意是一种基于我的研究、学习和经验的观念和方法。可还有很多其他方法我也推荐大家学习，所以，你要有自己的主见，判断哪些最适合你和你的企业。因此，我建议你要随着最新的思想、工具和技巧不断更新自我。你可以通过很多方式达到这个目的，我在结语章的末尾也列出了一些最好的资源。

多年来，我一直坚持投资我的商业图书馆。现在，它已经收藏了700多本书了，所有这些书我都学习过，也在不断参考，我还会始终如一坚持扩建图书馆的。所以，当看到这么多企业在提供给员工们最好的商业阅读资料方面做得很少，花费很少时，我感到十分震惊和失望。那些愿意投资的企业都会鼓励员工们建立阅读小组，邀请员工们阅读特定的书籍，并在小组中汇报他们从这本书中所学习到的东西，以及如何将它们应用到自己的企业中。如果你不想一下子就投资一个图书馆的话，那么，那些我在完整的推荐清单中鼓励的书籍是起步的最佳选择。你也可以亲自树立个榜样，先读几本然后和同事们一起讨论。

如果你特别想要跟进最新的思想、材料、研习班和会议演讲的话，那也有很多方法能够做到：

- ◆ 网站。我的网站（www.chrisdaffy.com）都会发布一些我在各类会议和研讨会上发言的文章和信息。
- ◆ 邻英（*LinkedIn*）。你可以在邻英上和我联系，我常常在上面发表我对当前事件和发展的看法。
- ◆ 客户忠诚度管理大师拓展项目。我每两年会举办一个这个项目的"公开"版，各行各业不同的企业都会派代表来。我也会给个别企业提供这个项目的"定制"版。这个项目是基于5个2到3天的研习班，不少于 12 周的时间能让你逐个实践。项目的细节和即将开始的"公开"项目的时间可以在 www.customerserviceuk.com 上查到。

- 在线忠诚度大师班。我也有为一线客服人员和监督人员准备的在线版本的大师拓展项目。详情请点击 www.customerserviceuk.com。

下一步计划

几周前,我进行了一次很有趣的交谈。我过了2018年"重要生日"中的一个,所以,我得重新调整一下我的某些保险。在一次交谈中,我被问道:"你打算什么时候退休?"我的答案是:"我还没有计划退休日期,因为我希望我永远都不用退休。"这让保险代理惊得目瞪口呆。显然,以前没人这样回答过她,而电脑需要给出一个退休年纪的答案。然后,她不得不向她的经理汇报,才能知道我们该怎么继续下去。

这让我想到,我一定很不正常。我热爱我所从事的工作,它让我有机会出差,和那么多很棒的人相遇并共事,我被告知我的工作得到了与我共事企业的认可,还增加了他们企业的价值。所以,我为什么要随便选个日期或年纪停下来呢?我不要,只要我还有能力,人们还认为我足够擅长这个领域,我就希望能够继续下去。

我理解盖洛普咨询公司的创始人乔治·盖洛普,他曾让他的研究员们找到一些八九十岁的人来调查他们是否有哪些共同之处。而他们发现,这些人当中相关的最大共同点就是他们都想要在老年继续工作,这主要是由于他们热爱他们所从事的工作并知道自己的工作很重要。所以,盖洛普就效仿了,我也打算这么做。

深入研究推荐

支撑实践的技巧

关于客服和客户忠诚度对企业发展和收益性所产生的影响这一主题从来都不乏研究。下面列出的就是我认为最有用的研究资源中的几个。

弗雷斯特研究公司（Forrester）

弗雷斯特研究公司是世界上最受尊敬的研究公司之一。他们常会发表一些他们分析的关于客户体验所产生的作用的研究成果。

毕马威会计师事务所（KPMG）

这是另一家会提供客户体验及它给经营成功带来的影响方面的精彩年度研究报告的企业。还有，他们会指出最优秀的服务执行者和最佳财政收益之间的直接关系。

客户服务协会（The Institute of Customer Service）

英国的客户服务协会每年都会资助一项名为"英国客户满意指数"的调查研究。这是一项企业对客户的年度服务研究，它会显示出那些服务表现最优秀的企业和一般的企业,以及他们的客户满意度和财务收益之间的直接联系。

特姆金集团(*The Temkin Group*)

特姆金集团是客户体验方面的专业研究机构。他们一直在研究这一主题,并推出了很多基于他们研究结果的建议。他们也指出了优秀客户体验和推进企业成功之间的直接关系。

推荐书目

以下是我参考的书籍。我建议你从我标星号的开始读起：

Achor, S（2010）*The Happiness Advantage*, Random House, New York

※ Black, S J and Gregersen, H B（2008）*It Starts with One: Changing individuals changes organizations*, Pearson Education, Upper Saddle River, NJ

※ Blanchard, K and Bowles, S（1993）*Raving Fans: A revolutionary approach to customer service*, William Morrow, New York

※ Bolte-Taylor, J（2008）*My Stroke of Insight*, Hodder & Stoughton, London

※ Buckingham, M and Clifton, D O（2004）Now Discover Your Strengths, Simon & Schuster, London

Carbone, L P（2004）*Clued In, Financial Times Prentice Hall*, Upper Saddle River, NJ

Carlzon, J（2001）*Moments of Truth: New strategies for today's customer-driven economy*, HarperBusiness, New York

Chace, C（2015）*Surviving AI: The promise and peril of Artificial*

Intelligence, Three C's, London

Collins, J and Hansen, M T（2011）*Great by Choice*, HarperCollins, New York

Collins, J C and Porras, J I（1998）*Built to Last: Successful habits of visionary companies*, Random House Business Books, London

Covey, SR（1992）*Principle-Centered Leadership*, Simon & Schuster, London

Covey, SR（2004）*The 7 Habits of Highly Effective People: Powerful lessons in personal change*, 15th Anniversary edn, The Free Press, New York

Coyle, D（2018）*The Culture Code*, Random House Business Books, London

※ Daffy, C（1996）*Once a Customer, Always a Customer*, Oak Tree Press, Dublin

Duhigg,C（2012）*The Power of Habit: Why we do what we do and how to change*, William Heinemann Random House, London

Friedman,R（2014）*The Best Place to Work*, Penguin Random House, New York

Goodman, J A（2009）*Strategic Customer Service*, AMACOM, New York

Hague, N and Hague, P N（2018）*B2B Customer Experience: A practiical guide to delivering exceptional CX*, Kogan Page, London

Hamel, G（2012）*What Matters Now*, Josey-Bass, San Francisco

Hamel, G and Prahalad, C K（1994）*Competing for the Future*, Harvard Business School Press, Boston, MA

※ Heath, C and Heath, D（2010）*SWITCH: How to change when change is hard*, Random House Business Books, London

Heskett, J L, Sasser, W E and Schlesinger, L A (1997) *The Service Profit Chain: How leading companies link profit and growth to loyalty, satisfaction and value*, Free Press, New York

Hogan, R (2015) *Personality and the Fate of Organizations*, Psychology Press, New York

Kahneman, D (2011) *Thinking Fast and Slow*, Penguin, London

※ Kotter, J P (1996) *Leading Change*, Harvard Business School Press, Boston, MA

Kotter, J P (2002) *The Heart of Change*, Harvard Business School Press, Boston, MA

Kotter, J P (2008) *A Sense of Urgency*, Harvard Business Review Press, Boston, MA

Leahy, T (2012) *Management in 10 Words*, Random House Business Books, London

Lencioni, P M (2002) *The Five Dysfunctions of a Team: A Leadership fable*, Jossey-Bass, San Francisco

Logan, D and King, J (2008) *Tribal Leadership*, HarperCollins, New York

Luftus, E F (1980) *Memory: Surprising new insights into how we remember and why we forget*, Addison-Wesley, New York

Lundin, S C, Paul, H and Christensen, J (2000) *Fish！: A remarkable way to boost morale and build results*, Hyperion, New York

※ Naumov, M (2017) *AI Is My Friend：A practical guide for contact centres*, Lioncrest, London

Pink, D H (2009) *Drive*, Canongate, Edinburgh

Porter, M E (2004) *Competitive Strategy：Techniques for*

analyzing industries and competitors, Free Press, New York

Quinn, F (1990) *Crowning the Customer: How to become customer-driven*, The O'Brien Press, Dublin

※ Reichheld, F F (1996) *The Loyalty Effect: The hidden force behind growth, profits, and lasting value*, Harvard Business School Press, Boston, MA

Reichheld, F F (2001) *Loyalty Rules! How today's leaders build lasting relationships*, Harvard Business School Press, Boston, MA

Reichheld, F F (2006) *The Ultimate Question: Driving good profits and true growth*, Harvard Business School Press, Boston, MA

Roberts, K (2006) *Lovemarks: The future beyond brands, rev edn*, PowerHouse Books, New York

Schein, E H (2010) *Organizational Culture and Leadership*, Jossey-Bass, San Francisco

※ Shaw, C (2007) *The DNA of Customer Experience*, Palgrave Macmillan, Basingstoke

Shaw, J (2016) *The Memory Illusion*, Random House Books, London

Smith, S and Milligan, A (2015) *On Purpose: Delivering a branded customer experience people love*, Kogan Page, London

Syed, M (2015) *Black Box Thinking*, John Murray, London

※ Welch, J with Welch, S (2005) *Winning*, HarperCollins, London

推荐网站

下列网站均能提供有趣且实用的信息：

- www.beyondphilosophy.com
- www.cxm.co.uk
- www.forrester.com
- www.instituteofcustomerservice.com
- www.mycustomer.com
- www.nunwood.com
- www.temkingroup.com